KB089371

파트별로 끝내는 **YES 토익 보카**

파트별로 끝내는 **YES 토익 보카**

파트별로 끝내는

YES
토익 보카

예스북

초판 1쇄 인쇄 2006년 11월 15일
개정 1쇄 발행 2014년 12월 26일

지은이 | 김복리
펴낸이 | 양봉숙
디자인 | 김선희
편　집 | 천수빈
마케팅 | 이주철

펴 낸 곳 | 예스북
출판등록 | 제320-2005-25호 2005년 3월 21일
주　　소 | 서울시 서강로 131 신촌아이스페이스 1107호
전　　화 | (02)337-3053
팩　　스 | (02)337-3054
E-mail | yesbooks@naver.com
홈페이지 | www.e-yesbook.co.kr

ISBN 978-89-92197-70-0 03740

값 13,000

YES VOCABULARY   New 토익 단어장 개정판을 내면서

2006년도에 토익 시험이 전면 개정되면서 처음 나온 YES VOCABULARY 뉴토익 단어장을 이번에 새로이 개정하게 되었습니다. 그동안 독자 여러분들의 사랑과 성원에 힘입어, 토익 고득점 대비 어휘들의 발음을 미국식과 영국식 발음으로 분리 표기하여 원어민 녹음 파일을 QR코드로 제공함과 동시에, Listening과 Reading 전 파트에 걸친 빈출 어휘들의 출제 관련 팁과 리뷰를 수정 보완하였습니다.

우선 토익 시험에서 고득점을 받으려면 어떻게 해야 할까요? 가장 쉬운 파트인 파트1부터 시작을 해야 할까요? 가장 어려운 부분에 해당하는 독해 파트7을 집중적으로 공략을 해야 할까요? 토익 고득점은 듣기와 독해 전 파트에서 고르게 높은 성적을 거두어야 도달하게 되는 고지입니다. 아직 초반지점에서 준비 단계에 있거나 혹은 중간 지점에서 더 이상 오르지 못하고 머물러 있는 시간이 길어지고 있다면, 자신의 어휘 확장 능력이 어느 정도인지 점검해 보는 것도 하나의 해결 방법이 될 수 있습니다. 토익은 청취력뿐만 아니라 문법, 그리고 정확한 독해력과 빠른 이해력이 관건이긴 하지만, 성적이 여전히 답보 상태에 머물러 있다면 어휘 기본기를 다시 잡아 보는 것을 권해드립니다.

LC와 RC 파트 모두에서 목표하는 성적을 거두기 위한 기본적인 전략은 어휘를 마스터하는 저력에서부터 출발합니다. 평소 자신이 이미 알고 있다고 생각하는 단어들을 문장과 문맥에서 활용하여 정답으로 이끌어 내지 못할 경우, 그 어휘를 알고 있다고 말할 수는 없습니다. 다만 알고 있는 단어라고 예단하는 자기 함정에 빠져 있는 것입니다. 흔히 쉬운 단어라고 생각하여 무심코 간과하는 어휘들, 유사한 소리가 나서 혼동하기 쉬운 어휘들, 어근이 같아서 헷갈리기 쉬운 파생어, 문맥에서 정확한 의미를 파악하지 못해 실수를 범하는 어휘들, 다양한 전치사나 부사가 수반되는 어휘들을 모두 토익 고득점을 향한 디딤돌로 만들어야 합니다.

토익 최빈출 어휘를 마스터하는 과정은 토익 정복이라는 목표를 한층 더 높이 쌓아가게 만들어 주는 초석이 될 것입니다. 더불어 미약하나마 이번에 새로이 개정된 토익 단어장을 통해 여러분들이 토익이라는 고지에 도달할 수 있는 최단의 지름길을 찾을 수 있기를 기원합니다.

마지막으로 늘 응원을 보내주는 사랑하는 딸 담은이에게도 고맙다는 말을 전합니다.

2014년 12월
저자 김 복 리

이 책의 특징은

1. 각 파트별 상황을 살린 예문으로 문형도 익히고 어휘도 익힌다.

토익 파트 1에서 7까지 주요 출제 어휘들을 파트 별로 정리하여 각 파트의 상황과 특성을 살린 예문 속에서 단어를 확인하도록 하였다. 외워도 자꾸만 잊어버리게 되는 어휘를 보다 더 오래 기억하려면, 영영의 정의로 정확한 의미를 파악하는 노력에 더하여 이를 예문 속에서의 특정 상황과 연계하여 연상하는 방법을 사용하는 것이 효과적이다. 단어만 단편적으로 암기하는 방법은 기억하는 데에 한계가 있다. 또한 대체로 단어 하나에 다의적인 의미를 지닌 어휘가 많으므로 정작 문맥에서 정확한 단어의 의미를 파악하기 어려운 점도 있다. 가령, 동사 develop는 '발달하다, ~을 발달시키다'의 뜻이나, 파트 1에서는 '사진을 현상하다, 인화하다'의 뜻으로 자주 출제된다. 또 face는 파트 1에서는 '~을 마주 대하다'의 뜻으로, 독해 파트에서는 '위험에 직면하다'의 뜻으로 출제된다. 따라서 토익에 자주 출제되는 단어를 파트별 문형에 맞는 예문으로 접하는 과정에서 어휘와 그 활용 문형을 동시에 익히게 된다.

2. 어휘의 영영 뜻풀이를 제공하여 단어의 명쾌한 의미를 파악하게 한다.

분명히 알고 있는 단어인데 문맥의 내용 파악이 정확하게 되지 않고, 토익 점수도 오르지 않는다면, 그것은 그 단어를 모르는 것과 다를 바가 없다. 어휘의 정확한 의미를 파악하기 위해서는 영영사전을 통해 점검을 해야 하지만 문제는 시간을 내어 일부러 찾아보기가 쉽지 않다는 점이다. 따라서 본 단어장에서는 토익 단어의 핵심적인 내용을 간단명료하면서도 동시에 스피디하게 파악할 수 있도록 정리하였다. 가령 쉬운 예로, appointment는 우리말로 '약속'이라는 뜻이 있는데, 이는 promise와 혼동하기 쉬운 단어이다. 이를 영영사전에서 확인해 보면, appointment는 'an arrangement for a meeting at an agreed time and place'에서 '시간의 약속'임을 알 수 있고, promise는 'words, or statement that you will certainly do something'에서 '말의 약속'임을 분명하게 알 수 있다. 이처럼 단어의 정확한 의미를 파악하지 않은 채 '약속'이라는 우리말만 기억한다면 문맥을 명쾌하게 이해하지 못한 채 오답을 선택하게 되는 실수를 범하게 된다.

3. 출제 TIP으로 어휘 관련 출제 정보를 제공한다.

　듣기 파트에서는 발음이 유사하여 혼동을 유도하는 단어들, 약모음이 들리지 않아 다른 단어로 들리는 어휘들, 모음의 장단을 구별하지 못해 혼동하기 쉬운 단어들, 영국과 미국에서 각기 자주 쓰는 어휘들을 정리하였고, 독해 파트에서는 철자가 유사하여 헷갈리기 쉬운 단어들, 어근이 같지만 의미가 다른 파생어들, 동사 뒤에 전치사의 유무를 묻거나 또는 전치사에 따라 의미가 달라지는 단어들, 품사나 수에 따라 의미가 달라지는 단어들, 동사 뒤나 전치사 뒤에서 동사의 형태가 달라지는 단어들, 활용 예문으로 비교해 보는 혼동 어휘들을 정리하였다.

4. Words Preview로 시작하여 Words Review로 마무리하는 Day별 55개의 토익 어휘 학습 30일 프로젝트를 실행한다.

　매일 하루분의 분량을 마치도록 노력한다. 단어의 뜻, 영영 뜻풀이와 예문까지 모두 학습한 후 고난도의 어휘들을 리뷰에서 확인한다. 그날의 분량을 마친 후에는 원어민 음원으로 학습을 마무리한다.

5. 미국인 영국인의 원어민 녹음 파일을 다운로드하여 최대한 활용한다.

　각 단어마다 미국인 발음과 영국인 발음이 녹음된 음원 파일을 다운받아 이동할 때마다 반복하여 듣는 것을 잊지 않는다. 음원 파일 듣기로 어휘 학습을 마무리하는 이유는 청각이 시각적인 효과보다 뛰어나서 더 오래 기억에 남아 뇌에 저장될 수 있기 때문이다.

이 책의 구성은

1. Day별 55개의 단어를 파트별로 나누어 알파벳 순으로 표제어를 정리하였다.

파트별 표제어를 알파
벳순으로 배열하였다.

- **명** 표제어의 명사
- **형** 표제어의 형용사
- **동** 표제어의 동사
- **부** 표제어의 부사
- **유** 표제어의 유의어
- **반** 표제어의 반의어

미-미국식 발음 표기
영-영국식 발음 표기

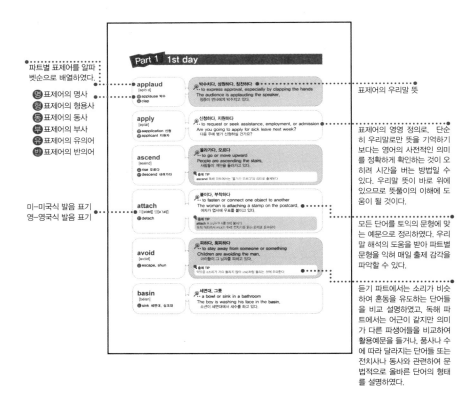

표제어의 우리말 뜻

표제어의 영영 정의로, 단순히 우리말로만 뜻을 기억하기보다는 영어의 사전적인 의미를 정확하게 확인하는 것이 오히려 시간을 버는 방법일 수 있다. 우리말 뜻이 바로 위에 있으므로 뜻풀이의 이해에 도움이 될 것이다.

모든 단어를 토익의 문형에 맞는 예문으로 정리하였다. 우리말 해석의 도움을 받아 파트별 문형을 익혀 매일 출제 감각을 파악할 수 있다.

듣기 파트에서는 소리가 비슷하여 혼동을 유도하는 단어들을 비교 설명하였고, 독해 파트에서는 어근이 같지만 의미가 다른 파생어들을 비교하여 활용예문을 들거나, 품사나 수에 따라 달라지는 단어들 또는 전치사나 동사와 관련하여 문법적으로 올바른 단어의 형태를 설명하였다.

Words Review

영영 정의를 읽어 보고 해당하는 단어를 보기에서 고른다. 단어의 정확한 의미를 영영 definition을 통해 확인하는 과정에서 단어가 암기되며, 이런 방법의 어휘 학습을 반복할 경우 빠른 독해에도 도움이 된다.

A 다음 설명에 해당하는 단어를 고르시오

instruction injection fill basin comb dock demolish colleague apply brochure

1 to request or seek assistance, employment, or admission
2 a bowl or sink in a bathroom
3 a thin book giving information
4 someone you work with
5 to make hair look tidy using a comb
6 to completely destroy a building
7 a place in a port where ships are loaded or unloaded
8 to make something full
9 an act of putting a drug into the body using a special needle
10 a set of detailed guidelines

표제어의 대표적인 의미의 예문으로 문형을 활용하여 앞에서 공부한 단어 학습을 마무리한다. 파트별 상황에 맞게 작성된 다양한 예문 속에서 어휘를 학습하는 방법이 단어만 단편적으로 암기하는 경우보다 훨씬 오래 기억할 수 있는 방법이다.

B 다음 예문의 빈칸에 해당하는 단어를 골라 쓰시오

cashier ascending inserting bill construction drawers cruising directing heading examining facing floating freeway feeding folding

1 People are .... the stairs.
2 The woman is asking the waiter for the ....
3 The .... is counting the money.
4 The road is under ....
5 The boat is .... on the sea.
6 A police officer is .... traffic.
7 All the .... are opened in the desk.
8 The doctor is .... a patient.
9 Two boys are .... each other.
10 The sailboats are .... on the water.
11 The man is .... the newspaper.
12 There are two bad accidents on the ....
13 Children are .... the ducks.
14 People are .... back from the theater.
15 The woman is a .... coin in the vending machine.

Answer
A 1 apply 2 basin 3 brochure 4 colleague 5 comb 6 demolish 7 dock 8 fill 9 injection 10 instruction
B 1 ascending 2 bill 3 cashier 4 construction 5 cruising 6 directing 7 drawers 8 examining 9 facing 10 floating 11 folding 12 freeway 13 feeding 14 heading 15 inserting

목차

Part 1 빈출 어휘
Picture Description
사진묘사

오늘 외울 단어 중 자신이 아는 단어를 체크해 보세요.

- [ ] **applaud** 박수 치다, 성원하다, 칭찬하다
- [ ] **apply** 신청하다, 지원하다
- [ ] **ascend** 올라가다, 오르다
- [ ] **attach** 붙이다, 부착하다
- [ ] **avoid** 피하다, 회피하다
- [ ] **basin** 세면대, 그릇
- [ ] **bend** 구부리다
- [ ] **bill** 영수증, 청구서, 지폐, 법안
- [ ] **briefcase** 손가방, 서류가방
- [ ] **brochure** 안내 책자
- [ ] **cashier** 계산원, 출납 담당자, 회계원
- [ ] **check in** 체크인하다, 숙박(탑승) 수속을 하다
- [ ] **clerk** 직원, 점원, 사원, 서기
- [ ] **colleague** 동료

- [ ] **comb** 머리를 빗다; 빗
- [ ] **congestion** 혼잡, 정체, 밀집
- [ ] **construction** 건설
- [ ] **couch** 소파, 긴 의자; 눕다, 쉬다
- [ ] **counter** 계산대, 판매대
- [ ] **cruise** 순항하다; 유람 항해
- [ ] **curb** 연석, 도로변
- [ ] **demolish** 파괴하다
- [ ] **develop** 사진을 현상하다, 인화하다
- [ ] **direct** 지시하다, 길을 가리키다
- [ ] **display** 전시; 전시하다, 진열하다
- [ ] **dock** 부두, 선창
- [ ] **dockyard** 조선소, 선박 수리소
- [ ] **document** 문서, 서류

- [ ] **goods** 상품
- [ ] **head** ~로 향하다
- [ ] **injection** 주사
- [ ] **insert** 끼워 넣다, 집어넣다
- [ ] **instruction** 사용 설명서, 지시, 지도
- [ ] **intersection** 교차로
- [ ] **jam** 쑤셔 넣다, 몰려들다; 꽉 들어참, 혼잡
- [ ] **janitor** 수위
- [ ] **jaywalk** 불법 횡단하다; 신호를 무시하고 횡단하다
- [ ] **knee-length** (옷, 부츠 등이) 무릎까지 오는
- [ ] **ladder** 사다리
- [ ] **land** 착륙하다
- [ ] **march** 행진하다; 행군
- [ ] **mop** 몹으로 닦다, 걸레질하다; 몹, 걸레질

- [ ] **drawer** 서랍
- [ ] **driveway** (차고에서 집 앞 도로까지의) 진입로
- [ ] **examine** 조사하다, 검사하다, 진찰하다
- [ ] **face** ~을 마주 대하다, ~에 면하다
- [ ] **feed** 먹이를 주다, 먹이다, 양육하다; 먹이, 사료
- [ ] **fill** 채우다, 작성하다
- [ ] **float** 물에 뜨다, 부유하다, 떠다니다
- [ ] **flour** 밀가루
- [ ] **fold** 접다
- [ ] **form** 양식, 형식, 서식, 기입 용지
- [ ] **foundation** 기반, 기초, 재단, 설립
- [ ] **freeway** 고속도로
- [ ] **garage** 차고, 정비소

applaud
[əplɔ́ːd]
㉟applause 박수
㊀clap

🔑박수 치다, 성원하다, 칭찬하다
•• to express approval, especially by clapping the hands
The audience is applauding the speaker.
청중이 연사에게 박수치고 있다.

---

apply
[əplái]
㉟aapplication 신청
㉟applicant 지원자

🔑신청하다, 지원하다
•• to request or seek assistance, employment, or admission
Are you going to apply for sick leave next week?
다음 주에 병가 신청하실 건가요?

---

ascend
[əsénd]
㊀rise 오르다
㊁descend 내려가다

🔑올라가다, 오르다
•• to go or move upward
People are ascending the stairs.
사람들이 계단을 올라가고 있다.

📢출제 TIP
ascend 독해 파트에서는 '물가가 오르다'의 의미로 출제된다

---

attach
미[ətǽtʃ] 영[əˈtatʃ]
㊁detach

🔑붙이다, 부착하다
•• to fasten or connect one object to another
The woman is attaching a stamp on the postcard.
여자가 엽서에 우표를 붙이고 있다.

📢출제 TIP
attach A on/o B A를 B에 붙이다
독해 파트에서 attach 뒤에 전치사를 묻는 문제로 출제된다

---

avoid
[əvɔ́id]
㊀escape, shun

🔑피하다, 회피하다
•• to stay away from someone or something
Children are avoiding the man.
아이들이 그 남자를 피하고 있다.

📢출제 TIP
약모음 a소리가 거의 들리지 않아 void처럼 들리는 것에 주의한다.

---

basin
[béisn]
㊀sink 세면대, 싱크대

🔑세면대, 그릇
•• a bowl or sink in a bathroom
The boy is washing his face in the basin.
소년이 세면대에서 세수를 하고 있다.

bend
[bend]
[유] stoop

[동] **구부리다**
•• to move part of your body so that it is not straight
He is bending over to touch the floor.
남자가 바닥에 닿으려고 몸을 구부리고 있다.

bill
[bil]

[명] **영수증, 청구서, 지폐, 법안**
•• a written list showing how much you have to pay for
The woman is asking the waiter for the bill.
여자가 웨이터에게 계산서를 달라고 한다.

출제 TIP
식당에서의 계산서를 영국에서는 bill, 미국에서는 check라고 하는 점을 주의한다

briefcase
[bri:fkeis]

[명] **손가방, 서류가방**
•• a flat case with a handle
The man is carrying a briefcase.
남자가 손가방을 들고 있다.

출제 TIP
briefcase 가죽소재로 된 서류가방, suitcase 여행용 가방

brochure
미[brouʃúər] 영[bróuʃə]
[유] booklet

[명] **안내 책자**
•• a thin book giving information
She is looking at the brochure.
여자가 안내 책자를 보고 있다.

cashier
미[kæʃíər] 영[kaʃíə]

[명] **계산원, 출납 담당자, 회계원**
•• a person who handles with cash
The cashier is counting the money.
계산원이 돈을 세고 있다.

출제 TIP
cashier는 회사, 은행, 호텔, 상점, 식당에서 돈을 받고 계산하는 일을 하는 사람을 뜻한다

check in
[tʃekin]
[반] check out

[동] **체크인하다, 숙박(탑승) 수속을 하다**
•• to announce one's arrival at hotels or airports
People are checking in at the hotel.
사람들이 호텔에서 체크인을 하고 있다.

출제 TIP
check 수표, 계산서, check A for B 검사하다, 확인하다
품사별로 의미 차이에 주의하고, 독해 파트에서 check 뒤에 전치사 for를 묻는 문제로 출제된다.

colleague
미[kάliːg] 영[kɔ́liːg]
ⓢpeer, co-worker

🔑동료
•• someone you work with
He is showing the reports to his colleagues.
남자가 동료들에게 보고서를 보여주고 있다.

congestion
[kəndʒéstʃən]
ⓟcongest 과도하게 채워 넣다, 밀집시키다
ⓢjam 정체, 막힘

🔑혼잡, 정체, 밀집
•• too much traffic
There is heavy traffic congestion on the road.
도로의 교통이 혼잡하다.

construction
[kənstrʌ́kʃən]
ⓟconstruct 건설하다

🔑건설
•• the process of building things
The road is under construction.
도로가 건설 중에 있다.

clerk
미[kləːrk] 영[klɑːk]
ⓢstaff, shop assistant

🔑직원, 점원, 사원, 서기
•• someone who works in an office, bank, shop, hotel or court
Are you a new accounting clerk?
새로 오신 경리 직원인가요?

comb
[koum]

🔑머리를 빗다; 빗
The woman is combing a girl's hair.
여자가 소녀의 머리를 빗어주고 있다.

📌출제 TIP
comb의 b 소리가 묵음이므로, come[kʌm]의 소리와 혼동하지 않도록 주의한다.

couch
[kautʃ]
ⓢsofa

🔑소파, 긴 의자; 눕다, 쉬다
•• a comfortable piece of furniture for two or three people to sit on
The old man is sleeping on the couch.
노인이 소파 위에서 잠자고 있다.

📌출제 TIP
유사한 소리가 나는 coach[koutʃ 코치]와 혼동하지 않도록 주의한다.

counter
미[kάuntər] 영[kauntə]
ⓢcount 계산하다

🔑계산대, 판매대
•• a long flat-topped fitting in a shop, cafeteria or bank
They are standing in front of the counter.
그들은 계산대 앞에 서 있다.

📌출제 TIP
counter 🔸반대의, 거꾸로의, counter 🔸~와 반대 방향으로,
counter 🔸반대하다, counter 🔸🔸 반대
counter는 형용사, 부사, 동사, 접두사로 쓰여 '반대'의 뜻을 나타내기도 한다.

cruise
[kruːz]

동 명 순항하다; 유람 항해
•• to sail along slowly, esp. for pleasure
The boat is cruising on the sea.
배가 바다를 순항하고 있다.

curb
미[kəːrb] 영[kəːb]

명 연석, 도로변
•• a raised edge or border of the street
A man is sitting on the curb.
여자가 웨이터에게 계산서를 달라고 한다.

　출제 TIP
curb 인도와 차도를 구분하기 위한 경계선

demolish
미[dimáliʃ] 영[dimɔ́liʃ]

동 파괴하다
•• to completely destroy a building
Buildings are being demolished.
건물들이 파괴되고 있다.

develop
[divéləp]

명 development 진보, 향상

동 사진을 현상하다, 인화하다
•• to make a photograph out of a photographic film
The photographer is developing films.
사진사가 필름을 인화하고 있다.

　출제 TIP
develop 현상하다
독해 파트에서는 '발달시키다'의 의미로 출제된다.

direct
미[dirékt] 영[dairékt]

동 지시하다, 길을 가리키다
•• to control or be in charge of an activity, organization
A police officer is directing traffic.
경찰관이 교통을 정리하고 있다.

display
[displei]

명 동 전시; 전시하다, 진열하다
•• an arrangement of things for people to look at or buy
A woman is looking at the shoes on display.
여자가 진열되어 있는 신발을 보고 있다.

dock
미[dak] 영[dɔk]

명 부두, 선창
•• a place in a port where ships are loaded or unloaded
The boat is tied up at the dock.
배가 부두에 매어져 있다.

document
미[dákjumənt]
영[dɔ́kjumənt]

몡 문서, 서류
•• a written or printed paper
The man is photocopying some documents.
남자가 서류를 복사하고 있다.

dockyard
미[dákjɑːrd] 영[dɔ́kjɑːd]
유 shipyard

몡 조선소, 선박 수리소
•• a place where ships are repaired or built
There are a few ships in the dockyard.
조선소에 배가 몇 척이 있다.

drawer
미[drɔ́ːər] 영[drɔ́ːə]

몡 서랍
•• a box-shaped container which is part of a piece of furniture
All the drawers are opened in the desk.
책상의 서랍들이 모두 열려져 있다.

driveway
[draivwei]

몡 (차고에서 집 앞 도로까지의) 진입로
•• the road between your house and the street
A car is parked on the driveway.
차가 차도에 주차되어 있다.

🔖 출제 TIP
영국에서는 drive라고 하는 것에 주의한다.

examine
[igzǽmin]
유 inspect

통 조사하다, 검사하다, 진찰하다
•• to look at something carefully
The doctor is examining a patient.
의사가 환자를 진료하고 있다.

face
[feis]
유 confront

통 ~을 마주 대하다, (위험에) 직면하다, ~에 면하다
•• to turn or be turned towards something physically
Two boys are facing each other.
두 아이가 서로를 마주 보고 있다.

feed
[fiːd]

통 몡 먹이를 주다, 먹이다, 양육하다; 먹이, 사료
•• to give food to a person or animal
Children are feeding the ducks.
아이들이 오리에게 모이를 주고 있다.

🔖 출제 TIP
feed-fed-fed 동사의 변화에 주의한다.

1
2
3
4
5
6
7
8
9
10
11
12
13
14
15
16
17
18
19
20
21
22
23
24
25
26
27
28
29

fill
[fil]

[동] **채우다, 작성하다**
•• to make something full
A man is filling up a car.
남자가 주유하고 있다.

출제 TIP
fill up ~을 가득 채우다. fill out/in은 (양식, 서식 등의) 빈 곳에 기입하다
전치사에 따라서 의미 차이를 묻는 문제로 출제된다.

float
[flout]
[반] sink 가라앉다

[동] **물에 뜨다, 부유하다, 떠다니다**
•• to stay on the surface of a liquid
The sailboats are floating on the water.
돛배들이 물에 떠 있다.

flour
미[fláuər] 영[fláuə]

[명] **밀가루**
•• a powder made from wheat
She's cooking with the flour.
여자가 밀가루로 요리하고 있다.

출제 TIP
소리가 같은 flower[fláuər]나 유사한 소리가 나는 floor[flɔːr]의 소리에 주의한다.

fold
[fould]
[반] unfold 펴다

[동] **접다**
•• to bend something
The man is folding the newspaper.
남자가 신문을 접고 있다.

form
미[fɔːrm] 영[fɔːm]
[형] formal 형식적인, 딱딱한

[명] **양식, 형식, 서식, 기입 용지**
•• a particular type of something
The woman is filling out the form.
여자가 양식을 채우고 있다.

freeway
[fríːwèi]
[유] highway, expressway

[명] **고속도로**
•• a very wide road built for fast travel
There are two bad accidents on the freeway.
고속도로에 두 건의 끔찍한 사고가 있다.

출제 TIP
영국에서는 motorway라고 하는 것에 주의한다.

foundation
[faundéiʃən]

(명)기반, 기초, 재단, 설립
•• a basic situation that something develops from
The building is built on strong foundations.
그 건물은 튼튼한 토대 위에 세워졌다.

🔍 출제 TIP
found-founded-founded 세우다. find-found-found 찾다
found는 find의 과거형 found와 철자가 같아 의미가 다른 동사의 시제 변화와 관련된
문제로 출제된다.

garage
미[gərɑ́ːdʒ] 영[gǽrɑːdʒ]

(명)차고, 정비소
•• a place where a car is kept or repaired
Several cars can be seen in the garage.
차고에 몇 대의 차가 보인다.

goods
[gudz]
🔄 product, merchandise

(명)상품
•• things that are produced in order to be sold
They are comparing the prices of the goods.
그들은 상품의 가격을 비교하고 있다.

head
[hed]

(동)~로 향하다
•• to go towards a particular place, esp. in a deliberate way
People are heading back from the theater.
사람들이 극장에서 돌아가고 있다.

injection
[indʒékʃən]
🔄 inject 주사하다

(명)주사
•• an act of putting a drug into the body using a special needle
The doctor is giving the woman an injection.
의사가 여자에게 주사를 놓고 있다.

insert
미[insə́ːrt] 영[insə́ːt]
🔄 insertion 끼워 넣기

(동)끼워 넣다, 집어넣다
•• to put something inside
The woman is inserting a coin in the vending machine.
여자가 자판기에 동전을 집어넣고 있다.

instructions
[instrʌ́kʃənz]
🔄 instruct 가르치다, 지시하다
🔄 directions, manual

(명)사용 설명서, 지시, 지도
•• a set of detailed guidelines
He is following the instructions of the machine.
남자가 기계의 사용 설명서를 따르고 있다.

intersection
미[ìntərsékʃən] 영[ìntəsékʃən]

[명] 교차로, 나들목
•• a place where two roads meet
A police officer is directing traffic at the intersection. 경찰이 교차로에서 교통 지도를 하고 있다.

janitor
미[dʒǽnitər] 영[dʒǽnitə]
[유] security guard

[명] 수위
•• someone whose job is to look after a school or building
The janitor is closing the gate. 수위가 문을 닫고 있다.

jaywalk
[dʒéiwɔ̀:k]

[동] 불법 횡단하다, 신호를 무시하고 횡단하다
•• to walk across a road at a place where it is not allowed
An old man is jaywalking the road. 노인이 불법 횡단하고 있다.

jam
[dʒæm]

[동] [명] 쑤셔 넣다, 몰려들다; 꽉 들어참, 혼잡
•• a dense crowd of people
The road was jammed up with cars. 도로는 차로 움직일 수 없었다.

출제 TIP
혼동을 유도하는 road의 [r]소리와 load(짐을 싣다)의 [l]소리에 주의한다.

knee-length
[ni:leŋkθ]

[형] (옷, 부츠 등이) 무릎까지 오는
•• long or tall enough to reach your knees
The woman is wearing a knee-length skirt. 여자가 무릎까지 오는 치마를 입고 있다.

ladder
미[lǽdər] 영[lǽdə]

[명] 사다리
•• a piece of equipment used for climbing up to or down
The man is going up the ladder. 남자가 사다리로 올라가고 있다.

land
[lænd]
[반] take off 이륙하다

[동] 착륙하다
•• to move safely down onto the ground
The airplane is landing. 비행기가 착륙하고 있다.

출제 TIP
유사한 소리로 들리는 lend(빌려 주다)와 혼동하기 쉬우니 주의한다.

march
미[ma:rtʃ] 영[ma:tʃ]

[동] [명] 행진하다; 행군
•• to walk quickly with firm regular steps
They're marching in the street. 사람들이 거리에서 행진하고 있다.

mop
미[map] 영[mɔp]

[동] [명] 몹으로 닦다, 걸레질하다; 몹, 걸레질
•• to wash a floor with a wet mop
The woman is mopping the floor. 여자가 마루를 몹으로 닦고 있다.

Words Review

다음 설명에 해당하는 단어를 고르시오.

instruction injection fill basin comb dock demolish colleague apply brochure

1 to request or seek assistance, employment, or admission
2 a bowl or sink in a bathroom
3 a thin book giving information
4 someone you work with
5 to make hair look tidy using a comb
6 to completely destroy a building
7 a place in a port where ships are loaded or unloaded
8 to make something full
9 an act of putting a drug into the body using a special needle
10 a set of detailed guidelines

B 다음 예문의 빈칸에 해당하는 단어를 골라 쓰시오.

cashier ascending inserting bill construction drawers cruising directing heading
examining facing floating freeway feeding folding

1 People are .... the stairs.
2 The woman is asking the waiter for the ....
3 The .... is counting the money.
4 The road is under ....
5 The boat is .... on the sea.
6 A police officer is .... traffic.
7 All the .... are opened in the desk.
8 The doctor is .... a patient.
9 Two boys are .... each other.
10 The sailboats are .... on the water.
11 The man is .... the newspaper.
12 There are two bad accidents on the ....
13 Children are .... the ducks.
14 People are .... back from the theater.
15 The woman is a .... coin in the vending machine.

Answer

Ⓐ 1 apply 2 basin 3 brochure 4 colleague 5 comb 6 demolish 7 dock 8 fill 9 injection 10 instruction
Ⓑ 1 ascending 2 bill 3 cashier 4 construction 5 cruising 6 directing 7 drawers 8 examining 9 facing
10 floating 11 folding 12 freeway 13 feeding 14 heading 15 inserting

오늘 외울 단어 중 자신이 아는 단어를 체크해 보세요.

- [ ] **patient** 환자; 참을성이 있는
- [ ] **pave** (길, 도로를) 포장하다
- [ ] **pedestrian** 보행자
- [ ] **photocopy** 복사하다; (사진) 복사
- [ ] **pile** 더미; 쌓아 올리다
- [ ] **plastic bag** 비닐봉지
- [ ] **polish** 광택을 내다; 윤내기
- [ ] **post** 기둥, 푯말; 전단을 기둥에 붙이다
- [ ] **pour** 붓다, 쏟다
- [ ] **pray** 기도하다
- [ ] **purse** 지갑
- [ ] **queue** 줄에 서다; 줄
- [ ] **rack** 걸이, 선반
- [ ] **railroad** 철도, 선로

- [ ] **observe** 지켜보다, 준수하다
- [ ] **rail** 난간, 가로대
- [ ] **sip** 조금씩 마시다, 홀짝이다; 한번 홀짝임
- [ ] **sit-up** 윗몸 일으키기
- [ ] **souvenir** 기념품, 선물
- [ ] **spill** 엎지르다, 쏟다
- [ ] **timber** 수목, 목재, 재목
- [ ] **trash** 쓰레기
- [ ] **lawnmower** 잔디 깎는 기계
- [ ] **luggage** 짐
- [ ] **majority** 다수
- [ ] **microwave** 전자레인지; 전자레인지로 요리하다
- [ ] **participate** 참여하다
- [ ] **pathway** 산책길

- [ ] **rake** 갈퀴로 긁다; 갈퀴, 써레
- [ ] **reflect** 비추다, 반영하다
- [ ] **row** 줄, 열
- [ ] **runway** 활주로, 통로
- [ ] **scale** 저울
- [ ] **scatter** 흩뿌리다, 흩어지다
- [ ] **scrub** (세게 문질러) 닦다
- [ ] **sew** 바느질하다, 재봉틀로 박다
- [ ] **sidewalk** 인도
- [ ] **stir** 휘젓다, 뒤섞다; 혼란, 소동
- [ ] **stack** 쌓다
- [ ] **story** (건물의) 층
- [ ] **striped** 줄무늬의

- [ ] **stroller** 유모차
- [ ] **sweep** 쓸다, 청소하다; 쓸기
- [ ] **tow** 끌다, 견인하다; 끌기, 끌려가기
- [ ] **trim** 정돈하다, 다듬다
- [ ] **turnstile** 회전문
- [ ] **unload** 짐을 내리다
- [ ] **vehicle** 차량
- [ ] **warm-up** 예행연습을 하다; 준비 운동
- [ ] **water** 물을 주다, 눈물(군침)이 흐르다
- [ ] **window shopping** 아이 쇼핑
- [ ] **windshield** 자동차 앞 유리
- [ ] **wipe** 닦다, 문지르다; 닦기, 훔쳐 내기
- [ ] **workshop** 작업장, 일터
- [ ] **wrap** 싸다, 포장하다; 포장 재료, 랩

observe
미[əbzə́:rv] 영[əbzə́:v]
[유] watch

[동] 지켜보다, 준수하다
•• to see and notice something
People are observing the match.
사람들이 시합을 지켜보고 있다.

rail
[reil]
[유] railing 난간

[명] 난간, 가로대
•• a bar that is fastened along
People are leaning against the rail.
사람들이 난간에 기대어 서 있다.

출제 TIP
lean againt ~에 기대다 / lean on ~에 의존하다
독해 파트에서 lean 뒤 전치사에 관련된 문제로 출제된다.

sip
[sip]

[동][명] 조금씩 마시다, 홀짝이다; 한번 홀짝임, 한 모금
•• to drink in very small mouthfuls
The woman is sipping her tea.
여자가 차를 마시고 있다.

sit-up
[sit-ʌp]

[명] 윗몸 일으키기
•• an exercise to make your stomach muscles strong
The man is doing sit-ups.
남자가 윗몸 일으키기를 하고 있다.

souvenir
미[sù:vəníər] 영[sù:vəníə]

[명] 기념품, 선물
•• an object that you buy of a place you have visited
The tourists are shopping for souvenirs.
관광객들이 기념품을 사고 있다.

spill
[spil]
[유] pour 붓다

[명] 엎지르다, 쏟다
•• to flow over the edge of a container
The water is being spilled from the pail.
양동이에서 물이 쏟아지고 있다.

timber
미[tímbər] 영[tímbə]

[명] 수목, 목재, 재목
•• trees that produce wood used for building or making things
They are cutting down timber.
사람들이 수목을 벌채하고 있다.

trash
[træʃ]
영 garbage

🔍 ⑲ 쓰레기
•• waste material or objects
The man is picking up some trash.
남자가 쓰레기를 줍고 있다.

🔖 출제 TIP
쓰레기에 대한 영국 표현은 rubbish이라는 것에 주의한다. garbage는 음식물 쓰레기를 말하며, trash는 종이나 판지 등과 같은 물기 없는 쓰레기를 말하는 것으로 의미 차이에 유의한다.

lawnmower
미[lɔ:nmóuər] 영[lɔ:nmóuə]

🔍 ⑲ 잔디 깎는 기계
•• a machine used for cutting grass
The lawnmower is being operated on the grass.
잔디 깎는 기계가 잔디밭에서 작동되고 있다.

luggage
[lʌ́gidʒ]
영 baggage

🔍 ⑲ (여행용)짐, 수하물
•• all the cases or bags for a traveler's belongings
He is carrying lots of luggage.
남자는 짐을 많이 들고 있다.

🔖 출제 TIP
luggage는 영국에서, baggage는 미국에서 주로 쓰며, 불가산 명사이므로 관사 a나 복수형을 만들 수 없다는 것에 주의한다.

majority
[mədʒɔ́:rəti]
반 minority 소수

🔍 ⑲ 다수
•• the larger number or part of something
The majority are raising their hands.
대다수가 손을 들고 있다.

microwave
[máikrouweiv]

🔍 ⑲⑤ 전자레인지; 전자레인지로 요리하다
•• a type of oven that cooks food very quickly using electric waves instead of heat
The man is putting food into the microwave.
남자가 음식을 전자레인지에 넣고 있다.

participate
미[pa:rtísəpèit]
영[pa:tísəpèit]

🔍 ⑤ 참여하다
•• to take part in an activity or event
He is participating in a sporting event.
남자는 스포츠 행사에 참여하고 있다.

🔖 출제 TIP
독해 파트에서는 participate 뒤에 전치사 in을 묻는 문제로 출제된다.

pathway
미[pǽθwei] 영[pɑːθwei]

🔍 圈 산책길
•• a track which a person can walk along
The pathway is being built along the road.
산책길이 길을 따라 건설 중에 있다.

patient
[péiʃənt]

🔍 圈 圉 환자; 참을성이 있는
•• a person who is receiving medical treatment from a doctor or hospital
The patient is being examined. 환자가 진찰을 받고 있다.

pave
[peiv]
🔒 pavement 포장도로

🔍 圉 (길, 도로를) 포장하다
•• to cover an area of ground with stones or concrete
The streets are paved with stones.
거리는 돌로 포장되어 있다.

pedestrian
[pədéstriən]
🔒 walker

🔍 圈 보행자
•• a person who is walking, especially in an area where vehicles go
The pedestrians are waiting for the traffic light to be changed.
보행자들이 교통 신호등이 바뀌기를 기다리고 있다.

photocopy
미[fóutoukápi]
영[fóutoukɔ́pi]
🔒 make a copy

🔍 圈 圉 복사하다; (사진) 복사
•• to make a photographic copy of something
A woman is photocopying something.
여자가 무엇인가를 복사하고 있다.

pile
[pail]

🔍 圈 圉 더미; 쌓아 올리다
•• a group of several things that are put on top of each other
There is a pile of wood near the river.
강 가까이에 장작더미가 있다.

💬 출제 TIP
file(서류철)의 소리와 혼동을 유도하기 쉬우니 주의한다.

plastic bag
미[plǽstikbæg]
영[plɑ́stikbag]

🔍 圈 비닐봉지
•• a bag made of thin plastic material
The woman is carrying some plastic bags.
여자가 비닐봉지를 들고 있다.

💬 출제 TIP
흔히 '비닐 봉지'의 vinyl은 레코드판이나, 타일 바닥재 등에 쓰이는 strong plastic을 말하고, 정확한 영어 표현은 plastic bag임에 주의한다.

polish
미[páliʃ] 영[pɔ́liʃ]

동형 **광택을 내다; 윤내기**
- to make a surface shine

He is polishing the silver.
남자가 은을 윤기 나게 닦고 있다.

출제 TIP
Polish (폴란드의)와 유사한 소리한 나는 점에 주의한다.

post
[poust]

형동 **기둥, 푯말; 전단을 기둥에 붙이다**
- a vertical stick or pole fixed into the ground

He is looking at the fence post.
남자가 울타리 기둥을 보고 있다.

출제 TIP
영국에서 '우편'의 의미로 쓰이는 post와 동음이의어인 것에 주의한다.

pour
미[pɔ:r] 영[pɔ:]

동 **붓다, 쏟다**
- to make a liquid flow from a container

The man is pouring water out of a kettle.
남자가 주전자의 물을 따르고 있다.

pray
[prei]
웹 prayer

동 **기도하다**
- to speak to God in order to ask for help or give thanks

They're praying on the table.
사람들이 식탁에서 기도하고 있다.

출제 TIP
혼동을 유도하는 pray–play, prayer(기도)–player(선수)의 소리에 주의한다.

purse
미[pə:rs] 영[pə:s]
웹 wallet

형 **지갑**
- a small bag in which women keep paper money, coins, cards etc

The woman is looking into her purse.
여자가 지갑을 들여다보고 있다.

queue
[kju(;)]
웹 line

동형 **줄에 서다; 줄**
- a line of people waiting for something

People are queuing in front of the information desk.
사람들이 안내창구 앞에 줄지어 서 있다.

출제 TIP
queue는 영국에서 쓰는 표현이고, 미국에서는 line이라고 하는 점에 주의한다.

rack
미[ræk] 영[rak]

형 **걸이, 선반**
- a frame or shelf that has bars or hooks

The hats are hanging on the racks.
모자가 걸이에 걸려 있다.

railroad
[reilroud]

(명) 철도, 선로
- a route between two places on a track for trains

People are constructing a railroad.
사람들이 철도를 건설하고 있다.

🔊 출제 TIP
영국에서는 railway라고 한다는 것에 주의한다.

rake
[reik]

(동)(명) 갈퀴로 긁다; 갈퀴, 써레
- to use a rake to make earth level or to gather leaves

The woman is raking the leaves.
여자가 낙엽을 긁고 있다.

reflect
[riflekt]

(명) reflection 반영

(동) 비추다, 반영하다
- to show an image of something

The moon is reflected in the lake.
달이 호수에 비친다.

row
[rou]

(반) line

(명) 줄, 열
- a line of things or people next to each other

The desks and chairs are arranged in rows.
책상과 의자들이 여러 줄로 정돈되어 있다.

🔊 출제 TIP
유사한 소리가 나는 low[lou]와 혼동하지 않도록 주의한다.

runway
[rʌnwei]

(명) 활주로, 통로
- a long road on which aircraft land and take off

The plane is taking off the runway.
비행기가 활주로에서 이륙하고 있다.

scale
[skeil]

(명) 저울
- a measuring device for weighing

A girl is standing on the scale.
소녀가 저울 위에 서 있다.

scatter
미[skǽtər] 영[skǽtə]

(동) 흩뿌리다, 흩어지다
- to cause to move far apart in different directions

The clothes are scattered on the floor.
옷들이 바닥에 흩어져 있다.

scrub
[skrʌb]

[동] (세게 문질러) 닦다
•• to rub hard, especially with a stiff brush
A woman is scrubbing the steps.
여자가 계단을 닦고 있다.

sew
[sou]

[동] 바느질하다, 재봉틀로 박다
•• to use a needle and thread to make or repair clothes
She is sewing some work uniforms.
그녀는 작업복을 바느질하고 있다.

출제 TIP
sow [sou] 씨를 뿌리다, saw [sɔː] 톱질하다, saw [sɔː] see의 과거형
발음이 같거나 유사하여 소리의 혼동을 유도할 수 있으니 주의한다.

sidewalk
[saidwɔːk]

[명] 인도
•• a path at the side of a street for people to walk on
A car is parked on the sidewalk.
차가 인도에 세워져 있다.

출제 TIP
영국에서는 pavement라고 한다는 것에 주의한다.

stir
미[stəːr] 영[stəː]

[동][명] 휘젓다, 뒤섞다; 혼란, 소동
•• to move a liquid or substance around with a spoon
The woman is stirring her coffee with a spoo명
여자가 스푼으로 커피를 젓고 있다.

출제 TIP
coffee와 소리가 유사한 copy와 혼동하지 않도록 주의한다.

stack
[stæk]
[유] pile

[동][명] 쌓다; 더미, 무더기
•• to make things into a pile
The clothes are stacked in a drawer.
옷이 서랍에 쌓여 있다.

story
[stɔ́ːri]

[명] (건물의) 층
•• a floor or level of a building
The house has two stories.
그 집은 2층이다.

striped
미[straipt] 영[stript]

[형] 줄무늬의
•• having lines of color
They are both wearing striped shirts.
그들은 둘 다 줄무늬 셔츠를 입고 있다.

stroller
미[stróulər] 영[stróulə]
图 stroll 산책하다, 거닐다

图 **유모차**
•• a small chair on wheels in which a small child sits
A woman is pushing a stroller.
여자가 유모차를 밀고 있다.

출제 TIP
미국에서는 stroller, baby carriage, 영국에서는 pram, buggy를 주로 쓴다.

sweep
[swi:p]

图图 **쓸다, 청소하다; 쓸기**
•• to clean the dust from the floor using a brush
The man is sweeping the street.
남자가 거리를 쓸고 있다.

tow
[tou]

图图 **끌다, 견인하다; 끌기, 끌려가기**
•• to pull a vehicle or ship along behind another vehicle
A car is being towed away.
차가 견인되고 있다.

trim
[trim]

图 **정돈하다, 다듬다**
•• to make something tidier by cutting a small amount off it
A hairdresser is trimming a woman's hair.
미용사가 여자의 머리를 다듬고 있다.

turnstile
미[tə:rnstail] 영[tə:nstail]
图 revolving door

图 **회전문**
•• a revolving gate which allows only one person to go through at a time
People are going through the turnstile.
사람들이 회전문을 통과하고 있다.

출제 TIP
turnstile 한 사람씩 드나들게 되어 있는 회전식 문
revolving door 여러 사람이 동시에 들어갈 수 있는 회전식 문

unload
[ʌnloud]
图 load 짐을 싣다

图 **짐을 내리다**
•• to remove a load or cargo from a vehicle
The ferry is unloading its passengers.
배에서 승객들이 내리고 있다.

vehicle
[ví:ikl]

图 **차량**
•• a machine with an engine, such as a car, bus, or truck
The man is locking his vehicle.
남자가 차의 문을 잠그고 있다.

warm-up
미[wɔːrm-ʌp] 영[wɔːm-ʌp]
📝 warming-up 준비 운동의

🔵📝 예행연습을 하다; 준비 운동
•• to prepare yourself for a physical activity
People are warming up around the swimming pool.
사람들이 수영장 주변에서 준비 운동을 하고 있다.

water
미[wɔ́ːtər] 영[wɔ́ːtə]

🔵 물을 주다, 눈물(군침)이 흐르다
•• to pour water on plants or the ground
A girl is watering the plants in the garden.
여자아이가 정원의 화초에 물을 주고 있다.

window shopping
미[windou ʃápiŋ]
영[windou ʃɔ́piŋ]

📝 아이 쇼핑
•• the activity of looking at goods in shop windows
People are doing window shopping in a shop.
사람들이 가게에서 아이 쇼핑을 하고 있다.

🔴 출제 TIP
eye shopping은 올바른 영어 표현이 아니라 broken English이다.

windshield
[windʃíːld]

📝 자동차 앞 유리
•• the window at the front of a car, truck etc
The windshield is tinted blue.
자동차의 앞 유리는 옅은 푸른색을 입혔다.

🔴 출제 TIP
미국에서는 windscreen이라고 하고, tint는 흔히 자동차 썬팅이라고 할 때 쓰는 올바른 영어 표현이다.

wipe
[waip]

🔵📝 닦다, 문지르다; 닦기, 훔쳐 내기
•• to rub a surface with something in order to remove dirt, liquid etc
A man is wiping the table.
남자가 테이블을 닦고 있다.

🔴 출제 TIP
유사한 소리가 나는 wife와 혼동하지 않도록 주의한다.

workshop
미[wə́ːrkʃap] 영[wə́ːkʃɔp]

📝 작업장, 일터, 연수, 강습회
•• a place where things are made using machines
Two men are working at the workshop.
두 남자가 작업장에서 일하고 있다.

wrap
[ræp]

🔵📝 싸다, 포장하다; 포장 재료, 랩
•• to put paper or cloth over something to cover it
A woman is wrapping a present.
여자가 선물을 포장하고 있다.

Words Review

A 다음 설명에 해당하는 단어를 고르시오.

pave lawnmower souvenir post trash microwave vehicle sit-up rail vehicle

1 an object that you buy of a place you have visited
2 to cover an area of ground with stones or concrete
3 a machine used for cutting grass
4 a bar that is fastened along
5 a vertical stick or pole fixed into the ground
6 a type of oven that cooks food very quickly using electric waves
  instead of heat
7 a machine with an engine, such as a car, bus, or truck
8 the larger number or part of something
9 waste material or objects
10 an exercise to make your stomach muscles strong

B 다음 예문의 빈칸에 해당하는 단어를 골라 쓰시오.

stories window photocopying towed timber scale reflected wrapping workshop
watering pathway trimming unloading queuing windshield

1 People are .... in front of the information desk.
2 People are doing .... shopping in a shop.
3 A woman is .... something.
4 They are cutting down ....
5 A girl is standing on the ....
6 Two men are working at the ....
7 The .... is being built along the road.
8 A car is being .... away.
9 A hairdresser is .... a woman's hair.
10 A woman is .... a present.
11 The ferry is .... its passengers.
12 The moon is .... in the lake.
13 The house has two ....
14 The .... is tinted blue.
15 A girl is .... the plants in the garden.

Answer

Ⓐ 1 souvenir 2 pave 3 lawnmower 4 rail 5 post 6 microwave 7 vehicle 8 majority 9 trash 10 sit-up
Ⓑ 1 queuing 2 window 3 photocopying 4 timber 5 scale 6 workshop 7 pathway 8 towed 9 trimming
  10 wrapping 11 unloading 12 reflected 13 stories 14 windshield 15 watering

Part 2 빈출 어휘
Question and Response
질의응답

오늘 외울 단어 중 자신이 아는 단어를 체크해 보세요.

- [ ] **accountant** 회계원, 회계사
- [ ] **address** 연설, 인사말
- [ ] **adjust** 조정하다
- [ ] **agency** 대리점, 대행 회사
- [ ] **agenda** 의제, 안건
- [ ] **aisle** 통로, 복도
- [ ] **annual** 연간의
- [ ] **appliance** 전기, 도구
- [ ] **application** 효용, 효과, 실효성
- [ ] **appointment** 약속
- [ ] **asset** 재산, 자산
- [ ] **assistant** 보조자, 보좌
- [ ] **athletic** 운동의, 체육의, 건강한
- [ ] **attend** 참가하다

- [ ] **available** 사용할 수 있는, 이용 가능한
- [ ] **benefit** 수당, 이익, 이득
- [ ] **book** 예약하다
- [ ] **branch** 지사, 지부, 지국
- [ ] **break** 짧은 휴식, 휴게 시간; 쉬다
- [ ] **budget** 예산; 예산을 짜다
- [ ] **buyout** 주식 매수, 기업 인수, 상품 매점
- [ ] **calculator** 계산기
- [ ] **certificate** 증명서; ~을 인증하다
- [ ] **change** 거스름돈, 잔돈; 변화하다, 바꾸다
- [ ] **checkup** 건강 진단, 정기 진단
- [ ] **chat** 이야기하다, 잡담하다, 채팅하다; 한담
- [ ] **cloth** 천, 헝겊, 식탁보, 행주, 걸레
- [ ] **circumstance** 상황, 환경, 주위의 사정

- [ ] **criteria** 기준
- [ ] **dealing** 거래, 취급
- [ ] **delegate** 대리자, 대표; 대표로 파견하다
- [ ] **deliver** 배달하다, 전하다
- [ ] **department** 부서, 매장
- [ ] **destination** 목적지, 행선지
- [ ] **disappointed** 실망한, 낙담한
- [ ] **discipline** 훈련시키다; 훈련, 단련
- [ ] **distribute** 배부하다, 유통하다
- [ ] **diversify** 다양화하다, 경영을 다각화하다
- [ ] **donation** 기증, 증여, 기부
- [ ] **dull** (경기가) 활기가 없는, 잘 팔리지 않는
- [ ] **earnings** 소득, 수익
- [ ] **economize** 경제적으로 쓰다

- [ ] **committee** 위원회
- [ ] **commute** 통근하다, 정기적으로 왕복하다
- [ ] **concentrate** (힘, 정신을) ~에 집중하다
- [ ] **conference** 회의
- [ ] **confident** 확신하고 있는
- [ ] **confirm** ~을 확인하다, 확정하다
- [ ] **consultant** 상담고문
- [ ] **contest** 대회, 경쟁, 논쟁; 겨루다, 다투다
- [ ] **contract** 계약
- [ ] **convention** 회의, 총회, 집회
- [ ] **cooperate** 협동하다, 협력하다
- [ ] **cost** 비용이 들다; 비용, 경비
- [ ] **costume** 의상

accountant
[əkáuntənt]

🔍 회계원, 회계사
•• a person who keeps the financial records of a business company
How is the new accountant working out?
새로운 회계원은 일을 잘하고 있습니까?

address
뗑[ǽdres] [ədrés]

🔍 연설, 인사말; 연설하다
•• a formal speech
Who will deliver an opening address?
누가 개회사를 할 건가요?

🔍 출제 TIP
address는 약모음 a가 거의 들리지 않아 dress로 들리므로 소리에 주의해야 한다.

adjust
[ədʒʌst]
😊 adjustment 조절, 적응

🔍 조정하다
•• to change something to make it more suitable
Please adjust your schedules in advance.
미리 일정을 조정하기 바랍니다.

agency
[éidʒənsi]
😊 agent 대리인, 중개인

🔍 대리점, 대행 회사
•• a business that provides a particular service for people or organizations
When did you visit the travel agency?
언제 여행사를 갔었나요?

agenda
[ədʒéndə]

🔍 의제, 안건
•• a list of the subjects to be discussed at a meeting
What's the agenda?
안건이 무엇인가요?

🔍 출제 TIP
• agendum—agenda
• medium—media
• datum—data
• curriculum—curricula
-um으로 끝나는 라틴어의 복수는 -a이라는 점에 주의한다.

aisle
[ail]

🔍 통로, 복도
•• a long narrow passage between rows of seats
Would you prefer an aisle seat or a window seat?
통로 자리를 원하세요? 아니면 창문 쪽 자리를 원하세요?

annual
[ǽnjuəl]

[형] **연간의**
•• happening once a year
Why isn't your annual report done yet?
왜 당신의 연간 보고서는 아직 완성되지 않았나요?

appliance
[əpláiəns]

[명] **가전제품, (가정용) 기기**
•• a piece of electrical equipment, used in people's homes
A lot of kitchen appliances are displayed.
부엌 가전들이 많이 진열되어 있다.

application
[æpləkéiʃən]
[동] apply 지원하다, 적용하다

[명] **효용, 적용, 지원서**
•• practical purpose for which a machine, idea etc can be used
Did the research have practical applications?
그 조사에 실용적인 효용성이 있었나요?

출제 TIP
applicant 지원자 / applicable 응용할 수 있는
어근이 같지만 의미가 다른 파생어들의 의미 차이를 기억한다.

appointment
[əpɔ́intmənt]

[명] **약속**
•• an arrangement for a meeting at an agreed time and place
How did the appointment with the doctor go?
병원 진료 예약은 어떻게 되었나요?

출제 TIP
promise는 말의 약속을 의미하고, appointment는 시간의 약속을 의미한다.

assistant
[əsístənt]
[동] assist 돕다

[명] **보조자, 보좌**
•• someone who helps someone else in their work
When does your new assistant start?
새로 온 보조 직원은 언제 일을 시작하죠?

asset
[ǽset]

[명] **재산, 자산**
•• the things that a company owns
What is the most important asset in your business?
사업에서 무엇이 가장 중요한 재산입니까?

athletic
[æθlétik]

[형] **운동의, 체육의, 건강한**
•• physically strong and good at sport
When did you join an athletic association?
언제 운동 경기 협회에 가입했나요?

attend
[ətend]
⊛ attendance 참석, 관중

🔑⊛ 참가하다
•• to go to a meeting or a class
They are attending a dance recital.
그들은 댄스 발표회에 참가하고 있다.

🔖 출제 TIP
attend에서 약모음 a소리가 거의 틀리지 않아 tend의 소리로 혼동할 수 있다.

available
[əvéiləbl]
⊕ usable 이용할 수 있는
⊖ unavailable 이용할 수 없는

🔑⊛ 사용할 수 있는, 이용 가능한
•• able to be used or can easily be bought or found
Do you think tickets are still available?
입장권을 아직도 구할 수 있을 것 같아요?

branch
미[bræntʃ] 영[braːntʃ]

🔑⊛ 지사, 지부, 지국
•• a local business, shop that is part of a larger business
How many branches do you have all over the country?
전국에 지사를 몇 개나 가지고 있나요?

benefit
[bénəfit]

🔑⊛ 수당, 이익, 이득
•• extra money or other advantages that you get as part of your job
Do you think I can get sickness benefit?
제가 질병 수당을 받을 수 있을까요?

book
[buk]
⊛ reserve

🔑⊛ 예약하다
•• to arrange to have a seat or room at a particular time
I'd like to book a table in your restaurant.
당신 식당에 테이블을 예약하고 싶은데요.

🔖 출제 TIP
명사형 book(책)과 혼동하지 않도록 주의한다.

break
[breik]

🔑⊛ 짧은 휴식, 휴게 시간; 쉬다
•• a period of time when you stop working in order to rest or eat
Why don't we take a ten-minute break?
10분간 휴식을 취하는 게 어때요?

🔖 출제 TIP
break는 잠깐 동안의 짧은 휴식이나 방학을 의미하고, rest는 포괄적인 의미의 휴식으로 잠시 쉬는 것부터 장기간에 걸친 휴양까지의 휴식을 의미한다.

budget
[bʌdʒit]

🔑⊛⊛ 예산; 예산을 짜다
•• a plan to show how much money will be needed or spent
You'd better work on balancing the budget.
예산 결산 작업을 하는 게 좋겠어요.

buyout
[baiaut]
 takeover

명 주식 매수, 기업 인수, 상품 매점
•• a situation in which you gain control of a company
What do you think about the company buyout?
그 회사의 주식을 사들이는 것을 어떻게 생각하세요?

calculator
미[kǽlkjulèitər]
영[kǽlkjulèitə]

명 계산기
•• a small electronic machine that can add or multiply
Where do you leave the calculator?
계산기를 어디에 놓아두나요?

🔖 출제 TIP
leave[li:v]와 live[liv]의 모음 [i]의 길고 짧은 소리를 구분하도록 주의한다.

checkup
[tʃekʌp]

명 건강 진단, 정기 진단
•• a general medical examination
When is your next checkup?
다음 검진 날짜는 언제이죠?

certificate
미[sərtífikeɪt] 영[sətífikət]

명 동 증명서; ~을 인증하다
•• an official document stating that a fact is true
Do you have a teaching certificate?
교원 자격증이 있으신가요?

change
[tʃeindʒ]

명 동 거스름돈, 잔돈; 변화하다, 바꾸다
•• the money that you get back when you have paid for something
I think you've given me the wrong change.
거스름돈이 틀리는데요.

🔖 출제 TIP
change의 동사(바꾸다)와 명사(변화)의 의미와 혼동하지 않도록 주의한다.

chat
[tʃæt]

동 명 이야기하다, 잡담하다, 채팅하다; 한담
•• to talk in a friendly informal way
Let's chat over a cup of tea.
차라도 마시며 이야기하죠.

circumstance
미[sə́:rkəmstæns]
영[sə́:kəmstəns]

명 상황, 환경, 주위의 사정
•• the conditions that affect a situation, action, event
Do I have to attend the meeting under any circumstances?
어떠한 상황 하에서도 미팅에 참석해야 하나요?

🔖 출제 TIP
circumstances는 주로 복수로 사용되며 일이나 사건 등을 둘러싼 환경, 상황, 정황 등을 의미한다.

cloth
[klɔθ]

🏷 **천, 헝겊, 직물**
•• a piece of cloth used for a particular purpose
Is there a clean cloth for the table?
식탁을 닦을 깨끗한 행주가 있나요?

🔎 출제 TIP
cloth의 복수형 clothes[klouz]는 '의복, 옷'의 뜻으로 소리의 혼동이 있으니 주의한다.

committee
[kəmíti]

🏷 **위원회**
•• a group of people chosen to make decisions
The steering committee has great power.
운영 위원회는 막대한 권력을 지닌다.

commute
[kəmjúːt]

🔎 **통근하다, 정기적으로 왕복하다**
•• to travel regularly between two places
How do you commute to work?
출근을 어떻게 하세요?

concentrate
미[kánsəntrèit]
영[kɔ́nsəntrèit]

🔵 concentration 집중

🏷 **(힘, 정신을) ~에 집중하다**
•• to think very carefully about something that you are doing
Why aren't you concentrating on the task?
왜 일에 집중을 하지 못하는 건가요?

🔎 출제 TIP
concentrate A on B A를 B에 집중시키다
독해 파트에서는 concentrate 뒤에 전치사 on이나 upon을 묻는 문제로 출제된다.

conference
미[kánfərəns]
영[kɔ́nfərəns]

🏷 **회의**
•• a formal meeting of people with a shared interest,
   typically one that takes place over several days
How many people does the conference room hold?
회의실에는 몇 명이나 수용하나요?

🔎 출제 TIP
• briefing 요약보고   • meeting (소규모의) 모임, 회의
• conference 며칠씩 진행되는 토론   • convention 동종 직종인 사람들의 모임, 회의
독해 파트에서 유사한 의미를 지닌 단어들의 정확한 의미를 묻는 문제로 출제된다.

confirm
미[kənfə́ːrm] 영[kənfə́ːm]

🏷 **~을 확인하다, 확정하다**
•• to tell someone that a possible arrangement is now definite
Did you confirm your reservation?
예약을 확인하셨나요?

🔎 출제 TIP
유사한 소리가 나는 conform[kənfɔ́ːrm 순응하다, 따르다]과 혼동하지 않도록 주의한다.
confirm은 계약이나 예약을 '확인하다, 승인하다'의 뜻이고, conform은 규칙에 따라 '순응하다, 적합하게 하다'의 뜻으로 전치사 to, with를 수반한다.

confident
미[kánfədənt]
영[kɔ́nfədənt]
🔄 certain, sure

🔖 확신하고 있는
•• sure that something is true
Was he confident of his success?
그는 자신의 성공을 확신했나요?

consultant
미[kənsʌ́ltənt]
🔄 consult 상담하다
🔄 advisor

🔖 상담고문
•• someone who gives professional advice
Did you ask the consultant for some advice?
그 컨설턴트에게 조언을 구하셨나요?

contest
미[kántest] 영[kɔ́ntest]

🔖 대회, 경쟁, 논쟁; 겨루다, 다투다
•• an occasion on which a winner is selected from among two or more contestants
Would you like to enter a singing contest?
노래 자랑 대회에 참가하시겠습니까?

contract
미[kántrækt] 영[kɔ́ntrækt]

🔖 계약
•• an agreement, especially a legally binding one
The contract has already been signed.
계약이 이미 체결되었어요.

convention
미[kənvénʃən]

🔖 회의, 총회, 집회
•• a large formal meeting of people who do a particular job
When will the sales convention be held?
언제 영업 회의가 개최되나요?

cooperate
미[kouápərèit]
영[kouɔ́pərèit]

🔖 협동하다, 협력하다
•• to work together with someone
Haven't you two cooperated on the project?
두 분이 그 프로젝트를 같이 하지 않으셨나요?

🔖 출제 TIP
cooperate 협동하다 / corporate [kɔ́ːrpərət] 기업의, 회사의
• cooperate with each other 서로 협력하다
• corporate finance 기업의 금융
소리와 철자가 유사한 단어들의 품사를 구별하고 이들의 의미 차이를 혼동하지 않도록 주의한다.

cost
미[kɔːst] 영[kɔst]
🔄 expense 경비

🔖 비용이 들다; 비용, 경비
•• to have a particular price
How much does it cost?
가격이 얼마입니까?

costume
미[kástjuːm] 영[kɔ́stjuːm]
⊕ outfit

⑲ 의상
•• a set of clothes worn in order to look like someone
Could you help me get into this costume?
이 의상 입는 것 좀 도와주시겠어요?

🔖 출제 TIP
customs[kʌ́stəmz 세관]와 유사한 소리가 나므로 혼동하지 않도록 주의한다.

criteria
[kraitíəriə]

⑲ 기준
•• standard by which you judge, decide about something
What are the criteria to select candidates?
후보자를 뽑는 기준이 무엇인가요?

🔖 출제 TIP
• criterion–criteria   • phenomenon–phenomena
–on으로 끝나는 명사는 –a를 붙여 복수형을 만든다.

dealing
[díːliŋ]

⑲ 거래, 취급
•• the activity of buying, selling or doing business with people
How long have you have dealings with the company?
그 회사와 얼마 동안 거래를 하셨나요?

delegate
미[déligət] 영[déligèit]
⊕ representative

⑲⑤ 대표, 사절; 대표로 파견하다, 위임하다
•• someone who has been chosen to speak, or vote for a group
How many delegates attended the conference?
회의에 참석한 대표자가 몇 명이나 되나요?

destination
[dèstənéiʃən]

⑲ 목적지, 행선지
•• the place that someone is going to
Where is your destination?
목적지가 어디입니까?

department
미[dipáːrtmənt]
영[dipáː tmənt]
⊕ division

⑲ 부서, 매장
•• a part of an organization such as a school, business or government
What floor is the accounting department on?
경리과가 몇 층인가요?

deliver
미[dilívər] 영[dilívə]
⊕ delivery

⑤ 배달하다, 전하다
•• to take goods, letters, packages to a place or person
When do you want me to deliver the refrigerator?
언제 세탁기를 배달해 드릴까요?

disappointed
[dìsəpóintid]
🔄 disappoint 실망시키다

실망한, 낙담한
•• unhappy because something
Why is he so disappointed? 왜 그는 그토록 실망했나요?

discipline
[dísəplin]
🔄 train

훈련시키다; 훈련, 단련
•• to teach someone to obey rules
A man is disciplining a dog. 남자가 개를 훈련시키고 있어요.

distribute
[distríbjuːt]

배부하다, 유통하다
•• to supply goods to shops and companies
Who is distributing the papers?
누가 서류를 배부하고 있나요?

🔖 출제 TIP
distributor 배급업자, 판매업자, 유통회사 / distribution 배급, 분배, 유통
• the exclusive distributor 독점 판매업자
• worldwide distribution systems 세계적인 유통 시스템
독해 파트에서 어근(distribute 분배하다)이 같지만 의미가 다른 파생들의 의미를 묻는 문제로 출제된다.

diversify
미[divə́ːrsəfài]
영[daivə́ːsəfài]
🔄 diverse 다양한
🔄 diversity 다양화

다양화하다, 경영을 다각화하다
•• to increase the range of goods or services
How can we diversify our products?
어떻게 제품을 다양화할 수 있나요?

donation
[dounéiʃən]
🔄 donate 기부하다
🔄 donor 기증자

기증, 증여, 기부
•• money given to a charity
Would you like to make a donation to charity?
자선 단체에 기부하시겠습니까?

dull
[dʌl]
🔄 brisk 활기 있는

(경기가) 활기가 없는, 잘 팔리지 않는
•• less buying and selling
The country is still suffering from the dull economy.
그 나라는 여전히 경기침체를 겪고 있습니다.

earnings
미[ə́ːrniŋz] 영[ə́ːniŋz]
🔄 earn 벌다

소득, 수익
•• the money that you receive for the work that you do
What will be the average monthly earnings for me?
제가 받을 평균 월간 소득은 얼마일까요?

economize
미[ikánəmàiz]
영[ikónəmàiz]

경제적으로 쓰다
•• to reduce the amount of money, time, goods that you use
It's time to economize on manpower.
인력을 경제적으로 쓸 때이다.

Words Review

A 다음 설명에 해당하는 단어를 고르시오.

cooperate athletic cost destination accountant convention certificate conference deliver agency

1 a formal meeting of people with a shared interest, typically one that takes place over several days
2 a business that provides a particular service for people or organizations
3 to work together with someone
4 physically strong and good at sport
5 the place that someone is going to
6 to take goods, letters, packages to a place or person
7 to have a particular price
8 a large formal meeting of people who do a particular job
9 a person who keeps the financial records of a business company
10 an official document that states that a fact or facts are true

B 다음 예문의 빈칸에 해당하는 단어를 골라 쓰시오.

committee appliances agenda asset contract adjust cloth economize available commute department chat branches attending disciplining

1 A man is .... a dog.
2 The steering .... has great power.
3 Is there a clean .... for the table?
4 What's the .... ?
5 What is the most important .... in your business?
6 The .... has already been signed.
7 Please .... your schedules in advance.
8 What floor is the accounting .... on?
9 Do you think tickets are still .... ?
10 How many .... do you have all over the country?
11 It's time to .... on manpower.
12 They are .... a dance recital.
13 Let's .... over a cup of tea.
14 How do you .... to work?
15 A lot of kitchen .... are displayed.

Answer

A 1 conference 2 agency 3 cooperate 4 athletic 5 destination 6 deliver 7 cost 8 convention 9 accountant 10 certificate

B 1 disciplining 2 committee 3 cloth 4 agenda 5 asset 6 contract 7 adjust 8 department 9 available 10 branches 11 economize 12 attending 13 chat 14 commute 15 appliances

오늘 외울 단어 중 자신이 아는 단어를 체크해 보세요.

- [ ] **fitness** 건강(상태), 운동, 몸매 가꾸기
- [ ] **fitting room** (상점에서) 옷 입어보는 곳
- [ ] **forgive** 용서하다
- [ ] **forward** 다른 주소지로 발송하다; 전방의, 앞으로
- [ ] **fragile** 망가지기 쉬운, 깨지기 쉬운
- [ ] **franchise** 독점 판매권, 가맹 사업; 사용권을 허가하다
- [ ] **gathering** 모임, 회합
- [ ] **gift-wrap** 선물용으로 포장하다
- [ ] **grocery** 식료품점, 식료 잡화점
- [ ] **illegal** 불법적인
- [ ] **jet lag** 시차로 인한 피로
- [ ] **laborer** 노동자
- [ ] **layout** 배치, 설계
- [ ] **learned** 학문이 있는, 박학한

- [ ] **employ** (남을) 고용하다, ~에 취직하다
- [ ] **enterprise** 기업체, 기업 경영, 사업 (계획)
- [ ] **excuse** 변명, 해명; 용서하다, 핑계를 대다
- [ ] **exhausted** 기진맥진한, 다 써버린
- [ ] **expense** 경비, 비용
- [ ] **expert** 전문가, 숙련자; 능숙한, 전문적인
- [ ] **express** 속달, 급행열차
- [ ] **extension** (전화의) 내선, 연장
- [ ] **factory** 공장
- [ ] **fare** 요금, 운임
- [ ] **farewell** 송별, 작별
- [ ] **fascinating** 매혹적인
- [ ] **fee** 수수료, 입장료, 수업료
- [ ] **fine** 벌금, 과태료; 벌금을 과하다

- [ ] **leave** 휴가; 떠나다
- [ ] **license** 면허(증), 인가(증)
- [ ] **load** 짐을 싣다, 태우다; 적하, 부담
- [ ] **local** 현지의, 지역의, 그 고장의
- [ ] **mall** 상점가, 쇼핑 몰
- [ ] **match** 어울리다; 경기, 시합, 성냥
- [ ] **mend** 수선하다
- [ ] **mess** 어수선함, 혼잡, 뒤죽박죽
- [ ] **motorist** 자동차 운전자
- [ ] **negotiable** 협의할 수 있는, 조정 가능한
- [ ] **nervous** 긴장한, 초조한, 신경과민의
- [ ] **news-stand** 신문 가판대
- [ ] **occupation** 직업, 업무, 점유, 점령

- [ ] **operate** 작동하다, 운전하다, 수술하다
- [ ] **opportunity** 기회, 가능성
- [ ] **order** 주문하다
- [ ] **otherwise** 만약 그렇지 않으면
- [ ] **outgoing** 사교적인, 외향적인
- [ ] **outskirts** 교외, 변두리
- [ ] **overpass** 고가 도로
- [ ] **over-the-counter** (약이) 의사의 처방 없이 팔리는
- [ ] **overtime** 초과근무, 규정 외 노동시간
- [ ] **panel** 전문 위원회, 토론자단
- [ ] **parcel** 소포, 꾸러미
- [ ] **pastime** 오락, 놀이, 기분 전환
- [ ] **performance** 성과, 실적, 연주, 공연
- [ ] **pharmacy** 약국, 조제

employ
[implɔ́i]

명 mployment 고용, 취업
동 hire
반 fire 해고하다

🔊 고용하다, (기술을) 이용하다
•• to pay someone to work for you
How many people does your company employ?
당신 회사는 사람들을 몇 명이나 고용하고 있습니까?

enterprise
미[éntərpràiz]
영[éntəpràiz]

형 enterprising 진취적인

🔊 기업체, 기업 경영, 사업 (계획)
•• company, organization, or business
Will you invest in a large enterprise?
대기업체에 투자 하실 건가요?

excuse
[ikskjúːz]

🔊 변명, 해명; 용서하다, 핑계를 대다
•• a reason that you give to explain careless or offensive behavior
What's your excuse for being late this time?
이번에는 늦은 이유가 무엇인가요?

exhausted
[igzɔ́ːstid]

동 worn out

🔊 기진맥진한, 다 써버린
•• extremely tired
You look exhausted. Are you okay?
피곤해 보이는데, 괜찮아요?

🔊 출제 TIP
• exhaust 동 기진맥진하게 만들다, 고갈시키다, 명 고갈, 자동차의 배기가스 품사 별로 의미가 다른 어휘들을 주의한다.

expense
[ikspens]

형 expensive
비용이 많이 드는

🔊 경비, 비용
•• the amount of money that you spend on something
How much money did you spend for travel expenses?
여행 경비로 얼마를 사용했나요?

🔊 출제 TIP
expensive (비싼)의 소리와 유사하여 혼동할 수 있다.

expert
미[ékspəːrt] 영[ékspəːt]

🔊 전문가, 숙련자; 능숙한, 전문적인
•• someone who has a special skill or knowledge of a subject
Is he a chemical expert?
그는 화학 전문가인가요?

express
[ikspres]
[동] 속달로 보내다, 표현하다

[명] [형] 속달, 급행열차; 급행의, 신속한
•• a post service that delivers letters and packages very quickly
Would you send these books by express?
이 책들을 속달로 부쳐 주시겠어요?

extension
[ikstén∫ən]
[동] extend 확장하다

[명] (전화의) 내선, 연장
•• one of many telephone lines connected to a central system
Do you know Mr Bower's extension number?
Bower씨의 내선 번호를 아세요?

출제 TIP
extension을 줄여서 Ext.로 쓰며, expansion[ikspǽn∫ən 확장, 팽창]과 소리의 혼동을 유도할 수 있으니 주의한다.

factory
[fǽktəri]
[명] plant

[명] 공장
•• a building where large amounts of goods are made using machines
Where is the factory situated?
공장이 어디에 위치해 있나요?

fare
미[fɛər] 영[fɛə]

[명] 요금, 운임
•• the price you pay to travel by bus, train, plane
What is the bus fare?
버스 요금이 얼마인가요?

출제 TIP
교통요금을 말할 때의 fare와 fair(공평한)의 소리가 유사하니 주의한다.

farewell
미[fɛərwél] 영[fɛəwél]

[명] 송별, 작별
•• the action of saying goodbye
Do you plan to have a farewell party for Bill?
Bill의 송별 파티를 열 계획인가요?

fascinating
[fǽsənèitiŋ]
[동] fascinate 매료시키다

[형] 매혹적인
•• extremely interesting
Isn't she a fascinating young lady?
정말로 매혹적인 아가씨 아닌가요?

fee
[fi:]

[명] 수수료, 입장료, 수업료
•• an amount of money paid for a work or service
How much is a registration fee?
등록비는 얼마입니까?

출제 TIP
• entrance fee 입장료 • school fee 수업료 • lawyer's fee 수임료
fee는 전문적인 서비스에 대한 수수료, 조직이나 기관 등에 내는 회비나 가입비를 의미한다.

fine
[fain]

🔵명🔵통 벌금, 과태료; 벌금을 과하다(처하다)
- money that you have to pay as a punishment

The penalty for illegal parking is a $50 fine.
불법 주차에 대한 벌은 50달러의 벌금입니다.

💬 출제 TIP
동음이의어인 fine(좋은)과 소리의 혼동에 주의한다.

fitness
[fitnis]

🟢유 fit 적합하다, 알맞다

🔵명 건강(상태), 운동, 몸매 가꾸기
- the condition of being physically strong and healthy

I'm trying to improve my fitness by cycling to work.
자전거로 직장을 다녀 건강을 좋게 하려고 애쓰고 있어요.

fitting room
[fitiŋru:m]

🟢유 dressing room

🔵명 (상점에서) 옷 입어보는 곳
- an area in a shop where you can try on clothes

You can try them on in that fitting room.
저기 피팅룸에서 입어보실 수 있어요.

forgive
미[fərgív] 영[fəgív]

🟢파 forgiveness 용서, 관대함
🟢파 forgiving 책망하지 않는

🔵통 용서하다
- to stop being angry with someone and stop blaming them

Will you forgive my thoughtless words?
생각 없는 제 말을 용서해 주시겠어요?

forward
미[fɔ́:rwərd] 영[fɔ́:wəd]

🟢유 send on

🔵명🔵통🔵부 (우편물을) 다른 주소지로 발송하다; 전방의; 앞으로
- to send letters to someone when they have moved to a different address

Would you make sure that you forward my mail?
편지를 새 주소로 발송해 주시겠어요?

fragile
미[frǽdʒəl] 영[frǽdʒail]

🟢유 delicate 부서지기 쉬운
🟢반 strong 견고한

🔵형 망가지기 쉬운, 깨지기 쉬운
- easily broken or damaged

Will you be careful with that vase? It's very fragile.
그 꽃병을 조심해서 다루시겠어요? 아주 쉽게 깨지거든요.

franchise
[frǽntʃaiz]

🟢유 chain

🔵명🔵통 가맹점, 독점 판매권; 사용권을 허가하다
- permission given by a company to someone who wants to sell its goods

Who's going to operate the franchise?
누가 가맹점을 운영할 건가요?

gathering
[gǽðəriŋ]

🟢유 get together 모이다
🟢유 meeting

🔵명 모임, 회합
- a meeting of a group of people

Are you going to join the social gathering?
친목회에 가실 건가요?

gift-wrap
[giftræp]

[동] **선물용으로 포장하다**
•• to wrap a present with gift wrap, especially in a shop
Could you gift-wrap that vase for me?
그 꽃병을 포장해 주시겠어요?

grocery
[gróusəri]
[유] supermarket

[명] **식료품점, 식료 잡화점**
•• food and other goods that are sold by a grocer
When is that grocery store open?
저 식료품점은 언제 문을 여나요?

출제 TIP
보통 복수 표현 groceries를 쓰고, 영국에서는 grocery shop을 쓴다.

illegal
[ilíːgəl]
[유] unlawful
[반] legal 합법적인

[형] **불법적인**
•• not allowed by the law
It is illegal to park in this place.
이곳에 주차하는 것은 불법이에요.

jet lag
미[dʒetlæg] 영[dʒetlag]

[명] **시차로 인한 피로**
•• the feeling of tiredness after making a long journey in an aircraft
I am suffering from a bad jet lag.
지독한 시차로 고생하고 있어요.

laborer
미[léibərər] 영[léibərə]
[유] worker
[반] management 경영자

[명] **노동자**
•• a person who does physical work
Are you looking for a good laborer?
성실한 노동자를 찾고 있나요?

출제 TIP
labor와 neighbor가 유사한 소리가 나므로 혼동하지 않도록 주의한다.

layout
[leiaut]

[명] **배치, 설계**
•• the way that something is arranged
All the offices have the same layout.
사무실들의 배치는 모두 똑같아요.

learned
미[ləːrnid] 영[ləːnid]
[명] learning 학문, 학식

[형] **학문이 있는, 박학한**
•• having a lot of knowledge
Do you know that he is a learned philosopher and theologian?
그가 학식 있는 철학자겸 신학자라는 을 알고 있나요?

출제 TIP
과거형 learned[ləːrnd]와 형용사 learned[ləːrnid]의 유사한 소리가 혼동을 유도할 수 있으니 주의한다.

leave
[liːv]
🔄 holiday

(명)(동) 휴가; 떠나다
•• time that you are allowed to spend away from your work
How many days annual leave do you get in your job?
당신 직장에서는 연중 휴가가 며칠입니까?

🔍 출제 TIP
• leave 특별한 사유로 인해 일을 쉬는 휴가
• vacation 일이나 의무에서 해방되는 휴일
• holiday 국경일이나 축제일 등 특별히 정해진 휴일
각 단어의 정확한 의미 차이를 구별하는 문제로 출제된다.

---

license
[láisəns]

(명) 면허(증), 인가(증)
•• an official document giving you permission to own or do something
May I see your driving license?
운전 면허증을 보여 주시오.

---

load
[loud]
🔄 unload 짐을 부리다

(동)(명) 짐을 싣다, 태우다; 적하, 부담
•• to put a large quantity of something into a vehicle or container
Will you help me load the boxes?
상자 싣는 것을 도와줄래요?

---

local
[lóukəl]
🔄 locate ~의 위치를 찾아내다
🔄 location 장소, 위치

(형) 현지의, 지역의, 그 고장의
•• relating to the particular area you live in
He has a strong local accent.
그는 지방의 억양(사투리)이 심하다.

🔍 출제 TIP
• be located in/at ~에 위치하다
be located 뒤에 전치사 in, at, on 등이 올 수 있다는 점도 기억한다.

---

mall
[mɔːl]
🔄 shopping center

(명) 상점가, 쇼핑몰
•• a large area where there are a lot of shops
When does the new shopping mall open?
언제 새 쇼핑몰이 문을 여나요?

---

match
미[mætʃ] 영[matʃ]
🔄 suit 잘 맞다

(동)(명) 어울리다; 경기, 시합, 성냥
•• to be suitable for a particular person, thing, or situation
Do these shoes match with my skirt?
이 신발이 제 치마와 잘 어울리나요?

🔍 출제 TIP
• match 코디를 해서 의상이나 넥타이, 신발 등을 조화롭게 맞추어 입을 경우
• fit 자기 몸에 불편하지 않도록 딱 맞는 경우
• suit 자신에게 어울리는 스타일일 경우
독해 파트에서 어휘들의 정확한 의미를 구별하는 문제로 출제된다.

mend
[mend]
🔄 repair

📗 수선하다
•• to repair something that is broken or damaged
Could you mend this hole in my shirt?
셔츠에 난 구멍을 수선해 주시겠어요?

🔍 출제 TIP
• mend 기술을 필요로 하지 않는 의류, 도로, 지붕 등에 난 구멍을 수선할 때
• fix 기계나 자동차를 수리할 때
• repair 고장 나거나 부서진 것을 수리할 때 쓰는 포괄적인 의미
단어들의 정확한 의미를 파악하여 의미 차이를 기억한다.

mess
[mes]
🔄 untidiness

📗 어수선함, 혼잡, 뒤죽박죽
•• something or someone that looks dirty or untidy
His office is always in a mess.
그의 사무실은 언제나 어수선해요.

motorist
[móutərist]
🔄 driver

📗 자동차 운전자
•• someone who drives a car
Did you see an angry motorist behind you?
당신 뒤에 화가 난 운전자를 보았나요?

news-stand
[njú:zstænd]

📗 신문 가판대
•• a place on a street where newspapers and magazines are sold
Do you know where the nearest news-stand is?
가장 가까운 신문 가판대가 어디 있는지 아시나요?

nervous
미[nə́:rvəs] 영[nə́:vəs]

📗 긴장한, 초조한, 신경과민의
•• worried and anxious
Do you feel nervous before an interview?
면접 보기 전에 긴장을 하나요?

negotiable
[nigóuʃiəbl]
🔄 negotiate 협상하다

📗 협의할 수 있는, 조정 가능한
•• able to be discussed or changed in order to reach an agreement
Is the salary negotiable?
급여는 협의가 가능한가요?

occupation
미[àkjupéiʃən] 영[ɔ̀kpéiʃən]
🔄 occupied 점령된, 차용된
🔄 occupy 점유하다, 차지하다

📗 직업, 업무, 점유, 점령
•• a job or profession
What is your occupation?
직업이 무엇인가요?

operate
미[ápərèit] 영[ɔ́pərèit]
[명] operation 작용, 작동, 운영

[동] **작동하다, 운전하다, 수술하다**
•• to use and control a machine or equipment
Do you know how to operate that machine?
저 기계 작동 법을 아세요?

opportunity
미[àpərtjú:nəti]
영[ɔ̀pətjú:nəti]

[명] **기회, 가능성**
•• the chance to get a job
There are more job opportunities for young graduates.
젊은 졸업생들을 위한 구직 기회가 많이 있습니다.

출제 TIP
• graduate [grǽdʒuət] 졸업생
• graduate [grǽdʒueit] 졸업하다
유사한 소리로 들리는 단어들의 품사별 의미 차이를 구별한다.

order
미[ɔ́:rdər] 영[ɔ́:də]

[동] **주문하다**
•• to ask for something to be made, supplied or delivered
What would you like to order?
무엇을 주문하시겠습니까?

otherwise
미[ʌ́ðərwàiz] 영[ʌ́ðəwàiz]

[부] **만약 그렇지 않으면**
•• used when saying what bad thing will happen if something is not done
Please don't be late for work. Otherwise you'll get fired soon.
제발 좀 늦지 마시오. 그렇지 않으면 곧 해고될 거예요.

outgoing
[autgóuiŋ]
[유] sociable, extrovert

[형] **사교적인, 외향적인**
•• liking to meet and talk to new people
We're looking for someone with an outgoing personality.
저희는 외향적인 성격의 소유자를 찾고 있습니다.

출제 TIP
outgoing과 유사해 보이는 outgo는 '지출'의 뜻으로, 단어의 의미 차이를 묻는 문제로 출제된다.

outskirts
미[autskə:rtz] 영[autskə:tz]
[유] suburb
[반] downtown

[명] **교외, 변두리**
•• the parts of a town or city that are furthest from the center
The factory is in the outskirts of city.
공장은 도시의 변두리에 있어요.

overpass
미[óuvərpæs]
영[óuvəpa:s]
[반] underpass 지하도

[명] **고가 도로**
•• a structure like a bridge that allows one road to go over another road
Is there an overpass on the street?
그 거리에 고가 도로가 있나요?

overtime
미[óuvərtaim]
영[óuvətaim]

🔖 초과근무, 규정 외 노동 시간
•• beyond the normal time needed or expected in a job
How often do you work overtime?
얼마나 자주 초과 근무를 하시나요?

over-the-counter
미[óuvərðəkáuntər]
영[óuvəðəkáuntə]

🔖 (약이) 의사의 처방 없이 팔리는, 직접 매매되는
•• able to be obtained without a prescription
Are these tablets available over-the-counter?
이 알약들을 처방전 없이 구할 수 있나요?

panel
미[pǽnl] 영[pǽnl]

🔖 전문 위원회, 토론자단
•• a group of people chosen to give advice or opinions on a particular subject
The project will be judged by a panel of experts.
그 프로젝트는 전문 위원단들이 판단할 거예요.

parcel
미[pá:rsəl] 영[pá:səl]
🌐 package

🔖 소포, 꾸러미
•• an object wrapped in paper, so that it can be sent by post
Who posted the parcel this morning?
오늘 아침에 누가 그 소포를 부쳤나요?

pastime
미[pǽstàim] 영[pástàim]
🌐 hobby, recreation

🔖 오락, 놀이, 기분 전환
•• an activity which is done for enjoyment
What is your favorite pastime?
당신이 가장 즐겨 하는 놀이는 무엇인가요?

performance
미[pərfɔ́:rməns]
영[pəfɔ́:məns]
🌐 perform (임무를) 수행하다

🔖 성과, 실적, 연주, 공연
•• how well or badly a person does job
Is this the program to improve employees' performance?
이것이 사원들의 성과를 개선하고자 하는 그 프로그램인가요?

pharmacy
미[fá:rməsi] 영[fá:məsi]
🌐 pharmacist 약사

🔖 약국, 조제
•• a shop where medicines are prepared and sold
Is there a pharmacy around here?
근처에 약국이 있나요?

🔍 출제 TIP
미국에서는 약국을 drugstore라 하고, 영국에서는 chemist라고 한다.

1 2 3 4 5 6 7 8 9 10 11 12 13 14 15 16 17 18 19 20 21 22 23 24 25 26 27 28 29

Words Review

다음 설명에 해당하는 단어를 고르시오.

layout gift-wrap franchise express fee forward expense outdated employ nervous

1 to wrap a present with gift wrap, especially in a shop
2 a post service that delivers letters and packages very quickly
3 to send letters to someone when they have moved to a different address
4 the way that something is arranged
5 worried and anxious
6 old-fashioned and therefore no longer useful of effective
7 to pay someone to work for you
8 an amount of money paid for a work or service
9 the amount of money that you spend on something
10 permission given by a company to someone who wants to sell its goods

B 다음 예문의 빈칸에 해당하는 단어를 골라 쓰시오.

pastime fascinating fare excuse learned fitting room illegal panel pharmacy motorist forgive leave overpass mend gathering

1 What is the bus .... ?
2 Isn't she a .... young lady?
3 Do you know that he is a .... philosopher and theologian?
4 You can try them on in that ....
5 Is there a .... around here?
6 The project will be judged by a .... of experts.
7 Did you see an angry .... behind you?
8 What's your .... for being late this time?
9 Will you .... my thoughtless words?
10 How many days annual .... do you get in your job?
11 Could you .... this hole in my shirt?
12 What is your favorite .... ?
13 Is there an .... on the street?
14 Are you going to join the social .... ?
15 It is .... to park in this place.

Answer

A 1 gift-wrap 2 express 3 forward 4 layout 5 nervous 6 outdated 7 employ 8 fee 9 expense 10 franchise
B 1 fare 2 fascinating 3 learned 4 fitting room 5 pharmacy 6 panel 7 motorist 8 excuse 9 forgive 10 leave 11 mend 12 pastime 13 overpass 14 gathering 15 illegal

오늘 외울 단어 중 자신이 아는 단어를 체크해 보세요.

- [ ] **recipe** 조리법
- [ ] **recommend** 추천하다, 권하다
- [ ] **recycle** 재활용하다
- [ ] **register** 등록하다
- [ ] **remedy** 해결책, 치료, 요법
- [ ] **rent** 집세, 임대료; 빌리다
- [ ] **representative** 대변인, 대표자; 대리의, 대행의
- [ ] **responsible** 책임이 있는
- [ ] **rip-off** 바가지, 폭리; 값을 턱없이 요구하다
- [ ] **route** 길, 노선, 항로
- [ ] **shareholder** 주주
- [ ] **shift** 교대 근무
- [ ] **shortcut** 손쉬운 방법, 지름길
- [ ] **speeding** 속도위반; 제한 속도를 넘은

- [ ] **physician** 내과 의사
- [ ] **pill** 알약, 정제
- [ ] **plumber** 배관공
- [ ] **policy** 정책, 약관, 보험 증권
- [ ] **position** 지위, 직위; 적당한 장소에 두다
- [ ] **present** 발표하다
- [ ] **promote** 승진하다
- [ ] **proper** 적절한, 적합한, 타당한
- [ ] **proposal** 계획안, 제안서
- [ ] **purchase** 구매하다, 사다; 구입, 구매
- [ ] **purpose** 목적, 목표
- [ ] **quit** 그만두다
- [ ] **raise** (임금의) 인상, 물가 인상; 올리다
- [ ] **reasonable** 비싸지 않은, 적당한, 분별이 있는

- [ ] **vacuum cleaner** 진공청소기
- [ ] **valuables** 귀중품
- [ ] **vegetarian** 야채만의; 채식주의자
- [ ] **vending machine** 자동판매기
- [ ] **vision** 통찰력, 미래상, 비전
- [ ] **volume** 음량, 양, 책
- [ ] **wardrobe** 옷장
- [ ] **warehouse** 창고
- [ ] **warn** 경고하다
- [ ] **waterproof** 방수의
- [ ] **weigh** 무게가 ~이다
- [ ] **width** 폭, 넓이
- [ ] **witness** 목격자, 증인; 목격하다
- [ ] **wonder** 놀라운 것(사람), 경이; 이상하게 여기다

- [ ] **stapler** 호치키스, 스테이플러
- [ ] **status** 신분, 지위
- [ ] **stock** 재고
- [ ] **submit** 제출하다, 복종하다
- [ ] **subscribe** 구독하다, (서명하여) 신청하다
- [ ] **supervisor** 감독관, 관리인
- [ ] **supplies** 용품, 비품, 필수품
- [ ] **tax** 세금; 과세하다
- [ ] **teller** (은행의) 출납계(원)
- [ ] **transfer** 전근시키다, 양도하다; 운반, 인사이동
- [ ] **trend** 경향, 추세, 유행
- [ ] **up-to-date** 최신의, 첨단을 걷는
- [ ] **vacant** 비어있는, 공석의

physician
[fizíʃən]
⊕ doctor

🔍 몡 내과 의사
•• a medical doctor, especially one who has general skill
What did your physician say about your health?
담당 의사가 당신 건강에 대해 뭐라고 했나요?

pill
[pil]
⊕ tablet

🔍 몡 알약, 정제
•• a small solid piece of medicine that you swallow whole
How often do you take sleeping pills?
얼마나 자주 수면제를 복용하나요?

plumber
미[plʌ́mər] 영[plʌ́mə]

🔍 몡 배관공
•• someone whose job is to repair water pipes, baths, toilets
When is the plumber coming to mend the burst pipe?
터진 수도관 고치러 배관공이 언제 오나요?

policy
미[púləsi] 영[póləsi]

🔍 몡 정책, 약관, 보험 증권
•• a plan of what to do in particular situations that has been agreed officially
What do you think of the non-smoking policy?
비 흡연 정책에 대해서 어떻게 생각하세요?

position
[pəzíʃən]

🔍 몡 통 지위, 직위; 적당한 장소에 두다
•• a rank or level in a company, competition or society
What is your position in the company?
회사에서 당신의 직위는 무엇입니까?

🔍 출제 TIP
position은 구인이나 구직을 나타내는 말로도 쓰인다.

present
[prizént]
⊕ presentation

🔍 통 발표하다
•• to give something to someone at a formal occasion
Who is supposed to present this time?
이번에는 누가 발표하기로 되어 있나요?

promote
[prəmóut]
⊕ promotion 승진
⊕ demote 강등시키다

🔍 통 승진하다
•• to give someone a better, more responsible job in a company
She was promoted to the manager.
그녀는 과장으로 승진되었어요.

proper
미[prάpər] 영[prɔ́pə]
世 improper

➤ 적절한, 적합한, 타당한
•• right, suitable, or correct
What is the proper way to use the machine?
이 기계를 사용하는 적절한 방법은 무엇인가요?

proposal
[prəpóuzəl]
propose (계획을) 제안하다
suggestion

➤ 계획안, 제안서
•• a plan which is made formally to an official person or group
When are you going to submit the proposal?
언제 안건을 제출할 거예요?

purchase
미[pə́:rtʃəs] 영[pə́:tʃəs]
buy

➤ 구매하다, 사다; 구입, 구매
•• to buy something
When can we purchase the new product?
언제쯤 신상품을 구입할 수 있죠?

purpose
미[pə́:rpəs] 영[pə́:pəs]
objective, aim

➤ 목적, 목표
•• why you do something
What is the purpose of the meeting?
그 회의의 목적이 무엇인가요?

quit
[kwit]

➤ 그만두다
•• to leave a job or a place
Why did he quit the company?
왜 그가 회사를 그만두었나요?

raise
[reiz]

➤ (임금의) 인상, 물가 인상; 올리다
•• increase in pay
When will you ask your boss for a raise?
언제 봉급을 올려달라고 얘기할 거예요?

reasonable
[rí:zənəbl]
low-priced, inexpensive

➤ 비싸지 않은, 적당한, 분별이 있는
•• not expensive or not too high
The price is quite reasonable.
가격이 아주 적당해요.

recipe
[résəpi]
cuisine 요리법

➤ 조리법
•• a set of instructions for cooking a particular type of food
What is the recipe for this food?
이 음식의 요리법이 무엇인가요?

recommend
[rèkəménd]

⊛ recommendation

동 추천하다, 권하다
•• to suggest that someone or something would be good
Who would you recommend for the position?
그 자리에 누구를 추천하시겠습니까?

🔍 출제 TIP
recommend는 주절의 시제에 영향을 받지 않고 종속절에서 동사의 원형을 써야 하는데, 독해 파트에서 이 동사의 형태를 묻는 문제로 출제된다.

recycle
[riːsáikl]

동 재활용하다
•• to collect used objects to produce useful materials
A lot of plastics can be recycled.
많은 플라스틱 제품을 재활용할 수 있어요.

remedy
[rémədi]

⊜ solution 구제책,
cure 치료

명 해결책, 치료, 요법
•• a way of dealing with a problem or making a bad situation better
The problems in our factory do not have a simple remedy.
공장의 문제는 단순한 해결책이 없습니다.

register
미[rédʒistər] 영[rédʒistə]

⊜ registration 등록
⊜ enroll 등록하다

동 등록하다
•• to put someone's name on an official list
How do I register for the computer seminar?
컴퓨터 세미나에 어떻게 등록하나요?

🔍 출제 TIP
register가 명사인 경우 '기록장부, (선적) 증명서, 등기 우편'의 뜻도 있음에 주의한다.

rent
[rent]

명 동 집세, 임대료; 빌리다
•• the money paid regularly to use a room or house
How much is the rent for one month?
한 달 집세가 얼마입니까?

representative
[rèprizéntətiv]

⊜ spokesman 대변인

명 형 대변인, 대표자; 대리의, 대행의
•• someone who speaks on the behalf
Who is your representative?
당신의 대변인은 누구입니까?

🔍 출제 TIP
Representative로 대문자를 쓰면 미국에서 하원의원을 나타내며 Rep.로 줄여 쓴다.

responsible
미[rispánsəbl] 영[rispónəbl]

⊜ responsibility 책임, 의무
⊜ responsibly 책임지고
⊛ irresponsible 책임이 없는

형 책임이 있는
•• having charge or control over someone or something
Who is responsible for this construction?
이 공사 책임자가 누구입니까?

🔍 출제 TIP
responsible 뒤에 전치사 for를 묻는 문제로 출제된다.

rip-off
[ripɔf]

몡동 **바가지, 폭리; 값을 턱없이 요구하다**
•• unreasonably expensive
That's a complete rip-off.
그건 터무니없는 바가지예요.

route
[ruːt]

몡 **길, 노선, 항로**
•• a way from one place to another
Which is the faster route to your office?
당신의 사무실로 가는 길이 어느 쪽이 빠른가요?

출제 TIP
root와 소리가 같아 혼동을 유도할 수 있으니 주의한다.

shareholder
미[ʃέərhòuldər]
영[ʃέəhòuldə]
유 stockholder

몡 **주주**
•• one who owns shares in a company or business
When is the shareholder's meeting?
주주 회의는 언제인가요?

shift
[ʃift]

몡 **교대 근무**
•• the group of workers who work during the day or night
Who is supposed to work the night shift today?
오늘 야간 교대 근무에 누가 일하기로 되어 있죠?

출제 TIP
be supposed to+동사의 원형 (규칙이나 관습에 따라) ~하기로 되어 있다, ~해야 한다
to가 부정사이므로 뒤에 오는 동사의 형태를 묻는 문제로 출제된다.

speeding
[spíːdiŋ]

몡혱 **속도위반; 제한 속도를 넘은**
•• driving faster than is allowed in a particular area
I was fined for speeding last month.
지난달에 속도위반으로 벌금을 물었어요.

stapler
미[stéiplər] 영[stéiplə]

몡 **호치키스, 스테이플러**
•• a tool used for putting staples into paper
Could you bring me the stapler and the tape?
호치키스와 테이프를 갖다 주시겠어요?

출제 TIP
호치키스(Hotchkiss)는 원래 brand name으로 정확한 표현은 stapler이다.

status
미[stǽtəs] 영[stéitəs]
유 standing

몡 **신분, 지위**
•• the official legal position or condition
What is your status in your company?
당신은 회사에서 지위가 무엇인가요?

1 2 3 4 5 6 7 8 9 10 11 12 13 14 15 16 17 18 19 20 21 22 23 24 25 26 27 28 29 30

stock
미[stak] 영[stɔk]

몧 재고
•• a supply of something for use or sale
Don't you have these shoes in stock?
이 신발들의 재고가 없는 건가요?

🔖 출제 TIP
• be in stock 재고가 있다
• be out of stock 재고가 없다, 품절이다

shortcut
미[ʃɔ:rtkʌt] 영[ʃɔ:tkʌt]

몧 손쉬운 방법, 지름길
•• a quicker way of doing something
Are there any shortcuts to learning the method?
그 방법을 익히는 데 무슨 지름길이 있나요?

submit
[səbmít]
🔵 submission

용 제출하다, 복종하다
•• to give a plan, piece of writing to someone
Where should I submit this employment application?
이 구직 신청서를 어디에 제출하나요?

subscribe
[səbskráib]
🔵 subscription 구독, 서명

몧 구독하다, (서명하여) 신청하다
•• to have copies of a newspaper or magazine
How long did you subscribe to the magazine?
얼마 동안 그 잡지를 구독하였나요?

supervisor
미[sú:pərvàizər]
영[sjú:pəvàizə]
🔵 supervise 감독하다
🔵 superintendent

몧 감독관, 관리인
•• a person whose job is to supervise someone or something
Who's going to interview the new supervisors?
누가 새 감독관을 면접할 건가요?

supplies
[sʌpláiz]
🔵 supply 공급하다

몧 용품, 비품, 필수품
•• food, clothes, and things necessary for daily life
Is it true the office supplies will be sold tomorrow?
사무용품들을 내일 판매한다는 말이 사실이에요?

🔖 출제 TIP
동사 현재형 supplies(공급하다)와 품사별로 다른 의미 차이를 구별하고 같은 소리가 나는 것에 주의한다.

tax
[tæks]

몧용 세금; 과세하다
•• money that you must pay to the government
They pay 40% tax on their income.
그들은 수입의 40%를 세금으로 내요.

teller
미[télər] 영[télə]

[명] (은행의) 출납계(원)
•• someone whose job is to receive and pay out money in a bank
May I speak to a teller in your bank?
출납계원과 통화할 수 있나요?

출제 TIP
ATM automated teller machine 현금 자동 입출금기

transfer
미[trænsfə́r] 영[transfə́]

[동] [명] 전근시키다, 이동하다, 양도하다, 송금하다; 운반, 인사이동
•• to move from one place, school, job to another
Why was Mr. Pitt transferred?
Pitt씨가 왜 전근됐습니까?

trend
[trend]

[명] 경향, 추세, 유행
•• a general tendency in the way a situation is changing
What is the latest fashion trend?
최신 유행이 무엇인가요?

up-to-date
[ʌptudeit]
[유] update

[형] 최신의, 첨단을 걷는
•• including all the latest information; modern or fashionable
The up-to-date report was released yesterday.
최신 보고가 어제 공개되었어요.

vacant
[véikənt]
[명] vacancy, opening 공석

[형] 비어있는, 공석의
•• not filled or occupied
Is the position still vacant?
그 자리가 아직도 공석인가요?

출제 TIP
'결원'을 나타내는 단어 vacancy는 영국에서 주로 쓰고, opening은 미국에서 주로 쓴다.

warehouse
미[wεərhaus] 영[wεəhaus]

[명] 창고
•• a large building for storing items before they are sold
Why didn't you put them in the warehouse?
왜 그것들을 창고에 보관하지 않았죠?

vacuum cleaner
미[vækjuəm klíːnər]
영[vækjuəm klíːnə]

[명] 진공청소기
•• a machine that cleans floors by sucking up dirt
How often do you use a vacuum cleaner?
진공청소기를 얼마나 자주 사용하세요?

출제 TIP
영국에서는 hoover라고 하는 것에 주의한다.

valuables
[vǽljuəblz]

명 귀중품
- •• things that you own that are worth a lot of money
- Do I have to leave my valuables in the hotel safe?
- 귀중품을 호텔 금고에 맡겨야 하나요?

출제 TIP
- valuables 귀중품 • valuable 귀중한, 고가의
유사한 소리가 나는 품사별 의미 차이를 구별한다. .

vegetarian
[vèdʒətéəriən]

명 형 야채만의; 채식주의자
- •• someone who does not eat meat or fish
- How long have you been on a vegetarian diet?
- 채식을 얼마나 오랫동안 하셨나요?

출제 TIP
- have a balanced diet 균형 잡힌 식사를 하다
- go on a diet 다이어트 중이다
'늘 먹는 음식, 식습관'을 의미하는 diet와 살 빼는 diet의 소리가 같으니 주의한다.

vending machine
[véndiŋ məʃíːn]

명 자동판매기
- •• machine that you can get something from by putting money in
- Do you know where a vending machine is?
- 자동판매기가 어디에 있는지 아세요?

출제 TIP
vend는 기계에서 자동으로 작은 상품들을 판매할 때의 의미를 나타내며, sell보다 다소 격식적인 표현이다.

vision
[víʒən]

명 통찰력, 미래상, 비전
- •• the imagination that is needed in planning for the future
- Can you recommend a manager with vision?
- 통찰력이 있는 매니저를 추천해주시겠어요?

volume
미[váljuːm] 영[vɔ́ljuːm]

명 음량, 양, 책
- •• the amount of sound produced by a television, radio etc
- Would you mind if I turn the volume up?
- 볼륨을 좀 올려도 되겠습니까?

warn
[wɔːrn] 영[wɔːn]
명 warning

동 경고하다
- •• to make someone aware of a possible danger or problem
- Have you warned them there will be a heavy rain tonight?
- 오늘 밤에 폭우가 있을 거라는 것을 그들에게 경고했나요?

wardrobe
미[wɔ́ːrdroub] 영[wɔ́ːdroub]
유 closet

명 옷장
- •• a tall cupboard in which you hang your clothes
- Would you hang these in the wardrobe, please?
- 이걸 옷장에 걸어 주시겠어요?

waterproof
미[wɔ́:tərpru:f]
영[wɔ́:təpru:f]

劚 방수의
•• not allowing water to enter
Is this watch waterproof?
이 시계 방수되는 건가요?

🔍 출제 TIP
• fireproof 불연성의 • windproof 방풍 처리된 • bulletproof 방탄의
- proof가 접미사로 쓰이면 '~이 통하지 않는'을 의미하고, 명사로 쓰이면 '증거'를 의미한다.

weigh
[wei]
😀 weight 무게

劚 무게가 ~이다
•• to have a particular weight
How much does this box weigh?
이 상자의 무게는 얼마인가?

🔍 출제 TIP
way(길)와 소리의 혼동을 유도할 수 있으니 주의한다.

width
[widθ]
😀 wide 폭이 넓은
😀 breadth

劚 폭, 넓이
•• the distance from one side of something to the other
What's the width of the bridge?
다리의 폭은 얼마인가?

witness
[wítnis]

劚劚 목격자, 증인; 목격하다
•• someone who sees a crime or an accident
Can you remember any witnesses of the accident?
사고 목격자를 기억할 수 있습니까?

wonder
미[wʌ́ndər] 영[wʌ́ndə]

劚劚 놀라운 것(사람), 경이; 이상하게 여기다
•• a feeling of surprise and admiration for something new to you
No wonder your car won't start.
당신 차가 시동이 걸리지 않는 것도 당연하군요.

🔍 출제 TIP
• start (기계에) 시동을 걸다, 작동시키다
• startle 깜짝 놀라게 하다
혼동을 유도하는 유사한 소리가 나는 단어들에 주의한다.

Words Review

A 다음 설명에 해당하는 단어를 고르시오.

stapler teller wonder waterproof shareholder transfer recipe purpose representative pill

1 someone who speaks on the behalf
2 someone whose job is to receive and pay out money in a bank
3 a set of instructions for cooking a particular type of food
4 not allowing water to enter
5 a feeling of surprise and admiration for something
6 why you do something
7 a tool used for putting staples into paper
8 one who owns shares in a company or business
9 a small solid piece of medicine that you swallow whole
10 to move from one place, school, job to another

B 다음 예문의 빈칸에 해당하는 단어를 골라 쓰시오.

supervisors proper warned speeding up-to-date recommend register trend route weigh subscribe shortcuts purchase rent vision

1 What is the .... way to use the machine?
2 How long did you .... to the magazine?
3 Have you .... them there will be a heavy rain tonight?
4 I was fined for .... last month.
5 Who would you .... for the position?
6 When can we .... the new product?
7 Which is the faster .... to your office?
8 What is the latest fashion .... ?
9 Can you recommend a manager with .... ?
10 The .... report was released yesterday.
11 How much is the .... for one month?
12 How do I .... for the computer seminar?
13 Are there any .... to learning the method?
14 How much does this box .... ?
15 Who's going to interview the new .... ?

Answer

A 1 representative 2 teller 3 recipe 4 waterproof 5 wonder 6 purpose 7 stapler 8 shareholder 9 pill 10 transfer

B 1 proper 2 subscribe 3 warned 4 speeding 5 recommend 6 purchase 7 route 8 trend 9 vision
10 up-to-date 11 rent 12 register 13 shortcuts 14 weigh 15 supervisors

Part 3 빈출 어휘
Short Conversations
대화문

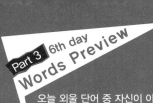

Part 3 6th day Words Preview

오늘 외울 단어 중 자신이 아는 단어를 체크해 보세요.

- [ ] **accommodate** 수용하다, ~에게 편의를 도모하다, 숙박시키다
- [ ] **accounting** 회계
- [ ] **advertise** 광고하다
- [ ] **alternative** 양자택일, 대안; 둘 중 하나의
- [ ] **apologize** 사과하다, 사죄하다
- [ ] **appetizer** 전채 요리, 식욕을 돋우는 것
- [ ] **applicant** 지원자
- [ ] **appoint** 임명하다, 지명하다
- [ ] **appropriate** 적절한; 공공물을 전유하다
- [ ] **approval** 승인, 동의
- [ ] **aptitude** 적성, 재능, 소질
- [ ] **artwork** 공예품, 예술품
- [ ] **assembly** 조립
- [ ] **associate** 동업자, 파트너

- [ ] **bankruptcy** 도산, 파산
- [ ] **banquet** 연회, 축하연
- [ ] **besides** 게다가, 이외에
- [ ] **billing** 청구서 발송, 계산서 작성
- [ ] **blueprint** 설계도면, 청사진
- [ ] **brand-new** 아주 새로운, 신품의
- [ ] **bribe** 뇌물; 뇌물을 주다, 매수하다
- [ ] **calculate** 계산하다, 산출하다
- [ ] **candidate** 지원자, 후보자
- [ ] **cargo** 화물
- [ ] **caution** 주의, 경계; 주의를 주다, 경고하다
- [ ] **client** 고객, 의뢰인
- [ ] **companion** 친구
- [ ] **compare** 비교하다, 대조 하다

- [ ] **criticize** 비판하다, 비난하다
- [ ] **deadline** 마감시간, 최종 기한, 접수 마감
- [ ] **dealer** 매매업자, 취급업자, 판매점
- [ ] **debt** 빚, 채무
- [ ] **decade** 10년간
- [ ] **declare** 세관 신고하다, 선언하다
- [ ] **delighted** 아주 기뻐하는
- [ ] **departure** 출발
- [ ] **deposit** 입금, 보증금; 예금하다
- [ ] **deserve** 자격이 있다, (상, 벌을) 받을 만하다
- [ ] **detailed** 자세한, 상세한
- [ ] **diagnosis** 진단, 진찰, 분석
- [ ] **directions** 사용법, 지시사항
- [ ] **dish** 요리, 음식; 요리를 접시에 담다

- [ ] **compatible** 호환성이 있는, 공용할 수 있는
- [ ] **competition** 경쟁, 시합, 대회
- [ ] **compile** 집계하다, 자료를 모으다, 편찬하다
- [ ] **complex** 복합빌딩, 복합체; 복합의
- [ ] **compliment** 칭찬하다; 칭찬
- [ ] **compute** 계산하다, 산정하다
- [ ] **concern** 염려, 관심사, 배려; ~에 관여하다, 관심을 갖다
- [ ] **concise** 간결한, 간명한
- [ ] **conserve** 보존하다, 보호하다
- [ ] **consumer** 소비자
- [ ] **corporation** 기업, 법인, 유한(주식) 회사
- [ ] **courteous** 예의 바른, 공손한
- [ ] **credible** 신뢰할 수 있는, 믿을 만한

accommodate
미[əkámədèit]
영[əkómədèit]
🔵 accommodation 편의

🔊 수용하다, ~에게 편의를 도모하다, 숙박시키다
•• to provide someone with a place to stay, live, or work
This hotel can accommodate more than 1,000 people.
이 호텔에서는 1,000명 이상을 수용할 수 있어요.

> 출제 TIP
> •accommodation 편의　•accommodations 숙박 시설, 수용 시설
> 복수로 쓰이게 되면 식사나 다른 서비스도 제공하는 숙박시설을 의미하므로 수에 따른
> 의미 차이를 묻는 문제로 출제된다.

accounting
[əkáuntiŋ]

🔊 회계
•• a record of the money that a company has received and the money it has spent
Where did you say the accounting department was?
당신 회계 부서가 어디에 있다고 하셨죠?

> 출제 TIP
> •account 계정, 계좌　•accountable (해명할) 책임이 있는
> •account for ~을 설명하다, 차지하다
> 독해 파트에서는 품사별로 다른 의미 차이를 묻는 문제로 출제된다.

advertise
미[ǽdvərtàiz] 영[ǽdvətàiz]
🔵 advertising 광고의

🔊 광고하다
•• to make something known in order to sell it
We are going to advertise your house to sell in the poster.
집을 팔기 위해 포스터에 광고를 낼 겁니다.

> 출제 TIP
> 명사형 advertisement는 보통 ad로 줄여서 사용하는데, 동사 add(부연하다, 첨가하
> 다)와 소리가 같아서 혼동을 유도하니 주의한다. 복수형 ads와 add의 현재형 adds와도
> 같은 소리가 나므로 주의해야 한다.

alternative
미[ɔːltə́ːrnətiv]
영[ɔːltə́ːnətiv]

🔊🔊 양자택일, 대안; 둘 중 하나의
•• something that is offering the possibility of choice
We need to find alternative means of transport.
우리는 다른 교통수단을 찾아야 해요.

> 출제 TIP
> alternative 대안 / alternate[ɔ́ːltərnət] 번갈아 일어나다; 교대의
> 서로 소리가 유사하니 주의하고, 독해 파트에서는 서로 헷갈리기 쉬운 단어의 의미를 묻
> 는 문제로 출제된다.

apologize
미[əpálədʒàiz]
영[əpólədʒàiz]
🔵 apology 사과

🔊 사과하다, 사죄하다
•• to tell someone that you are sorry
You'd better apologize to your friend.
당신 친구에게 사과하는 게 좋겠어요.

appetizer
미[ǽpitàizər]
영[ǽpitàizə]

😊 appetite 식욕
😊 entree, starter

🔍 **전채 요리, 식욕을 돋우는 것**
•• a small dish that you eat at the beginning of a meal
What would you like to have for an appetizer before dinner?
식사 전에 전채로 무엇을 드시겠습니까?

applicant
[ǽplikənt]

🔍 **지원자**
•• someone who has asked for a job or a place at college or university
He is one of applicants for the job.
그는 그 일을 지원한 사람 중의 하나예요.

🔖 출제 TIP
• applicant for ~의 지원자 • application for/to ~의 신청서
• application of ~의 적용, 응용
독해 파트에서는 사람을 나타내는 명사 applicant와 사물을 나타내는 명사 application을 구별하는 문제와, 뒤에 오는 전치사를 묻는 문제로 출제된다.

appoint
[əpɔ́int]

😊 appointment
😊 select, nominate

🔍 **임명하다, 지명하다**
•• to choose someone officially for a job or responsibility
Who was appointed as our new manager?
누가 우리의 신임 과장으로 임명되었나요?

appropriate
[əpróupriət]

😊 inappropriate 부적절한

🔍 **적절한; 공공물을 전유하다**
•• suitable for a particular time, situation, or purpose
Is this film appropriate for small children?
이 영화가 아동들에게 적절한가요?

approval
[əprúːvəl]

😊 approve 승인하다
😊 disapproval 불찬성

🔍 **승인, 동의**
•• official permission
The project has now received approval from the company.
그 프로젝트는 이제 회사에서 승인을 받았어요.

aptitude
[ǽptətjùːd]

😊 apt 적절한

🔍 **적성, 재능, 소질**
•• natural ability or skill
You have to take an aptitude test before you start the work.
일을 시작하기 전에 적성 검사를 받아야 해요.

artwork
미[áːrtwəːrk] 영[áːtwəːk]

🔍 **공예품, 예술품**
•• the pieces of art produced by artists
All the artwork in the store has been done by this artist.
가게에 있는 공예품은 모두 이 예술가가 만들었어요.

assembly
[əsémbli]

🔄 assemble 조립하다

⟨명⟩ 조립
•• process of putting together the parts of a machine
Each part is carefully checked before assembly.
조립하기 전에 각 부품을 세심하게 조사합니다.

📌 출제 TIP
• assembly 집회 　　　　　• assembly 의회, 입법 기관
assembly가 집회의 의미일 때는 불가산 명사로, 의회의 의미일 때는 가산명사로 쓰인다는 점을 기억한다.

---

associate
[əsóuʃiət]

⟨명⟩ 동업자, 파트너
•• someone who you work or do business with
He used to be one of my business associates.
그는 예전에 나의 동업자 중의 하나였어요.

---

bankruptcy
[bǽŋkrəptsi]

🔄 bankrupt
파산한; 파산자

⟨명⟩ 도산, 파산
•• the state of being unable to pay your debts
The company is facing bankruptcy.
그 회사는 파산 지경에 이르렀어요.

---

banquet
[bǽŋkwit]

🔄 feast

⟨명⟩ 연회, 축하연
•• a formal dinner for many people on an important occasion
We will give him a farewell banquet.
우리는 그에게 송별회를 해줄 거예요.

---

besides
[bisáidz]

⟨전⟩ 게다가, 이외에
•• in addition to someone or something else
Besides Italy, I would like to visit France and Spanish.
이태리 외에도 프랑스와 스페인을 방문하고 싶어요.

📌 출제 TIP
유사어 besides와 beside(옆)의 소리에 혼동하지 않도록 주의한다.

---

billing
[bíliŋ]

🔄 bill 청구서를 보내다;
청구서, 계산서

⟨명⟩ 청구서 발송, 계산서 작성
•• the making or sending out of bills
May I have the billing address, please?
청구서 발송 주소 좀 알려 주시겠어요?

---

blueprint
[blu:print]

⟨명⟩ 설계도면, 청사진
•• a photographic print of a plan for a building or machine
I'll start making a blueprint of the area.
그 지역에 대한 설계를 시작할 거예요.

---

brand-new

미[brǽndnúː]
영[brǽndnjúː]
🔄 secondhand 중고의

🔷 아주 새로운, 신품의
•• entirely new and not yet used
The machinery is all brand new.
기계는 모두 새 것이에요.

---

bribe

[braib]

🔷 뇌물; 뇌물을 주다, 매수하다
•• money or a gift that you illegally give someone
The CEO's wife was accused of taking bribes.
그 중역의 아내가 뇌물을 받은 혐의로 기소되었어요.

🏷 출제 TIP
• CEO chief executive officer 최고 경영 책임자
• CFO chief financial officer 재무 담당 최고 책임자

---

calculate

[kǽlkjulèit]
🔄 compute

🔷 계산하다, 산출하다
•• to find out how much something will cost, how long
something will take
We need to calculate how much the new program will cost.
새 프로그램의 비용으로 얼마가 들지 계산해야 해요.

---

candidate

미[kǽndidət]
영[kǽndidèit]
🔄 applicant 신청자, 지원자

🔷 지원자, 후보자
•• a person who is competing to get a job or elected position
There are only three candidates for the job.
그 일자리에 지원자가 고작 세 명이에요.

---

cargo

미[káːrgou] 영[káːgou]
🔄 freight

🔷 화물
•• the goods that are being carried in a ship or plane
This aircraft doesn't take any cargo.
이 비행기는 화물은 일체 받지 않아요.

---

caution

[kɔ́ːʃən]
🔄 cautious 주의하는
🔄 carefulness
🔄 incaution 부주의

🔷 주의, 경계; 주의를 주다, 경고하다
•• great care and attention
You'd better drive on the icy road with caution.
주의해서 빙판 길을 운전하는 게 좋겠어요.

---

client

[kláiənt]
🔄 customer

🔷 고객, 의뢰인
•• someone who gets advice from a professional person
I have an appointment with the lawyer and his client.
변호사와 그의 고객(의뢰인)과의 약속이 있어요.

🏷 출제 TIP
client는 서비스나 조언을 받고 돈을 지불하는 고객을 의미하고, customer는 가게에서
물건을 사는 사람을 의미한다.

companion
[kəmpǽnjən]
🔁 friend

🏷️ 친구
•• someone you spend a lot of time with
My dog is my closest companion.
개가 나의 가장 절친한 친구예요.

🔍 출제 TIP
• companion 개인적인 관계에서 함께 하는 친구
• colleague 같은 직종이나 직장에서의 동료
• associate 비즈니스 관계에서의 파트너
유사한 단어들의 정확한 의미를 구별하는 문제로 출제된다.

compare
미[kəmpéər] 영[kəmpɛ́ə]
🔁 comparison 비교
🔁 comparative 비교의

🏷️ 비교하다, 대조하다
•• to examine the difference between things
Have you compared prices in other shops?
다른 가게에서 가격을 비교해 보셨나요?

compatible
[kəmpǽtəbl]
🔁 compatibility
호환성, 양립성

🏷️ 호환성이 있는, 공용할 수 있는
•• able to use or work successfully with something else
This software may not be compatible with other computers.
이 소프트웨어는 다른 컴퓨터와 호환이 되지 않을 수도 있어요.

compile
[kəmpáil]
🔁 compilation (책의) 편찬

🏷️ 집계하다, 자료를 모으다, 편찬하다
•• to make a book, list, record using information
Have you compiled the monthly billing statement?
월간 청구서를 집계했나요?

competition
미[kàmpətíʃən]
영[kɔ̀mpətíʃən]
🔁 compete 경쟁하다
🔁 contest

🏷️ 경쟁, 시합, 대회
•• the activity striving to win something
Competition for the job was intense.
그 직업에 대한 경쟁이 치열했어요.

compliment
미[kámpləmənt]
영[kɔ́mpləmənt]
🔁 praise

🏷️ 칭찬하다; 칭찬
•• to say something nice to someone
He complimented me on my new program.
그는 나의 새로운 프로그램을 칭찬했어요.

🔍 출제 TIP
독해 파트에서 complement(보충하다, 보충물)와의 의미 차이를 구별하는 문제로 출제된다.

complex
미[kəmpléks]
영[kɔ́mpleks]

🏷️ 복합빌딩, 복합체; 복합의
•• a group of buildings with many parts
The new complex has squash courts, a sauna and a gym.
새 복합 건물에는 스쿼시 구장과 사우나 그리고 체육관이 있어요.

🔍 출제 TIP
• a sports complex 스포츠 복합 건물   • complex machinery 복잡한 기계 장치
• have a complex about ~에 콤플렉스가 있다
독해 파트 문맥에서 complex의 정확한 의미를 묻는 문제로 출제된다.

compute
[kəmpjúːt]
명 computation

🔊 **계산하다, 산정하다**
•• to calculate a result, answer or sum
Have you computed the final results yet?
최종 결과를 다 산정했나요?

concern
미[kənsə́ːrn] 영[kənsə́ːn]
형 concerned 걱정하는

🔊 **염려, 관심사, 배려; ~에 관여하다, 관심을 갖다**
•• a feeling of worry about something important
Thank you for your concern, but it is my business.
걱정해 주셔서 고맙지만 그건 제 일입니다.

concise
[kənsáis]
유 brief

🔊 **간결한, 간명한**
•• short, with no unnecessary words
The report should be as concise as possible.
보고서는 가능한 한 간결해야 해요.

conserve
미[kənsə́ːrv] 영[kənsə́ːv]
명 conservation 보호

🔊 **보존하다, 보호하다**
•• to keep and protect something from damage
We must conserve energy.
우리는 에너지를 보호해야 해요.

consumer
미[kənsúːmər]
영[kənsjúːmə]
동 consume
소비하다, 소모하다
명 consumption
유 buyer, customer

🔊 **소비자**
•• someone who buys and uses products and services
The company is conducting consumer research.
그 회사는 소비자 조사를 진행하고 있어요.

📌 출제 TIP
• time-consuming job 시간이 많이 걸리는 일
• consumerism 소비 지상주의, 소비주의 사회
• consumable 소비재의, 소모품의
품사별 의미 차이를 구별하고, 형용사 consumable에 -s가 붙은 consumables은 명사로 '소비재, 소모품'의 뜻이다.

corporation
미[kòːrpəréiʃən]
영[kòːpəréiʃən]
형 corporate 법인의

🔊 **기업, 법인, 유한(주식) 회사**
•• a big company, or a group of companies acting together as a single organization
He works for a large corporation.
그는 대 기업에서 근무해요.

courteous
미 [kə́ːrtiəs] 영[kə́ːtiəs]
명 courtesy 예의
반 discourteous

🔊 **예의 바른, 공손한**
•• polite and showing respect for other people
The staff is always courteous and helpful.
그 직원은 항상 예의 바르고 잘 도와줍니다.

1 2 3 4 5 6 7 8 9 10 11 12 13 14 15 16 17 18 19 20 21 22 23 24 25 26 27 28 29 30

credible
[krédəbl]

ⓔ believable
ⓐ incredible 믿을 수 없는

ⓙ 신뢰할 수 있는, 믿을 만한
•• able to be believed or trusted
Her excuse is barely credible.
그녀가 하는 변명은 거의 믿기지가 않아요.

criticize
[krítəsàiz]

ⓔ blame 책망하다

ⓥ 비판하다, 비난하다
•• to express disapproval of someone or something
Will you stop criticizing my work?
제 일을 그만 비난해 주시겠어요?

deadline
[dedlain]

ⓝ 마감시간, 최종 기한, 접수 마감
•• a time or day by which something must be done
There's no way I can meet that deadline.
마감일에 맞출 방법이 없어요.

💬 출제 TIP
meet ~기한을 지키다. (필요, 요구를) 충족시키다

debt
[det]

ⓝ 빚, 채무
•• money that a person or organization owes
He didn't have money to pay off his outstanding debts.
그는 미불 부채를 청산할 돈이 없었어요.

decade
[dékeid]

ⓝ 10년간
•• a period of ten years
The company has been in business for three decades.
회사는 30년간 사업을 해 왔어요.

dealer
ⓜ[díːlər] ⓔ[díːlə]

ⓔ deal 거래하다, 취급하다

ⓝ 매매업자, 취급업자, 판매점
•• someone who buys and sells a particular product
Will you contact a car dealer near you?
근처에 있는 자동차 판매업자에게 연락하시겠어요?

declare
ⓜ[diklέər] ⓔ[diklέə]

ⓥ 세관 신고하다, 선언하다
•• to tell a customs official that you are carrying goods
Do you have anything to declare?
신고할 것이 있습니까?

💬 출제 TIP
• custom 세관, 관습   • costume 의상, 복장
custom[kʌ́stəm]과 costume[kɔ́stjuːm]의 소리가 유사하여 혼동을 유도할 수 있으니
주의한다.

delighted
[diláitid]

명 delight 기쁨

🔶 아주 기뻐하는
•• very pleased and happy
I'm delighted that we have settled the matter.
문제를 해결하게 되어 정말 기뻐요.

📍 출제 TIP
• be delighted to+동사의 원형 ~하여 아주 기쁘다
• be delighted at/with ~을 기뻐하다

departure
미[dipá:rtʃər] 영[dipá:tʃə]

동 depart 출발하다
반 arrival 도착

🔶 출발
•• an act of leaving a place
You'd better delay your departure.
출발을 연기하는 것이 좋겠어요.

deposit
미[dipázit] 영[dipózit]

반 withdrawal 출금

🔶 입금, 보증금; 예금하다
•• an amount of money that is paid into a bank account
Could you please fill out this deposit slip?
입금 전표를 작성해 주시겠습니까?

deserve
미[dizə́:rv] 영[dizə́:v]

형 deserved
그만한 가치가 있는

🔶 자격이 있다, (상, 벌을) 받을 만하다
•• to have something worthy of
You deserve the promotion.
당신은 승진할 자격이 있어요.

detailed
미[dí:teild] 영[ditéild]

명동 detail
세부, 상세; 열거하다

🔶 자세한, 상세한
•• including a lot of information
The product's features are detailed in our brochure.
상품의 특징은 저희 책자에 상세히 나와 있습니다.

diagnosis
[dàiəgnóusis]

동 diagnose 진단하다

🔶 진단, 진찰, 분석
•• a judgment about what an illness or problem is
What diagnosis did the doctor make?
의사는 어떤 진단을 내렸습니까?

directions
미[dirékʃənz]
영[dairékʃənz]

🔶 용법, 지시사항
•• instructions about what to do
Be sure you read the directions before using it.
사용하기 전에 꼭 사용법을 읽어 보시오.

📍 출제 TIP
• direction 방향, 경향, 지도   • directions 용법, 지시 사항
독해 파트에서 수에 따라 의미가 달라지는 단어를 구별하는 문제로 출제된다.

dish
[díʃ]

🔶 요리, 음식; 요리를 접시에 담다
•• food cooked or prepared in a particular way as a meal
This dish must be served hot.
이 요리는 뜨거울 때 내놓아야 해요.

Words Review

다음 설명에 해당하는 단어를 고르시오.

declare brand-new approval accommodate candidate dish conserve detailed appetizer advertise

1 to keep and protect something from damage
2 entirely new and not yet used
3 a small dish that you eat at the beginning of a meal
4 a person who is competing to get a job or elected position
5 to tell a customs official that you are carrying goods
6 food cooked or prepared in a particular way as a meal
7 including a lot of information
8 to provide someone with a place to stay, live, or work
9 to make something known in order to sell it
10 official permission

B 다음 예문의 빈칸에 해당하는 단어를 골라 쓰시오.

applicants aptitude cargo appropriate billing criticizing assembly banquet Competition bribes artwork associates consumer compatible concern

1 You have to take an .... test before you start the work.
2 He is one of .... for the job.
3 Is this film .... for small children?
4 Each part is carefully checked before ....
5 We will give him a farewell ....
6 This aircraft doesn't take any ....
7 The CEO's wife was accused of taking ....
8 All the .... in the store has been done by this artist.
9 He used to be one of my business ....
10 Will you stop .... my work?
11 This software may not be .... with other computers.
12 .... for the job was intense.
13 May I have the .... address, please?
14 The company is conducting .... research.
15 Thank you for your .... , but it is my business.

Answer

A 1 conserve 2 brand-new 3 appetizer 4 candidate 5 declare 6 dish 7 detailed 8 accommodate 9 advertise 10 approval

B 1 aptitude 2 applicants 3 appropriate 4 assembly 5 banquet 6 cargo 7 bribes 8 artwork 9 associates 10 criticizing 11 compatible 12 Competition 13 billing 14 consumer 15 concern

오늘 외울 단어 중 자신이 아는 단어를 체크해 보세요.

- [ ] **fad** 일시적 유행
- [ ] **favorable** 호의적인, 긍정적인
- [ ] **feature** 특징, 특색; 특징을 이루다
- [ ] **field** 분야, 영역
- [ ] **figures** 계산, 셈
- [ ] **filing** 서류철 정리
- [ ] **financial** 재정상의, 재무의
- [ ] **firm** 회사, 상사; 확고한
- [ ] **fiscal** 회계의, 금전의, 재정상의
- [ ] **flyer** 전단, 광고 쪽지
- [ ] **fringe benefit** 복지 수당, 부가 수당
- [ ] **function** 기능, 작용; 기능을 하다
- [ ] **genuine** 진짜의, 마음에서 우러나온, 순종의
- [ ] **globe** 세계, 지구(의), 구(球)

- [ ] **dismiss** 해고하다, 해임하다
- [ ] **dispatch** 발송하다, 특파하다; 급송, 파견
- [ ] **dissatisfy** 만족시키지 않다, 불만을 느끼게 하다
- [ ] **downsize** 기업의 규모를 축소하다, 소형화하다
- [ ] **dress code** 복장 규정
- [ ] **duplicate** 사본; 딱 들어맞는; 복제하다
- [ ] **editorial** 사설, 논설
- [ ] **endanger** 위태롭게 하다, 위험에 빠트리다
- [ ] **enthusiastic** 열정적인, 열광적인
- [ ] **estimate** 견적하다, 개산하다; 견적서
- [ ] **exceptional** 이례적인, 매우 뛰어난, 예외적인
- [ ] **exhibit** 전시품, 출품작, 전람회; 출품하다
- [ ] **experienced** 경험이 있는, 노련한
- [ ] **expire** 만료되다, 만기가 되다

- [ ] **gloomy** 우울한, 침울한
- [ ] **headquarters** 본사
- [ ] **heir** 유산 상속자, 계승자; 상속하다
- [ ] **hire** 고용하다
- [ ] **hospice** (말기 환자를 위한) 병원
- [ ] **hospitality** 환대, 후한 대접, 호의
- [ ] **host** 개최하다, 주최하다
- [ ] **identical** 동일한, 같은
- [ ] **impartial** 공평한, 편견 없는
- [ ] **impressive** 인상적인, 감명 깊은, 감동적인
- [ ] **improvement** 발전, 개선
- [ ] **increase** 증가하다; 증가, 증진
- [ ] **ingredient** 재료

- [ ] **instrument** 기구, 수단
- [ ] **invest** 투자하다
- [ ] **investigation** 조사, 수사, 연구
- [ ] **itinerary** 여행 일정, 여정
- [ ] **jewel** 보석, 소중한 사람(물건)
- [ ] **lack** ~이 없다, 결여되다; 부족, 결핍
- [ ] **laundry** 세탁, 세탁물, 세탁소
- [ ] **lay-off** (불경기로 인한) 일시 강제 해고
- [ ] **leftover** 나머지, 남은 것, 남은 음식; 나머지의
- [ ] **lend** 빌려주다
- [ ] **letterhead** 회사의 주소와 이름, 편지 용지
- [ ] **liberal** 진보적인, 자유주의의, 후한
- [ ] **literature** (광고의) 인쇄물, 문학 작품
- [ ] **mail** 우편물

dismiss
[dismís]

🔵 dismissal
🔄 fire

🔑 ⓥ 해고하다, 해임하다
•• to remove someone from their job
He was dismissed from his job for incompetence.
그는 능력이 없어서 직장에서 해고되었어요.

🔍 출제 TIP
dismiss는 타당한 이유가 있는 해고를 말하고, fire는 이유 없는 갑작스런 해고를 말한다.

dispatch
[dispǽtʃ]

🔑 ⓥⓝ 발송하다, 특파하다; 급송, 파견
•• to send someone or something somewhere for a particular purpose
Living necessaries will be dispatched to the area.
필수품들이 그 지역으로 발송될 거예요.

dissatisfy
[dissǽtisfài]

🔵 dissatisfied 불만스런
🔄 satisfy 만족시키다

🔑 ⓥ 만족시키지 않다, 불만을 느끼게 하다
•• to fail to satisfy someone
A research showed that about 1 in 10 was dissatisfied at their jobs.
한 조사에 의하면 10명 중 약 1명은 자신들의 직업에 불만이라고 했어요.

downsize
[dáunsaiz]

🔵 downsizing 인력 축소
🔄 cut, reduce 줄이다

🔑 ⓥ 기업의 규모를 축소하다, 소형화하다
•• to make a company smaller by reducing the number of people working for it
The company is planning to downsize the workforce.
그 회사는 직원 수를 줄일 계획을 할 거예요.

dress code
[dreskoud]

🔑 ⓝ 복장 규정
•• an accepted way of dressing for a particular occasion
Is there a dress code at your office?
당신 사무실에는 복장 규정이 있습니까?

duplicate
[djú:plikət]

🔵 copy
🔄 original 원본

🔑 ⓝⓐⓥ 사본; 딱 들어맞는; 복제하다
•• an exact copy of something
Please keep both the duplicate and the original.
복사본과 원본을 모두 보관하시오.

🔍 출제 TIP
•duplicate 똑같은, 복사 / duplication 이중, 중복
duplicate는 똑같은, 복사본의 의미이고, duplication은 불필요하게 이중으로 한 일을 의미하므로 이 차이를 구별하여 기억한다.

editorial
[èdətɔ́:riəl]

edit 편집하다

📙 **사설, 논설**
- •• an article in a newspaper which expresses the editor's opinion

She writes an editorial for the newspaper.
그녀는 신문에 사설을 쓰고 있어요.

endanger
미[indéindʒər]
영[indéindʒə]

endangered
(동식물이) 절멸 위기에 처한

📙 **위태롭게 하다, 위험에 빠트리다**
- •• to put someone in danger of being hurt or damaged

Heavy smoking may endanger your life.
지나친 흡연은 당신의 생명을 위태롭게 할 수 있어요.

🔖 출제 TIP
endangered species 멸종 위기에 처한 동식물의 (품)종

enthusiastic
미[inθùːziǽstik]
영[inθjùːziǽstik]

enthusiasm
eager 열망하는

📙 **열정적인, 열광적인**
- •• showing a lot of interest and excitement

He is enthusiastic about the project.
그는 그 프로젝트에 아주 열심이에요.

estimate
[éstəmèit]

📙 **견적하다, 개산하다; 견적서**
- •• to guess the cost, size or value of something

It is not easy to estimate how much it will cost.
비용이 얼마나 들지 견적내기가 쉽지 않아요.

exceptional
[iksépʃənl]

except ~을 제외하다

📙 **이례적인, 매우 뛰어난, 예외적인**
- •• much greater than usual in skill, intelligence or quality

The company has shown exceptional growth over the past two years.
그 회사는 지난 2년간 이례적인 성장을 보여 주었어요.

exhibit
[igzíbit]

exhibition

📙 **전시품, 출품작, 전람회; 출품하다**
- •• an object such as a painting that is shown to the public

All exhibits are located on the first floor.
모든 전시품들은 1층에 위치해 있어요.

experienced
[ikspíəriənst]

skilled 숙달된

📙 **경험이 있는, 노련한**
- •• having skill or knowledge because you have done something many times

She is very experienced in marketing.
그녀는 마케팅에 아주 경험이 많아요.

🔖 출제 TIP
독해 파트에서 experienced 다음에 전치사 in을 묻는 문제로 출제된다.

expire
미[ikspáiər] 영[ikspáiə]
[명] expiration

[동] 만료되다, 만기가 되다
•• to stop being in use
When does your driving license expire?
당신의 운전 면허증은 언제 만기가 되나요?

fad
[fæd]
[유] fashion, vogue

[명] 일시적 유행
•• a style or interest which is very popular for a short time
That kind of diet is just a passing fad.
그런 식의 다이어트는 그저 일시적인 유행에 불과해요.

출제 TIP
fad와 fat가 거의 동일한 소리가 나므로 혼동하지 않도록 주의한다.

favorable
[féivərəbl]
[유] favor 호의, 친절

[형] 호의적인, 긍정적인
•• showing that you like or approve of someone or something
They have had a favorable response to the plan so far.
지금까지 그들은 그 계획에 긍정적인 반응을 보였어요.

feature
미[fíːtʃər] 영[fíːtʃə]
[유] characteristic

[명][동] 특징, 특색; 특징을 이루다
•• a typical quality or an important part of something
The most distinctive feature of the products is their reasonable price.
그 제품의 가장 두드러진 특징은 저렴한 가격이에요.

field
[fiːld]
[유] area

[명] 분야, 영역
•• an area of activity that they are involved in as part of their work
He is an expert in his field.
그는 이 분야에서 전문가예요.

figures
미[fígjərz] 영[fígəz]

[명] 계산, 셈, 수치
•• the activity of adding numbers
He is good at figures.
그는 계산을 잘해요.

출제 TIP
복수형 figures는 '계산'을 의미하고, 단수형 figure는 '숫자, 수치, 사람'의 뜻으로 가산 명사이므로, 수에 따른 의미 차이를 문맥에서 파악한다.

filing
[fáiliŋ]

[명] 서류철 정리
•• the work of arranging documents in the correct
What do you think about the new filing system?
새 서류 정리 방식에 대해 어떻게 생각하세요?

financial
[fainǽnʃəl]

🔄 finance
자금을 조달하다; 재무

🔍 재정상의, 재무의
•• relating to money or the management of money
Can you give me more background on the company's financial position?
그 회사의 재정 상태에 대해 좀더 많은 정보를 주시겠습니까?

firm
미[fəːrm] 영[fəːm]

🔄 firmly 확고하게
🔄 company 회사

🔍 회사, 상사; 확고한
•• a business or company, especially a small one
She works for an electronics firm.
그녀는 전자 회사에서 일해요.

🔖 출제 TIP
• electronics 전자 공학, 전자 기술, 전자 장치
• electronic 전자의, 전자 장치에 관한
electronics는 단수와 복수로 모두 쓰이며, 전자 공학의 의미일 때는 단수 취급을 해야 하고, 전자 장치의 의미일 때는 복수 취급을 한다.

fiscal
[fískəl]

🔄 financial 재무의

🔍 회계의, 금전의, 재정상의
•• relating to money that are managed by the government
When does the fiscal year start?
언제 회계 연도가 시작되나요?

flyer
미[fláiər] 영[fláiə]

🔄 leaflet

🔍 전단, 광고 쪽지
•• a small sheet of paper advertising something
When will you distribute flyers?
전단지를 언제 배부하실 건가요?

fringe benefit
[frindʒ bénəfit]

🔍 복지 수당, 부가 수당
•• an additional service besides wages
Can I get any fringe benefits?
제가 어떤 부가 수당을 받을 수 있나요?

🔖 출제 TIP
fringe benefits는 주로 복수로 쓰여 특별 급여로 본봉 외의 휴가 보너스, 연금, 보험료 등을 말하고, fringe는 '가장자리, 부차적인'의 뜻이다.

function
[fʌ́ŋkʃən]

🔍 기능, 작용; 기능을 하다
•• the natural purpose that something has
What functions can this program perform?
이 프로그램이 수행할 수 있는 기능은 무엇입니까?

genuine
[dʒénjuin]

🔄 real
🔄 fake 가짜의

🔍 진짜의, 마음에서 우러나온, 순종의
•• real and exactly what it appears to be
The necklace is genuine diamond.
목걸이는 진짜 다이아몬드예요.

globe
[gloub]

- global 전 세계의
- globalize 세계화하다

세계, 지구(의), 구(球)
- the world

My business takes me to all around the globe.
사업상 저는 세계 여러 곳을 다닙니다.

gloomy
[glú:mi]

- depressed

우울한, 침울한
- sad because you think the situation will not improve

Employment prospects still look gloomy.
취업전망이 아직 어두워요.

headquarters
미[hédkwɔ:tərz]
영[hedkwɔ́:təz]

- main office

본사
- the main offices of the army, police or a business company

The company's headquarters is in London.
그 회사의 본사는 런던에 있어요.

> 출제 TIP
> -s가 없는 headquarter는 동사로서 '본부를 설치하다'의 뜻임을 기억한다.

heir
미[ɛər] 영[ɛə]

유산 상속자, 계승자; 상속하다
- the person who has the legal right to receive the property or title

He is the sole heir to a vast estate.
그는 광대한 토지의 유일한 상속인이에요.

> 출제 TIP
> air의 소리와 유사하여 혼동을 유도할 수 있으니 주의한다.

hire
미[haiər] 영[haiə]

- fire 해고하다

고용하다
- to employ someone

He has the power to hire a person.
그는 사람을 고용할 힘을 가지고 있어요.

hospice
미[háspis] [hóspis]

(말기 환자를 위한) 병원
- special hospital for people who are dying

This hospice is famous for the best care and service.
이 호스피스는 최상의 간호와 서비스로 유명해요.

hospitality
미[hàspətǽləti]
영[hòspətǽləti]

- hospitable 환대하는

환대, 후한 대접, 호의
- friendly behavior towards visitors

They showed me great hospitality.
그들은 나를 굉장히 환대했어요.

> 출제 TIP
> 혼동을 유도하는 hospital(병원)의 소리로 들릴 우려가 있으니 주의한다.

host
[houst]

(동)(명) 개최하다, 주최하다; 주최자, 주인
•• to provide the place and everything that is needed for an organized event
Which country is going to host the next World Cup?
어느 나라가 다음 월드컵을 개최하나요?

identical
[aidéntikəl]

identification
동일함, 신분 증명(서)

(형) 동일한, 같은
•• exactly the same, or very similar
They're wearing identical clothes.
그들은 똑같은 옷을 입고 있었어요.

출제 TIP
• identification 신분증, ID   • identity 신원, 신분, 정체
독해 파트에서 어근(identify)이 같지만 헷갈리기 쉬운 단어들의 의미 차이를 묻는 문제로 출제된다.

impartial
미[impá:rʃəl] 영[impáʃəl]

fair 공정한
biased 편견을 가진

(형) 공평한, 편견 없는
•• giving a fair opinion or piece of advice
Interviewers must be impartial and not show bias.
면접관은 공정해야 하고 편견을 보여서는 안 됩니다.

impressive
[imprésiv]

impressively 인상적으로
moving, touching
감동적인

(형) 인상적인, 감명깊은, 감동적인
•• making a deep impression on a person's mind, feelings
The car's interior is very impressive.
그 자동차의 내부는 매우 인상적이에요.

improvement
[imprú:vmənt]

improve 개선하다

(명) 발전, 개선
•• something considered better than a previous example
There is still room for improvement in your program.
당신의 프로그램에는 아직도 개선의 여지가 있어요.

출제 TIP
• room for ~에 대한 여지
room이 '방'의 뜻 외에 '여지, 공간, 자리'의 의미도 있음을 기억한다.

increase
[inkrí:s]

decrease 감소하다

(동)(명) 증가하다; 증가, 증진
•• to become bigger in amount, number, or degree
The sales have increased threefold since May.
매출액이 5월 이후로 3배가 증가했어요.

출제 TIP
increase[ínkri:s]가 명사일 때에는 강세가 1음절에 있으므로 강세의 위치에 따라 품사가 달라지는 것에 주의한다.

ingredient
[ingrí:diənt]

(명) 재료
•• one of the foods that you use to make a particular food or dish
The food is home-cooked using fresh ingredients.
이 음식은 신선한 재료를 사용하여 가정에서 만들었어요.

instrument
[ínstrəmənt]
⊜ implement

몡 기구, 수단
•• a small tool used in work
The shop sells musical instruments.
그 가게는 악기들을 팔아요.

investigation
[invèstəɡéiʃən]
⊜ investigate

몡 조사, 수사, 연구
•• examination to fine out a crime, problem or statement
He is under investigation for accepting a bribe.
그는 뇌물을 받은 혐의로 조사받고 있어요.

invest
[invést]
⊜ investment

통 투자하다
•• to put money, effort, time into something to make a profit
The company will invest $50 million in the project.
그 회사는 그 프로젝트에 5천만 원 달러를 투자할 거예요.

itinerary
미[aitínərèri] 영[aitínərəri]

몡 여행 일정, 여정
•• detailed plan or route of a journey
He usually arranges my own itinerary.
그가 대개 나의 여행 일정을 잡아줘요.

jewel
[dʒúːəl]
⊜ gem

몡 보석, 소중한 사람(물건)
•• a valuable stone, such as a diamond
She is the jewel in the company's overseas operations.
그녀는 회사의 해외 경영에 필요한 사람이에요.

lack
[læk]
⊜ shortage, deficiency
⊜ plenty, surplus

통 몡 ~이 없다, 결여되다; 부족, 결핍
•• to not have something that you need
His real problem is that he lacks enthusiasm.
그의 진짜 문제는 그에게 열정이 없다는 거예요.

laundry
[lɔ́ːndri]

몡 세탁, 세탁물, 세탁소
•• the dirty clothes and sheets which need to be washed
The laundry process was mechanized with various washing machines.
세탁 과정이 다양한 세탁기로 기계화되었어요.

lay-off
미[léiɔːf] 영[léiɔf]

몡 (불경기로 인한) 일시 강제 해고
•• a dismissal of employees when there is no work available
There have been many lay-offs among factory workers.
공장 노동자들이 많이 정리해고 되었어요.

leftover
[léftouvər]

명 형 나머지, 남은 것, 남은 음식; 나머지의
•• food remaining after a meal
What about the leftover food?
남은 음식은 어떻게 하죠?

lend
[lend]

통 빌려주다
•• to let someone borrow money or something for a short time
Can you lend me your car tomorrow?
내일 당신 차를 빌려 줄 수 있나요?

출제 TIP
borrow(빌리다)와 lend(빌려주다)는 무상으로 빌리는 것을 말하고, 유상으로 빌리는 경우에는 rent, lease, hire의 단어를 쓴다.

letterhead
미[létərhed] 영[létəhed]

명 (편지지 윗부분에 인쇄된) 회사의 주소와 이름, 편지 용지
•• paper that the name and address is printed at the top of it
Where's the letterhead stationery kept?
회사 주소가 인쇄된 편지지는 어디에 보관하고 있나요?

literature
미[lítərətʃər] 영[lítərətʃə]
圆 flyer 전단지

명 (광고의) 인쇄물, 문학 작품
•• printed information published by a company to sell products
Could you send me your literature on car insurance policies?
자동차 보험 약관에 관한 인쇄물을 보내 주시겠습니까?

liberal
[líbərəl]
圞 conservative 보수적인

형 진보적인, 자유주의의, 후한
•• supporting or allowing gradual political and social changes
Are you a liberal person or a conservative person?
당신은 진보적인 사람인가요 아니면 보수적인 사람인가요?

mail
[meil]

명 우편물
•• the letters and packages that are delivered to you
He promised to forward my mail to my new address.
그가 새로운 주소로 나의 우편물을 발송해 주기로 약속했어요.

출제 TIP
•regular mail 보통 우편 •express mail 속달 우편 •registered mail 등기 우편
미국에서는 mail을 쓰고, 영국에서는 post를 쓰는 것도 기억한다.

Words Review

A 다음 설명에 해당하는 단어를 고르시오.

dress code impressive exceptional endanger jewel dispatch fad hospice gloomy ingredient

1 to send someone or something somewhere for a particular purpose
2 an accepted way of dressing for a particular occasion
3 to put someone or something in danger of being hurt or damaged
4 one of the foods that you use to make a particular food or dish
5 a style, activity or interest which is very popular for a short time
6 sad because you think the situation will not improve
7 a valuable stone, such as a diamond
8 making a deep impression on a person's mind, feelings
9 much greater than usual in skill, intelligence or quality
10 a special hospital for people who are dying

B 다음 예문의 빈칸에 해당하는 단어를 골라 쓰시오.

dissatisfied filing duplicate exhibits fringe benefits functions itinerary letterhead leftover literature favorable liberal investigation heir instruments

1 A research showed that about 1 in 12 was .... at their jobs.
2 Please keep both the .... and the original.
3 All .... are located on the first floor.
4 What .... can this program perform?
5 Can I get any .... ?
6 He is under .... for accepting a bribe.
7 He usually arranges my own ....
8 Where's the .... stationery kept?
9 Could you send me your .... on car insurance policies, please?
10 They have had a .... response to the plan so far.
11 He is the sole .... to a vast estate.
12 The shop sells musical ....
13 What about the .... food?
14 Are you a .... person or a conservative person?
15 What do you think about the new .... system?

Answer

A 1 dispatch 2 dress code 3 endanger 4 ingredient 5 fad 6 gloomy 7 jewel 8 impressive 9 exceptional 10 hospice

B 1 dissatisfied 2 duplicate 3 exhibits 4 functions 5 fringe benefits 6 investigation 7 itinerary 8 letterhead 9 literature 10 favorable 11 heir 12 instruments 13 leftover 14 liberal 15 filing

오늘 외울 단어 중 자신이 아는 단어를 체크해 보세요.

- [ ] **object** 반대하다, 이의를 말하다; 대상, 사물
- [ ] **obsolete** 구식의, 폐기된
- [ ] **obvious** 뚜렷한, 명백한
- [ ] **occupy** 차지하다, 점유하다
- [ ] **ongoing** 진행 중인, 발달 중인; 전진, 진행
- [ ] **opening** 공석, 자리
- [ ] **oppose** ~에 반대하다
- [ ] **optimistic** 낙관적인, 낙천적인
- [ ] **outcome** 결과, 성과
- [ ] **outlook** 전망, 예상, 장래성
- [ ] **outsell** ~보다 많이 팔다
- [ ] **overbook** ~의 예약을 너무 많이 받다
- [ ] **overdue** 지불 기한을 넘긴
- [ ] **overhead** 간접비, 제 경비; 모든 경비를 포함한

- [ ] **malfunction** 오작동; (기계가) 제대로 움직이지 않다
- [ ] **management** 경영진, 경영, 운영
- [ ] **manner** 방식, 방법, 태도
- [ ] **manpower** 인적 자원
- [ ] **manual** 안내서, 소책자; 손으로 하는
- [ ] **massive** 대량의, 대규모의
- [ ] **mechanic** 기계공
- [ ] **mercenary** 돈을 목적으로 일하는; 용병, 고용된 사람
- [ ] **merger** 합병, 합동
- [ ] **mercy** 인정, 연민, 동정
- [ ] **net** 정가의, 에누리 없는, 순(純); 정가
- [ ] **newsletter** (회사, 단체 등의) 회보, 공보, 사보
- [ ] **noble** 고상한, 숭고한
- [ ] **nuisance** 귀찮은 사람(일), 성가신 일(사람)

- [ ] **overlook** ~을 내려다보는 위치에 있다
- [ ] **overnight** 하룻밤 숙박(여행)의, 하룻밤 동안
- [ ] **overprice** 너무 비싸게 값을 매기다
- [ ] **patience** 인내, 참을성
- [ ] **party** 일행, 단체
- [ ] **payoff** 급료, 퇴직금, 급료 지불일
- [ ] **payroll** 급료 지불 명부, 종업원 명부
- [ ] **permit** 허락하다, 용납하다
- [ ] **personnel** 인원, 사원
- [ ] **plant** 공장
- [ ] **poll** 여론 조사
- [ ] **presentation** 발표, 공연, 공개
- [ ] **probation** 수습 기간, 집행 유예

- [ ] **procedure** 절차, 진행
- [ ] **produce** 생산하다
- [ ] **publish** 출판하다, 발행하다, 발표하다
- [ ] **punctual** 시간을 엄수하는
- [ ] **realtor** 부동산 중개인
- [ ] **rear** 뒤, 후방; 기르다, 사육하다
- [ ] **receipt** 영수증
- [ ] **refuge** 피난, 은신처
- [ ] **refund** 환불; 환불하다
- [ ] **reminder** 독촉장, 나머지, 잔여
- [ ] **remodel** 개조하다
- [ ] **renew** 갱신하다, 재개하다
- [ ] **research** 연구하다, 조사하다; 조사, 탐구
- [ ] **reservation** 예약

malfunction
[mælfʌŋkʃən]

통명 오작동; (기계, 장치가) 제대로 움직이지 않다
•• a fault in the way a machine works
The worker had already reported a malfunction of the machine.
작업자가 기계의 오작동을 이미 보고했어요.

🔊 출제 TIP
mal- 접두사로서 '불량, 이상, 잘못된'의 뜻을 지니고 있다.

management
[mǽnidʒmənt]
반 union 노조

명 경영진, 경영, 운영
•• the people who are in charge of a company
The shareholders demanded a change in the management.
주주들이 경영진들의 변화를 요구했어요.

🔊 출제 TIP
the management는 집합 명사로 쓰여 '경영진'을 의미한다.

manner
미[mǽnər] 영[mǽnə]

명 방식, 방법, 태도
•• the way in which something is done
It is important to run the business in a profitable manner.
수익을 낳는 방식으로 사업체를 운영하는 것이 중요해요.

🔊 출제 TIP
• manner 방식, 태도 • manners 예의범절, 풍습
단수와 복수의 의미가 다르므로 주의한다.

manpower
미[mǽnpàuər]
영[mǽnpàuə]
유 work force

명 인적 자원
•• all the workers available for a particular kind of work
We are looking for qualified manpower in this field.
우리는 이 분야에서 자격을 갖춘 인력을 구하고 있어요.

manual
[mǽnjuəl]

명형 안내서, 설명서; 손으로 하는, 육체노동의
•• a book that gives instructions about how to do something
Could you translate these manuals?
이 설명서들을 번역할 수 있어요?

massive
[mǽsiv]
부 massively

형 대량의, 대규모의
•• very big, large; of great size
We've had massive tax cuts in recent years.
우리는 최근 몇 년 동안 굉장한 세금 감면을 받았어요.

🔊 출제 TIP
• massive layoffs 대량 일시 해고 • massive increase 대량 증가

mechanic
[məkǽnik]
❸ mechanical 기계 상의

⚙ 기계공
•• someone who is skilled at repairing machinery
Is the mechanic still checking the car?
기술자가 아직도 자동차를 검사하고 있나요?

mercenary
미[mə́ːrsənèri]
영[mə́ːsənəri]

⚙ 돈을 목적으로 일하는; 용병, 고용된 사람
•• only interested in the money you can get from a person, job
He did it for entirely mercenary reasons.
그는 오로지 돈이 목적인 이유 때문에 그렇게 했어요.

🔖 출제 TIP
• mercenary soldiers 용병인 군인들 • a mercenary society 돈에만 관심이 있는 사회

merger
미[mə́ːrdʒər] 영[mə́ːdʒə]
❸ merge 합병하다

⚙ 합병, 합동
•• the joining together of two or more companies
What advantage would there be in a merger?
합병이 이루어질 경우 어떤 이점이 있나요?

🔖 출제 TIP
• a merger between the two banks 두 은행의 합병
• merger with the company 회사의 합병
merger 뒤에 전치사 between이나 with이 온다는 것을 기억한다.

mercy
미[mə́ːrsi] 영[mə́ːsi]
❸ merciful 자비로운

⚙ 인정, 연민, 동정
•• kindness shown towards someone whom you have authority over
They showed no mercy to their enemies.
그들은 적에게 전혀 인정을 보이지 않았어요.

net
[net]

⚙ 정가의, 에누리 없는, 순(純); 정가
•• the final amount that remains after taxes, costs
The net profit was up 10% last month.
지난 달 순이익이 10% 상승했어요.

newsletter
미[njuːzlétər] 영[njuːzlétə]

⚙ (회사, 단체 등의) 회보, 공보, 사보
•• a short written report of news about a club or organization
The newsletter is sent regularly to the members once a month.
회보는 한 달에 한 번씩 정기적으로 회원에게 발송해요.

noble
[nóubl]

⚙ 고상한, 숭고한
•• morally good or generous in a way that is admired
Do you think you are a noble person?
당신은 품성이 고상하다고 생각하나요?

nuisance
[njúːsns]

🔍 **귀찮은 사람(일), 성가신 일(사람)**
•• something or someone that annoys you
People who park on the pavement are a public nuisance.
보도에 주차하는 사람들은 대중을 짜증나게 하는 사람이에요.

object
[əbdʒékt]

🔵 objection 반대, 이의
🔵🔵 objective
　목적, 목표; 객관적인

🔍 **반하다, 이의를 말하다; 대상, 사물, 물체**
•• to oppose or disapprove of something
They strongly object to your smoking.
사람들이 당신의 흡연에 강력하게 반대하고 있어요.

🔖 출제 TIP
• object to+동명사 ~에 반대하다
to가 전치사이므로 동사의 원형을 쓸 수 없다. 독해 파트에서 동사의 형태를 물어보는
문제로 출제된다.

obsolete
미[àbsəlíːt] 영[óbsəliːt]

🔵 old-fashioned,
　outdated
🔵 up-to-date

🔍 **구식의, 폐기된**
•• no longer useful, because something newer has been
　invented
This old method is now becoming obsolete.
이 낡은 방법은 이제 구식이 되고 있어요.

obvious
미[ábviəs] 영[óbviəs]

🔵 obviously
🔵 clear

🔍 **뚜렷한, 명백한**
•• easy to notice or understand
It is not obvious that everyone will attend the meeting.
전원이 회의에 참석할 지는 명백하지 않아요.

occupy
미[ákjupài] 영[ókjupài]

🔵 occupancy 거주, 점유

🔍 **차지하다, 점유하다**
•• to stay in a place
His position was occupied last week.
그의 자리는 지난주에 채워졌어요.

🔖 출제 TIP
• occupant 거주자　• occupation 직업　• occupancy (건물, 토지, 방의) 사용
독해 파트에서 어근(occupy)이 같은 파생어들의 의미 차이를 묻는 문제로 출제된다.

ongoing
미[óːngouiŋ] 영[óngouiŋ]

🔍 **진행 중인, 발달 중인; 전진, 진행**
•• continuing or happening at the present moment
What is an ongoing project at the moment?
현재 진행 중인 프로젝트는 무엇인가요?

opening
[óupəniŋ]

🔵 vacancy 결원

🔍 **공석, 자리**
•• a job that is available
He's interested in the opening in our advertising department.
그는 광고부의 공석에 관심이 있어요.

oppose
[əpóuz]
- opposition
- opposing 반대하는, 대립하는

동 ~에 반대하다
•• to disagree with something or someone

I would certainly oppose changing the system.
나는 그 시스템을 바꾸는 것에 대해 분명히 반대해요.

출제 TIP
oppose 다음에 목적어로 동사가 오면 동명사 형태를 취해야 한다.

optimistic
미[àptəmístik]
영[ɔ̀ptəmístik]
- optimize 낙관하다
- pessimistic 비관적인

형 낙관적인, 낙천적인
•• believing that good things will happen in the future

They are not optimistic about the outcome.
그들은 그 결과에 대해 낙관적이 아니에요.

outcome
[áutkʌm]

명 결과, 성과
•• the final result of a meeting, discussion or war

It's too early to predict the outcome of the meeting.
회의의 결과를 예측하기에는 시기상조예요.

outlook
[áutluk]
- prospect

명 전망, 예상, 장래성
•• what is expected to happen in the future

The outlook for the economy is gloomy.
경제에 대한 전망이 어두워요.

outsell
[àutsél]

동 ~보다 많이 팔다
•• to be sold in greater numbers than another product

Digital cameras soon began to outsell cameras.
디지털 카메라는 곧 카메라보다 많이 팔리기 시작했어요.

출제 TIP
접두사 out-에는 more than의 의미가 있음을 기억한다.

overbook
미[òuvərbtúk] 영[òuvəbtúk]

동 ~의 예약을 너무 많이 받다
•• to sell more tickets than available seats

There was no seat for me on the plane, because the airline had overbooked.
항공사가 정원 이상으로 예약을 하는 바람에 비행기에 내 좌석이 없었어요.

출제 TIP
접두사 -over는 지나치게 많다는 의미를 지니고 있다.

overdue
미[òuvərdjú:] 영[òuvədjú:]

형 지불 기한을 넘긴
•• not paid by the time expected

Why are these bills overdue?
왜 이 고지서들의 지불 기한이 지났나요?

출제 TIP
고지서 bill의 소리와 사람 이름 Bill의 소리를 혼동하지 않도록 문맥에 주의해서 들어야 한다.

overhead
미[òuvərhéd] 영[òuvəhéd]

명,형 간접비, 제경비; 모든 경비를 포함한
•• money spent regularly on rent, insurance, electricity that are needed to keep a business operating
The main office is in New York, so the overheads are very high.
본사가 뉴욕에 있어서 간접비가 대단히 비싸요.

overlook
미[òuvərlúk] 영[òuvəlúk]
🌐 command

동 ~을 내려다보는 위치에 있다, ~을 내려다 보다
•• to have a view of something from above
The hotel overlooks the river.
그 호텔은 강보다 높은 곳에 있어요.

🔖 출제 TIP
• have good command of Spanish 훌륭한 스페인어 구사력을 갖추고 있다
• obey the captain's commands 선장의 명령에 복종하다
order가 포괄적인 의미의 명령이라면, command는 order보다 더 강한 의미를 지니고 있으며 보통 군대의 장교가 내리는 명령을 의미한다.

overnight
미[óuvərnait] 영[óuvənait]

부 하룻밤 숙박, 하룻밤 동안
•• during the night
We stayed overnight in Rome.
우리는 로마에서 하룻밤을 묵었어요.

🔖 출제 TIP
• stay overnight 하룻밤을 묵다   • make an overnight stop 일박을 하다
overnight은 명사 앞에서만 관사를 붙이는 점에 주의하고, 부사와 명사로 쓰이는 overnight의 용례를 구별하는 문제로 출제된다.

overprice
미[òuvərpráis]
영[òuvərpráis]
🌐 overcharge

동 너무 비싸게 값을 매기다
•• to charge you too much money for something
These shoes are very nice, but they're terribly overpriced.
이 신발은 정말 근사하지만 굉장히 비싸군요.

patience
[péiʃəns]
🌐 patient 끈기 있는
🌐 impatience

명 인내, 참을성
•• the ability to continue doing something without becoming angry
He had the patience to hear me out.
그는 참을성 있게 끝까지 내 이야기를 들어 주었어요.

payoff
미[péiɔːf] 영[péiɔf]

명 급료, 퇴직금, 급료 지불일, 청산
•• a payment made to someone when they are forced to leave their job
You will get a considerable payoff when you retire.
퇴사 시 상당한 퇴직금을 받아요.

party
미[páːrti] 영[páːti]

명 일행, 단체
- group of people who go somewhere together

How many people are in your party today?
오늘 일행이 모두 몇 분이신가요?

출제 TIP
- the Democratic party 민주당
- a party of 20 people 20명으로 구성된 단체
- the parties to the suit 고소 당사자들
party의 다양한 의미를 묻는 문제로 출제되므로 헷갈리지 않도록 주의한다.

payroll
[péiroul]

명 급료 지불 명부, 종업원 명부
- the total amount of wages paid to all the workers in a company

Have you completed the payroll?
급료 지불 명부 작성을 다 했나요?

permit
미[pərmit] 영[pəmit]
명 permission 허용
형 permissive 허용하는

동 허락하다, 용납하다
- to allow something to happen

Smoking is only permitted in the public lounge.
흡연은 공공 휴게실에서만 허용됩니다.

personnel
미[pèːrsənél] 영[pèːsənél]
유 staff 사원

명 인원, 사원
- the people who work in a company or organization

We are seeking qualified personnel.
저희는 자질 있는 직원을 구하고 있어요.

출제 TIP
- sales personnel 영업 직원들   • the personnel department 인사과
유사한 소리가 나는 personal[pərsənl 사적인]과 혼동하지 않도록 주의한다.

plant
미[plænt] 영[plɑːnt]
유 factory

명 동 공장; 심다
- a factory or building where an industrial process happens

An inspector will visit the plant on Friday.
검사관이 금요일에 공장을 방문할 거예요.

presentation
[prèzəntéiʃən]
유 present 발표하다

명 발표, 공연, 공개
- an event at which you explain a new product or idea

What did you think of my presentation?
제 발표를 어떻게 생각하세요?

poll
[poul]

명 여론 조사
- the process of finding out what people think about something

A recent poll found that many people prefer organic food.
최근에 한 여론 조사로 많은 사람들이 유기농 음식을 선호한다는 것을 알아냈어요.

probation
[proubéiʃən]

📖 수습 기간, 집행 유예
•• a period of time, during which an employer can see if a new worker is suitable
How long is the probation period for new employees?
신입 사원의 수습 기간은 얼마 동안인가요?

procedure
미[prəsíːdʒər]
영[prəsíːdʒə]
🔄 process 과정

📖 절차, 진행
•• a way of doing something, especially the correct or usual way
What's the procedure for applying for a visa?
비자를 신청하는 절차가 어떻게 되나요?

produce
[prədjúːs]
🔄 product 상품
🔄 productive 생산적인
🔄 productivity 생산성, 생산력

📖 생산하다
•• to make something or bring something into existence
I work for a company that produces electrical goods.
저는 가전제품을 만드는 회사에서 일해요.

publish
[pʌ́bliʃ]
🔄 publishing 출판(업)

📖 출판하다, 발행하다, 발표하다
•• to arrange for a book, magazine etc to be written, printed, and sold
How often do you publish your magazine?
잡지는 얼마나 자주 출판하나요?

punctual
[pʌ́ŋktʃuəl]
🔄 on time 시간에 어김없는

📖 시간을 엄수하는
•• arriving or happening at the expected time
He is always punctual for an appointment.
그는 항상 약속 시간을 잘 지켜요.

realtor
미[ríːəltər] 영[ríəltə]

📖 부동산 중개인
•• an estate agent
Why don't you try some other realtors?
다른 부동산 중개인을 알아보는 것이 어떨까요?

rear
미[riər] 영[riə]

📖 뒤, 후방; 기르다, 사육하다
•• the back part of an object, vehicle, or a position
The garage is at the rear of the house.
차고는 집 뒤에 있어요.

receipt
[risíːt]
🔄 receive 받다

📖 영수증
•• a piece of paper which proves that money, goods have been received
You may exchange any item if you return your receipt.
영수증을 가져오시면 어떤 상품이나 교환하실 수 있습니다.

🔍 출제 TIP
receipt 철자 p소리가 들리지 않는 것에 주의한다.

refuge
[réfjuːdʒ]
🔤 refugee 도피자, 망명자

🅝 피난, 은신처
•• shelter or protection from someone or something
A lot of busy people want a quiet refuge over the weekend.
분주한 많은 사람들이 주말 동안 조용한 휴식처를 원합니다.

refund
[rifʌnd]

🅝🅥 환불; 환불하다
•• an amount of money that is given back to you
Why do they ask for a refund?
왜 그들이 환불을 요구하나요?

reminder
미[rimáindər] 영[rimáində]
🔤 remind 상기시키다

🅝 독촉장, 나머지, 잔여
•• a letter, that reminds you to do something
They've got another reminder from the company.
그들은 회사에서 또다시 독촉장을 받았어요.

🔎 출제 TIP
remainder[riméindər 나머지]의 소리와 혼동하지 않도록 주의한다.

renew
[rinjúː]
🔤 renewal 갱신

🅥 갱신하다, 재개하다
•• to arrange for official document to continue for a period of time
Every year I renew my membership of the credit card.
해마다 신용 카드의 회원 자격을 갱신해야 합니다.

remodel
미[riːmádl] 영[riːmódl]
🔤 reshape, renovate

🅥 개조하다
•• to give a new shape or form to something
The inside of the old office was completely remodeled.
낡은 사무실의 내부가 완전히 개조되었어요.

research
미[risə́ːrʧ] 영[risə́ːʧ]
🔤 investigate

🅥🅝 연구하다, 조사하다; 조사, 탐구
•• to study a subject in detail to discover new ideas
We are researching on the subject.
우리는 그 주제에 대해 연구를 하고 있어요.

reservation
미[rèzərvéiʃən]
영[rèzəvéiʃən]
🔤 reserve 남겨두다

🅝 예약
•• the act of booking or ordering in advance
I'd like to make a reservation.
예약을 하고 싶은데요.

Words Review

A 다음 설명에 해당하는 단어를 고르시오.

receipt opening poll permit nuisance overdue manner renew opening overbook publish

1 to allow something to happen
2 the process of finding out what people think about something
3 to arrange for a book, magazine etc to be written, printed, and sold
4 a piece of paper which proves that money, goods have been received
5 to arrange for official document to continue for a further period of time
6 the way in which something is done
7 something or someone that annoys you
8 a job that is available
9 to sell more tickets for a theatre, plane than there are seats available
10 not paid by the time expected

B 다음 예문의 빈칸에 해당하는 단어를 골라 쓰시오.

merger probation obvious researching outsell refuge manuals mercenary personnel payoff manpower realtors overheads presentation noble

1 They can help us find qualified ....
2 How long is the .... period for new employees?
3 A lot of busy people want a quiet .... over the weekend.
4 What advantage would there be in a .... ?
5 We are .... on the subject.
6 We are looking for qualified .... in this field.
7 Do you think you are a .... person?
8 It is not .... that everyone will attend the meeting.
9 Digital cameras soon began to .... cameras.
10 He did it for entirely .... reasons.
11 You will get a considerable .... when you retire.
12 What did you think of my .... ?
13 Why don't you try some other .... ?
14 Could you translate these .... ?
15 The main office is in New York, so the .... are very high.

Answer

A 1 permit 2 poll 3 publish 4 receipt 5 renew 6 manner 7 nuisance 8 opening 9 overbook 10 overdue
B 1 personnel 2 probation 3 refuge 4 merger 5 researching 6 manpower 7 noble 8 obvious 9 outsell 10 mercenary 11 payoff 12 presentation 13 realtors 14 manuals 15 overheads

오늘 외울 단어 중 자신이 아는 단어를 체크해 보세요.

- [ ] **statistics** 통계 자료
- [ ] **stimulate** 자극하다, 격려하다
- [ ] **suburb** (도시의) 근교, 교외
- [ ] **superior** 상관, 선배, 윗사람
- [ ] **symptom** 증상, 징후
- [ ] **temp** 임시 고용인; 임시 고용인으로 일하다
- [ ] **terms** 조건
- [ ] **timetable** 일정표, 시간표, 예정표
- [ ] **trainee** 수습사원, 훈련생, 견습생
- [ ] **transport** 수송하다, 나르다; 운송, 이송
- [ ] **turnover** 매상, 상품의 회전율, 이직률
- [ ] **unemployment** 실업, 실직 상태
- [ ] **union** 노동조합, 동맹
- [ ] **universal** 보편적인, 모든 경우에 들어맞는

- [ ] **resources** 원천, 공급원, 자원
- [ ] **respond** 대답하다, 응답하다
- [ ] **restless** 침착하지 못한, 들떠 있는
- [ ] **resume** 다시 시작하다, 재개하다; 재개
- [ ] **reveal** 드러내다, 폭로하다; 누설
- [ ] **routine** 틀에 박힌 일; 판에 박힌, 일상적인
- [ ] **rush** 서두르다; 돌진; 서두르는
- [ ] **saving** 절약; 절약하는, 구제의
- [ ] **scenic** 경치가 멋진
- [ ] **ship** 운송하다, 수송하다
- [ ] **sightseeing** 관광, 구경, 유람
- [ ] **spending** 지출, 소비
- [ ] **standing** (사회적인) 지위, 신분, 명성
- [ ] **standpoint** 견지, 관점, 입장

- [ ] **unstable** 불안정한
- [ ] **upcoming** 다가오는, 곧 나올
- [ ] **vacate** (집, 방, 자리를) 비우다, 사임하다
- [ ] **venture** 모험적 사업; 위험을 무릅 쓰고 ~하다
- [ ] **voyage** (배의) 여행; 항해(항행)하다
- [ ] **wage** 월급, 임금
- [ ] **warning** 경고, 주의
- [ ] **wholesale** 도매의; 도매
- [ ] **will** 의지, 의도, 유언(서); 결심하다, 유증하다
- [ ] **willing** 기꺼이 ~하는, 자진해서 하는
- [ ] **work out** 운동하다, 연습하다
- [ ] **workaholic** 지나치게 일하는 사람; 일벌레의
- [ ] **workplace** 작업장, 근무처

- [ ] **worldly** 속세의, 세속적인; 세속적으로
- [ ] **worn-out** 녹초가 된, 닳아빠진, 낡은
- [ ] **worried** 근심스러운, 걱정스러운
- [ ] **worship** 숭배; 예배하다, 존경하다
- [ ] **worth** ~의 가치가 있는; 가치, 값어치
- [ ] **wound** 부상, 상처, 모욕; 상처를 입히다
- [ ] **wreck** 조난하다, 난파시키다; 난파(선), 사고
- [ ] **wrinkle** 주름이 지다, 주름을 잡다; 주름
- [ ] **wrist** 손목
- [ ] **wrongly** 틀리게, 잘못해서, 부정하게
- [ ] **yawn** 하품하다; 하품
- [ ] **year-round** 연중 계속되는
- [ ] **yield** 생산량, 수확량, 소득; 산출하다, 이익을 낳다
- [ ] **zip code** 우편 번호; ~에 우편 번호를 기입하다

resources
미[rí:sɔ:rsiz] 영[rizɔ́:siz]

명 **자원, 재원**
•• materials, money, and other things that they have and can use in order to function properly
The country is rich in human resources.
그 나라는 인적 자원이 풍부해요.

🔍 출제 TIP
• human resources 인적 자원 • a human-resources director 인사관리 부장
resource(원천, 공급원)가 복수형 resources로 쓰이게 되면 주로 '자원, 재원, 지락'의 의미가 된다.

respond
미[rispánd] 영[rispɔ́nd]
🔄 response 반응, 응답
🔄 answer

동 **대답하다, 응답하다**
•• to make a reply
How did they respond to the result?
그들은 그 결과에 어떤 반응을 보였어요?

restless
[réstlis]
🔄 rest 휴식, 안정

형 **침착하지 못한, 들떠 있는**
•• unwilling to keep still because you are nervous or bored
He's a restless type. He never stays in one place for long.
그는 침착하지 못하는 타입이에요. 그는 결코 한 곳에 오래 있지 못해요.

🔍 출제 TIP
• rest 휴식, 안정 • the rest 나머지, 잔여
rest가 '나머지'의 의미일 때에는 정관사 the를 붙이는 것에 주의한다.

resume
미[rizú:m] 영[rizjú:m]

동 명 **다시 시작하다, 재개하다; 재개**
•• to start doing something again after stopping
He will resume working.
그는 일을 다시 시작할 거예요.

reveal
[riví:l]
🔄 conceal 감추다

동 명 **드러내다, 폭로하다; 누설**
•• to show something that was previously hidden
This test will reveal people's potential ability.
이 테스트로 사람들에게 잠재되어 있는 능력을 알게 될 거예요.

routine
[ru:tí:n]
🔄 routinely 일상적으로

형 명 **틀에 박힌 일, 일과; 판에 박힌, 일상적인**
•• a habitual or fixed way of doing things
My work is mainly routine.
나의 업무는 주로 판에 박힌 일이에요.

rush
[rʌʃ]
🔁 hurry

동명형 서두르다; 돌진; 서두르는
•• to move very quickly
You need to rush the draft.
당신은 초안을 서둘러서 작성해야 해요.

saving
[séiviŋ]
🔁 economy 검약

명형 절약; 절약하는, 구제의
•• the money that you do not spend
A 3% reduction on the price is a big saving.
가격에서 3%의 감소로 많이 절약하는 거예요.

🏷 출제 TIP
• a labor-saving device 노동을 절약하는 장치
• cost-saving measures 비용을 절감하는 조치

scenic
[síːnik]
🔁 scene 경치, 풍경

형 경치가 멋진
•• surrounded by views of beautiful countryside
You can enjoy the outstanding scenic beauty in this area.
이 지역에서 뛰어나게 아름다운 경치를 누릴 수 있어요.

ship
[ʃip]
🔁 shipping 운송, 선적

동 운송하다, 수송하다
•• to send goods somewhere by ship, plane, truck
They will ship the products to us.
그들은 우리에게 배편으로 상품을 보낼 거예요.

🏷 출제 TIP
ship[ʃip]과 sheep[ʃiːp]의 모음 [i]의 길고 짧은 소리에 주의한다.

sightseeing
[sáitsìːiŋ]
🔁 tour

명 관광, 구경, 유람
•• the visiting of interesting places
We did a lot of sightseeing in Paris.
우리는 파리에서 관광을 많이 했어요.

spending
[spéndiŋ]
🔁 spend 돈을 쓰다

명 지출, 소비
•• the amount of money spent
We must get our spending under control.
우리는 지출을 자제해야 해요.

standing
[stǽndiŋ]
🔁 status

명 (사회적인) 지위, 신분, 명성
•• someone's rank or position in a system, organization, society
As a judge of high standing, his opinion will have a lot of influence.
높은 지위에 있는 판사로서, 그의 의견은 영향력이 클 거예요.

standpoint
[stǽndpɔint]
🔄 point of view

🔵 견지, 관점, 입장
•• a way of thinking about people, situations, ideas etc
Please consider the matter from a commercial standpoint.
문제를 상업적인 관점에서 생각해 보시오.

statistics
[stətístiks]

🔵 통계 자료
•• a set of numbers which represent facts or measurements
Statistics show that women live longer than men.
통계에 의하면 남자가 여자보다 오래 산다고 해요.

📕 출제 TIP
statistics가 '통계, 통계 자료'의 의미일 경우에는 복수 취급. '통계학'의 의미일 때는 단수 취급을 하는 것에 주의하고 이와 관련된 문제가 출제된다.

stimulate
[stímjulèit]
😊 stimulation

🟢 자극하다, 격려하다
•• to encourage something to grow or develop
The new system has certainly stimulated people.
새로운 제도는 분명히 사람들의 관심을 자극시켰어요.

suburb
미[sʌ́bəːrb] 영[sʌ́bəːb]

🟡 (도시의) 근교, 교외
•• an area where people live which is away from a city
I heard you moved into a house in the suburbs.
교외의 집으로 이사했다면서요.

superior
미[səpíəriər] 영[sjuːpíəriə]
🔵 subordinate 하급자

🔵 상관, 선배, 윗사람
•• someone who has a higher rank or position than you
He had a good working relationship with his immediate superior.
그는 자신의 직속상관과 좋은 업무 관계를 맺고 있어요.

📕 출제 TIP
• immediate superior 직속 상사
superior가 '~보다 더 우수한'의 의미의 형용사일 경우 superior 뒤에 than을 쓰지 않고 to를 쓰는 문제로 출제된다.

symptom
[símptəm]

🔵 증상, 징후
•• any feeling of illness caused by a particular disease
Common symptoms of the flu are a high temperature and headache.
유행성 감기의 흔한 증상은 고열과 두통이에요.

temp
[temp]

🔵🟢 임시 고용인; 임시 고용인으로 일하다
•• an office worker who is only employed temporarily
He started working in the company as a temp.
그는 임시직으로 그 회사에서 일하기 시작했어요.

terms
미[təːrmz] 영[təːmz]

조건
•• the conditions that are set for an agreement, contract, arrangement
What are the terms of the lease?
임대 계약 조건이 어떻게 돼요?

timetable
[táimteibl]

일정표, 시간표, 예정표
•• a list of the times when events are planned to happen
Here is the timetable of events for the day.
오늘 행사 일정표가 여기 있어요.

🔖 출제 TIP
timetable은 영국에서 사용하고, 미국에서는 schedule을 사용한다.

trainee
[treiníː]
🌐 probationer

수습사원, 훈련생, 견습생
•• someone who is being trained for a job
Who will instruct the new trainees this time?
이번에는 누가 수습사원을 지도할 건가요?

transport
미[trænspɔ́ːrt]
영[trænspɔ́ːt]
🌐 transportation
🌐 carry

수송하다, 나르다; 운송, 이송
•• to take goods, people etc from one place to another in a vehicle
We need a truck to transport the goods.
상품을 수송할 트럭이 필요해요.

turnover
미[tə́ːrnouvər]
영[tə́ːnouvə]

매상, 상품의 회전율, 이직률
•• the rate at which a particular kind of goods is sold
What was our turnover last year?
작년도 우리 매상고가 어땠나요?

unemployment
[ʌnimplɔ́imənt]
🔄 employment 취업

실업, 실직 상태
•• when someone does not have a job
He's been on unemployment for two months.
그는 두 달 동안 실직 상태예요.

union
[júːnjən]

노동조합, 동맹
•• an organization formed by workers to protect their rights
Are you planning to join the union?
노동조합에 가입할 건가요?

universal
미[jùːnəvə́ːrsəl]
영[jùːnəvə́ːsəl]

😊universalism 보편적인 것
😊universalize 보편화하다

📖형보편적인, 세상 일반의, 모든 경우에 들어맞는
•• true or suitable in every situation
There is universal agreement on this issue.
그 문제에 대해서 보편적인 합의가 되어 있어요.

🔍 출제 TIP
• universal rules 일반 법칙   • universal agent 총대리인(점)

unstable
[ʌnstéibl]

😊stable 안정적인

📖형불안정한
•• not steady and likely to move or change
I don't need an unstable job.
나는 불안정한 일자리는 필요하지 않아요.

upcoming
[ʌ́pkʌ̀miŋ]

📖형다가오는, 곧 나올
•• happening soon
Tickets are selling well for the upcoming concert.
다가오는 연주회의 표가 잘 팔리고 있어요.

vacate
[véikeit]

😊vacation 휴가

📖동(집, 방, 자리를) 비우다, 사임하다
•• to leave a room, seat, position
You must vacate the conference room by 2:00.
2시까지 회의실을 비워 주셔야 합니다.

venture
미[véntʃər] 영[véntʃə]

📖명동모험적 사업, 투기적 기업; 위험을 무릅 쓰고 ~하다
•• a new business activity that involves taking risks
When will they launch a joint venture?
그들은 언제 합작 사업에 착수할 건가요?

voyage
[vɔ́iidʒ]

📖명동(배의) 여행; 항해(항행)하다
•• a long journey in a ship or spacecraft
I wish you had a great voyage.
여행 잘 하시기를 바랍니다.

🔍 출제 TIP
• traveling 이동에 중점이 있는 탈것에 의한 여행
• trip 장소, 목적에 중점이 있는 짧은 여행
• journey 여행 자체에 중점이 있는 육지에서의 긴 여행
독해 파트에서 단어들의 정확한 의미를 묻는 문제로 출제된다.

wage
[weidʒ]

😊salary

📖명임금
•• money you earn
Your starting wage will be commensurate with experience.
초봉은 경력에 따라 상응할 거예요.

🔍 출제 TIP
• be commensurate with ~에 상응하다
wage는 주 단위로 받는 임금, salary는 월 단위로 받는 임금, pay는 보통 급료의 포괄적인 의미이다.

warning
미[wɔ́:rniŋ] 영[wɔ́:niŋ]

[동] warn 경고하다

[명] 경고, 주의

•• something that makes you aware of a possible danger or problem

They cannot dismiss you without warning first.
먼저 경고도 하지 않은 채 당신을 해고할 수는 없어요.

work out
미[wə́:rkaut] 영[wə́:kaut]

[동] 운동하다, 연습하다

•• to exercise in order to improve the strength or appearance of your body

He works out three times a week.
그는 일주일에 세 번씩 운동해요.

workplace
미[wə́:rkpleis]
영[wə́:kpleis]

[명] 작업장, 근무처

•• the room or building where you work

We found some problems in the workplace.
우리는 작업장에서 몇 가지 문제점을 발견했어요.

wholesale
[hóulseil]

[반] retail 소매의

[형] [명] 도매의; 도매

•• relating to the business of selling goods in large quantities at low prices to other businesses

We offer goods for a wholesale price.
저희는 제품을 도매가로 제공해요.

will
[wil]

[명] [동] 의지, 의도, 유언(서); 결심하다, 유증하다

•• determination to do something that you have decided to do

My boss has a very strong will.
저희 상사는 의지가 아주 강해요.

willing
[wiliŋ]

[부] willingly 기꺼이
[반] reluctant 내키지 않는

[형] 기꺼이~하는, 자진해서 하는

•• to be happy to do something if it is needed

They were willing to undertake the job.
그들은 기꺼이 그 일을 떠맡았어요.

출제 TIP
- be willing to+동사의 원형 기꺼이 ~하다
- be reluctant to+동사의 원형 ~하기를 꺼려하다

workaholic
미[wə̀:rkəhɔ́:lik]
영[wə̀:kəhɔ́:lik]

[명] [형] 지나치게 일하는 사람, 일벌레; 일벌레의

•• a person who works a lot of the time

You are a workaholic!
당신은 일벌레군요.

출제 TIP
- a shopaholic 쇼핑 중독자
- a chocaholic 초콜릿 중독자
- a speedaholic 스피드 광

접미사 -aholic는 '~광, 중독자'의 뜻이다. 이다.

worldly
미[wɔ́:rldli] 영[wɔ́:ldli]

형 속세의, 세속적인; 세속적으로
- relating to ordinary life rather than spiritual or religious ideas

You seem far removed from worldly concerns.
당신은 세상사와 아주 초연한 듯이 보이는군요.

worn-out
미[wɔ́:rnaut] 영[wɔ́:naut]

형 녹초가 된, 닳아빠진, 낡은
- too exhausted or old to be used

I'm always worn out by the end of the day.
나는 항상 일이 끝날 때쯤이면 녹초가 돼요.

🔊 **출제 TIP**
worn은 wear의 과거분사로 동사 변화(wear–wore–worn)를 기억한다.

worried
[wɔ́:rid]
🔁 worry 걱정하다

형 근심스러운, 걱정스러운
- unhappy because you keep thinking about a problem, or about something bad that might happen

A lot of people are worried about unemployment.
많은 사람들이 실업에 대해 걱정하고 있어요.

worship
미[wɔ́:rʃip] 영[wɔ́:ʃip]

명 동 숭배; 예배하다, 존경하다
- to admire someone or something greatly, often without being aware of their bad qualities

What do you think about people's money worship?
사람들이 돈을 숭배하는 것을 어떻게 생각하세요?

worth
미[wə:rθ] 영[wə:θ]
🔁 worthy 훌륭한, 가치 있는
🔁 value

형 명 ~의 가치가 있는; 가치, 값어치
- how much money something is worth

It is difficult to estimate the current worth of the company.
그 회사의 현재 가치를 추정하기가 어려워요.

wound
[wu:nd]
🔁 injury

명 동 부상, 상처, 모욕; 상처를 입히다
- a damaged area of the body, such as a cut or hole in the skin or flesh made by a weapon

The wound will heal soon.
상처는 곧 회복이 될 거예요.

🔊 **출제 TIP**
- wound–wounded–wounded 부상을 입히다
- wind–wound–wound 강이 구불구불하다, 감다
- wind–winded–winded 바람이 불다
wound[wu:nd 부상을 입히다]의 소리와 wound[waund '감다'의 과거형]의 유사한 소리에 주의하고, 문맥에 맞는 동사의 시제를 묻는 문제로 출제된다.

wreck
[rek]
ⓢ shipwreck

⑤⑲ 조난하다, 난파시키다; 난파(선), 사고
•• if a ship is wrecked, it is badly damaged and sinks
The large cargo ship was wrecked off the coast of Africa.
거대한 화물선이 아프리카 연안에서 난파되었어요.

🔖 출제 TIP
유사한 소리로 들리는 rack[ræk 걸이]과 혼동할 수 있으니 주의한다.

wrinkle
[ríŋkl]

⑤⑲ 주름이 지다, 주름을 잡다; 주름
•• If skin or material wrinkles, it gets small lines or folds in it
Sunbathing can wrinkle the skin.
일광욕을 하면 피부에 주름이 질 수 있어요.

wrist
[rist]

⑲ 손목
•• the part of your body where your hand joins your arm
You'd better wear this wrist brace for a few days.
며칠 동안 이 손목 보호대를 착용하시지요.

🔖 출제 TIP
유사한 소리로 들리는 list(목록)와 혼동할 수 있으니 주의한다.

wrongly
미[rɔ́ːŋli] 영[rɔ́ŋli]
ⓐ wrong 틀린

⑨ 틀리게, 잘못해서, 부정하게
•• not correctly
I'm afraid you've spelled my name wrongly.
제 이름의 철자를 틀리게 쓰셨군요.

yawn
[jɔːn]
ⓐ yawning 하품을 하고 있는

⑤⑲ 하품하다; 하품
•• to open your mouth wide and breathe in deeply
The meeting was so boring and I couldn't stop yawning.
회의가 너무 지루해서 하품을 멈출 수가 없었어요.

year-round
미[jiəráund] 영[jəːráund]

⑲ 연중 계속되는
•• happening or continuing through the whole year
We offer you a year-round supply of fresh fruit.
우리는 일 년 내내 신선한 과일을 공급해요.

yield
[jiːld]
ⓐ yielding 수확이 많은
ⓢ produce

⑲⑤ 생산량, 수확량, 소득; 산출하다, 이익을 낳다
•• the amount of food produced on an area of land
What is the average annual yield?
평균 연간 생산량이 얼마나 되나요?

zip code
[zípkòud]
ⓢ postcode

⑲⑤ 우편 번호; ~에 우편 번호를 기입하다
•• a number added to a postal address
Please make sure to write your zip code.
반드시 우편 번호를 기입하시오.

Words Review

A 다음 설명에 해당하는 단어를 고르시오.

worldly suburb upcoming rush statistics wrist standpoint resources routine union

1 an organization formed by workers to protect their rights
2 happening soon
3 a set of numbers which represent facts or measurements
4 relating to ordinary life rather than spiritual or religious ideas
5 to move very quickly
6 the part of your body where your hand joins your arm
7 personal qualities such as courage and determination
8 a habitual or fixed way of doing things
9 a way of thinking about people, situations, ideas etc
10 an area where people live which is away from a city

B 다음 예문의 빈칸에 해당하는 단어를 골라 쓰시오.

wrinkle willing timetable will workplace venture wrecked voyage reveal superior
terms saving turnover worn-out year-round

1 Here is the .... of events for the day.
2 When will they launch a joint .... ?
3 My boss has a very strong ....
4 We found some problems in the ....
5 The large cargo ship was .... off the coast of Africa.
6 We offer you a .... supply of fresh fruit.
7 This test will .... people's potential ability.
8 A 3% reduction on the price is a big ....
9 He had a good working relationship with his immediate ....
10 What are the .... of the lease?
11 What was our .... last year?
12 I wish you had a great ....
13 They were .... to undertake the job.
14 I'm always .... by the end of the day.
15 Sunbathing can .... the skin.

Answer

Ⓐ 1 union 2 upcoming 3 statistics 4 worldly 5 rush 6 wrist 7 resources 8 routine 9 standpoint 10 suburb
Ⓑ 1 timetable 2 venture 3 will 4 workplace 5 wrecked 6 year-round 7 reveal 8 saving 9 superior 10 terms
11 turnover 12 voyage 13 willing 14 worn-out 15 wrinkle

Part 4 빈출 어휘

Short Talks
설명문

오늘 외울 단어 중 자신이 아는 단어를 체크해 보세요.

- [ ] **abuse** 남용하다, 오용하다; 남용, 악용
- [ ] **adequate** 충분한, 적임인
- [ ] **affordable** 가격이 적당한, 감당할 수 있는
- [ ] **airsick** 비행기 멀미가 난
- [ ] **airline** 항공 회사, 정기 항공로
- [ ] **alter** 변경하다, 바꾸다
- [ ] **amenities** 편의 시설, 오락 시설
- [ ] **anniversary** 기념일
- [ ] **announcement** 알림, 발표
- [ ] **assess** (질, 양, 가치를) 평가하다
- [ ] **astonish** 깜짝 놀라게 하다
- [ ] **attraction** (관광) 명소, 매력
- [ ] **audit** 회계 감사; 감사하다
- [ ] **auditorium** 강당, 대 강의실

- [ ] **avenue** (도시의) 대로, 주요 도로
- [ ] **award** (~에게 상벌) 수여하다; 상, 상품
- [ ] **balance** 잔고, 잔액
- [ ] **bar** 법조계, 변호 사단
- [ ] **beneficiary** 보험금 수취인, 연금 수령인
- [ ] **board** 이사회, 위원회
- [ ] **booth** 칸막이 한 장소
- [ ] **browse** 검색하다, 대충 훑어보다
- [ ] **bulletin** 뉴스 속보
- [ ] **carrousel** 수하물용 원형 컨베이어, 회전목마
- [ ] **carry-on** 기내 지참의
- [ ] **casualty** 사상자(수), 피해자
- [ ] **charge** 요금을 부과하다; 요금, 사용료
- [ ] **celebrate** 축하하다, 경축하다

- [ ] **contestant** 출전자, 경쟁자
- [ ] **contribute** 기여하다, 공헌하다
- [ ] **convenient** 편리한
- [ ] **cutting-edge** 최첨단, 칼날
- [ ] **damages** 손해 배상금
- [ ] **delay** 미루다, 연기하다; 지연, 지체
- [ ] **delicacy** 맛있는 음식, 진미
- [ ] **demonstrate** 시범으로 보여주다, 설명하다, 시위하다
- [ ] **desirable** 바람직한, 호감이 가는
- [ ] **detour** 우회 (도로); 우회하다, 돌아가다
- [ ] **digest** 소화하다, 이해하다
- [ ] **directory** 인명부, 주소 성명록
- [ ] **director** 이사, 책임자, 장(長)
- [ ] **disposal** 처리, 폐기

- [ ] **certify** 증명하다, 증언하다
- [ ] **challenging** 도전해 볼만한, 흥미를 끄는
- [ ] **chronic** 만성의, 고질의
- [ ] **commerce** 상업, 통상, 무역
- [ ] **community** 공동체, 지역사회, 협회
- [ ] **competitive** 경쟁의, 경쟁력이 있는
- [ ] **complexion** 안색, 피부색
- [ ] **comply** 응하다, 따르다
- [ ] **compose** 구성하다, 만들다, 가라앉히다
- [ ] **compulsory** 의무적인, 강제적인
- [ ] **conditional** 조건부의, ~에 달려있는
- [ ] **contagious** (접촉에 의한) 전염병의
- [ ] **contaminant** 오염 물질

abuse
[əbjúːz]
ⓐ abusive 남용하는

ⓥⓝ **남용하다, 오용하다; 남용, 악용**
•• to deliberately use something for the wrong purpose
He abused his position as mayor to give jobs to his friends.
그는 시장으로서의 자신의 직책을 남용하여 자신의 친구들에게 일자리를 주었습니다.

🔖 출제 TIP
• as mayor 시장으로서
as 다음에 관직이나 직책이 오면 가산명사라 하더라도 관사를 쓸 수 없다는 점에 주의한다.

adequate
[ǽdikwət]
ⓢ sufficient
ⓐ inadequate

ⓐ **충분한, 적임인**
•• enough in quantity or quality for a particular purpose
I don't think he's adequate to the work.
그는 그 일에 적임자가 아닌 것 같습니다.

affordable
미[əfɔ́ːrdəbl] 영[əfɔ́ːdəbl]
ⓢ afford (경제적, 시간적으로)
여유가 있다

ⓐ **가격이 적당한, 감당할 수 있는**
•• not expensive
We are sure the house is affordable.
저희는 집의 가격이 적당하다고 확신합니다.

airsick
미[ɛ́ərsik] 영[ɛ́əsik]
ⓝ airsickness

ⓐ **비행기 멀미가 난**
•• feeling sick because of the movement of a plane
If you get airsick, don't overeat before flying.
비행기 멀미를 하면 비행 전에 과식하지 마시오.

🔖 출제 TIP
• sick 속이 메스꺼운, 토할 것 같은 • carsickness 차 멀미
• seasickness 배 멀미

airline
미[ɛ́ərlain] 영[ɛ́əlain]
ⓢ airways

ⓝ **항공 회사, 정기 항공로**
•• a company that takes passengers and goods to different places by plane
Korean Airlines. May I help you?
대한항공입니다. 뭘 도와드릴까요?

alter
미[ɔ́ːltər] 영[ɔ́ːltə]

ⓥ **변경하다, 바꾸다**
•• to change something slightly
We have to alter some of our plans.
계획의 일부를 변경해야 합니다.

amenities
[əménəti;z]

[명] 편의 시설, 오락 시설

•• something that makes a place comfortable to live in

Our hotel is close to shops and local amenities.
저희 호텔은 상점과 지역 편의 시설에 근접해 있습니다.

출제 TIP
단수형 amenity는 '쾌적함, 기분에 맞음'의 의미이나, 주로 복수로 쓰여 '생활 편의 시설'을 의미한다.

anniversary
미[ænəvə́:rsəri]
영[ænəvə́:səri]

[명] 기념일

•• a date on which an important event happened in a previous year

Tomorrow is the 50th anniversary of the Korean War.
내일은 한국 전쟁의 50번째 기념일입니다.

announcement
[ənáunsmənt]

[동] announce 알리다, 발표하다

[명] 알림, 발표

•• an important or official statement

An official announcement of the result was made this morning.
그 결과에 대한 공식적인 발표가 오늘 아침에 있었습니다.

assess
[əsés]

[명] assessment 평가, 판단

[동] (질, 양, 가치를) 평가하다

•• to calculate the value or cost of something

We need to assess whether the project is worth doing.
그 프로젝트를 진행할 가치가 있는 지의 여부를 평가해야 합니다.

출제 TIP
whether(~인지 아닌지)와 weather(날씨)의 소리가 동일하니 혼동하지 않도록 주의한다. access는 '~에의 접근(하다), 이용 방법'의 뜻으로 전치사 to를 수반하고, assess는 '~의 재산, 가치를 평가하다'의 뜻으로, 이들의 의미 차이를 구별하는 문제로 출제된다.

astonish
미[əstániʃ] 영[əstɔniʃ]

[명] astonishment 놀람
[유] amaze

[동] 깜짝 놀라게 하다

•• to surprise someone very much

His sudden appearance astonished them.
그가 갑자기 나타나 그들을 놀라게 했어요.

출제 TIP
• be astonished at/by/to do/that ~에 놀라다
astonished 뒤에 쓸 수 있는 전치사를 기억하고, to부정사나 that절이 오기도 한다.

attraction
[ətrǽkʃən]

[동] attract 끌다

[명] (관광) 명소, 매력

•• something interesting or enjoyable to see or do

The beautiful beach is one of the main attractions in this area.
아름다운 해변 가는 이 지역의 관광 명소 중 하나입니다.

audit
[ɔ́:dit]

[명][동] 회계 감사; 감사하다

•• an official examination of a company's financial records

We will have an audit next month.
다음 달에 회계 감사를 받을 겁니다.

auditorium
[ɔ̀ːditɔ́ːriəm]

[명] **강당, 대 강의실**
•• a large building used for concerts or public meetings
A great concert will be held in the main auditorium.
대형 콘서트가 대강당에서 개최될 것입니다.

출제 TIP
auditorium의 복수는 auditoriums와 auditoria로 –s와 –a의 복수형 어미를 모두 쓸 수 있다.

avenue
[ǽvənjùː]
[유] street, boulevard

[명] **(도시의) 대로, 주요 도로**
•• used in the names of streets in a town or city
There is a new Chinese restaurant on Fifth Avenue.
5번 가에 중국 식당이 새로 생겼습니다.

award
미[əwɔ́ːrd] 영[əwɔ́ːd]

[동][명] **(~에게 상벌, 장학금을) 수여하다; 상, 상품**
•• to give money or a prize following an official decision
The best worker will be judged and awarded.
최고의 직원을 심사하여 상을 드리겠습니다.

balance
[bǽləns]

[명] **잔고, 잔액**
•• the amount of money that you have in your bank account
Please check your bank balance.
당신의 은행 잔고를 확인하시오.

bar
미[baːr] 영[baː]

[명] **법조계, 변호 사단**
•• an organization consisting of lawyers
Do you want to pass your bar exams?
변호사 시험에 합격하고 싶으신가요?

출제 TIP
• be called to the bar 변호사가 되다 • a cocktail bar 칵테일 바
• a bar of chocolate 초콜릿 한 개 • a sandwich bar 샌드위치 전문점
bar에는 '막대기, 법정, 술집, 장벽' 등 여러 가지 뜻이 있으므로 주의한다.

beneficiary
미[bènəfíʃièri]
영[bènəfíʃəri]

[명] **보험금 수취인, 연금 수령인**
•• someone who receives money or property from someone else who has died
Your son will be beneficiary of your will.
당신 아들이 당신이 남긴 유언의 수혜자가 될 겁니다.

board
미[bɔ:rd] 영[bɔ:d]

이사회, 위원회
- a group of people in a company or other organization

The board meeting will be held to discuss company policy.
이사회 회의가 회사 정책을 논의하기 위해 개최될 것입니다.

출제 TIP
- the board of directors 이사진 · a bulletin board 게시판
- board an airplane 비행기에 탑승하다
board가 명사일 경우에는 '판지, 두꺼운 종이, 이사회'의 뜻이고, 동사일 경우에는 '배, 기차, 비행기에 탑승하다'의 뜻이므로 품사를 구별하여 기억한다.

booth
[bu:θ]

칸막이 한 장소
- a small partly enclosed place where one person can do something privately

Please report any problems to the information booth.
무슨 문제든지 안내소로 보고하시오.

browse
[brauz]

검색하다, 대충 훑어보다
- to look at or through something

Please feel free to browse our new site.
저희 새로운 사이트를 마음대로 둘러보십시오.

bulletin
[búlitən]

뉴스 속보
- a short news on TV or radio often about something that has just happened

Half-hourly news bulletins will be helpful to you.
30분마다 방송되는 속보를 들으시면 도움이 될 겁니다.

carrousel
미[kærəsél] 영[kæru:zél]

(공항의) 수하물 컨베이어 벨트, 회전목마
- the moving belt from which you collect your bags at an airport

A lot of passenger's bags are moving on the carrousel.
수많은 승객들의 가방들이 컨베이어 위에서 돌아가고 있습니다.

carry-on
미[kǽriən] 영[kǽriɔn]

기내 지참의
- bags that you are allowed to take onto a plane with you

All carry-on baggage must be stored under your seat.
기내에 지참할 짐은 모두 좌석 밑에 두시오.

casualty
[kǽʒuəlti]

사상자(수), 피해자
- someone who is hurt or killed

The heavy casualties were caused by the accident.
이 사고로 엄청난 사상자가 생겼습니다.

출제 TIP
- casual 격식을 차리 지 않는, 무심한: 평상복 · casually 우연히, 무심코
casualty[kǽʒuəlti]와 유사한 소리가 나는 casual, casually와 혼동하지 않도록 주의하고, 독해 파트에서 품사 별로 의미 차이를 묻는 문제로 출제된다.

charge
미[ʧɑːrdʒ] 영[ʧɑːdʒ]

동형 요금을 부과하다, 청구하다; 요금, 사용료
• • to ask someone for a particular amount of money
We won't charge for delivery if you pay now.
지금 지불하시면 배달료는 청구하지 않습니다.

celebrate
[séləbrèit]
명celebration

동축하하다, 경축하다
• • to show that a day or an event is important
Why don't you celebrate your wedding anniversary at our
fancy restaurant?
당신의 결혼기념일을 저희 근사한 레스토랑에서 축하하는 것이 어떨까요?

certify
미[séːrtəfài] 영[séːtəfài]
명certificate 증명서
형certified 증명된

동증명하다, 증언하다
• • to state that something is correct or true, especially after
some kind of test
The accounts were certified correct by an auditor.
감사관이 그의 회계가 정확하다고 증명하였습니다.

challenging
[ʧælindʒiŋ]
동명challenge
도전하다; 도전

형도전해 볼만한, 흥미를 끄는
• • difficult in an interesting or enjoyable way
Do you want to take a more challenging job?
보다 더 도전적인 직업을 갖고 싶으신가요?

chronic
미[kránik] 영[krónik]
부chronically 만성적으로

형만성의, 고질의
• • continuing or occurring again and again for a long time
What are the main causes of chronic fatigue?
만성적인 피로의 주요 원인이 무엇인가요?

commerce
미[káməːrs] 영[kóməs]
유trade

명상업, 통상, 무역
• • the buying and selling of goods and services
Commerce is all about making money.
상업은 모두 돈을 버는 것과 관련 있습니다.

🔍 출제 TIP
• commercial 상업 광고 방송 • advertisement 광고
commercial이 라디오나 TV의 광고 방송이라면, advertisement를 줄인 ad는 사람들에게
상품, 일자리, 서비스에 대해 알리는 안내문 또는 사진이나 영화 형태의 광고를 의미한다.

community
[kəmjúːnəti]

명공동체, 지역사회, 협회
• • a group of people who have the same interests
There's a large Jewish community living in this area.
이 지역에는 유대인들이 많이 삽니다.

🔍 출제 TIP
community는 공통의 종교, 인종, 이익, 직업을 가진 사람들의 사회를 의미한다.

competitive
[kəmpétətiv]
🔊 compete
🔊 competition

형 경쟁의, 경쟁력이 있는
•• trying very hard to be more successful than others
It's getting very competitive in the car industry.
자동차 산업은 매우 경쟁이 심합니다.

🔑 출제 TIP
• at competitive prices 남보다 싼 가격으로

complexion
[kəmplékʃən]

명 안색, 피부색
•• the natural color or appearance of the skin on your face
The old man had a healthy complexion.
그 노인의 안색은 건강했습니다.

🔑 출제 TIP
유사한 소리가 나는 complex(복잡한, 종합 빌딩)와 혼동을 유도할 수 있으니 주의한다.

comply
[kəmplái]
🔊 compliance 수락, 유순
🔊 compliant 순종하는

동 응하다, 따르다
•• to act according to an order, rules or request
You are supposed to comply with the library rules.
당신은 도서관 규칙을 따라야 합니다.

compose
[kəmpóuz]
🔊 composed
마음이 가라앉은
🔊 consist of

동 구성하다, 만들다, 가라앉히다
•• to be formed from various things
The committee is composed largely of lawyers.
위원회는 주로 변호사들로 구성되어 있습니다.

🔑 출제 TIP
be composed of, consist of, be made up of 는 모두 '~로 구성되어 있다'의 뜻으로, 독해 파트에서 동사의 형태와 전치사와 관련된 문제로 출제된다.

compulsory
[kəmpʌ́lsəri]
🔊 mandatory
🔊 voluntary 자발적인

형 의무적인, 강제적인
•• if something is compulsory, you must do it
It is compulsory for everyone to attend the meeting.
모두 다 회의에 의무적으로 참석해야 합니다.

🔑 출제 TIP
• compulsory education 의무 교육   • compulsory insurance 강제 보험
compulsory와 어울려 짝을 이루는 단어들의 구절을 기억한다.

conditional
[kəndíʃənl]
🔊 unconditional

형 조건부의, ~에 달려있는
•• describing an offer or agreement that depends on
  something else happens first
The delivery of ordered goods is conditional on payment
in advance.
주문하신 상품의 배달은 선 지불을 조건으로 합니다.

contagious
[kəntéidʒəs]

명 contagion 전염, 감염

🔍 **(접촉에 의한) 전염병의**
•• spreading a disease from one person to another
Bird flu is a contagious disease caused by viruses of birds and pigs. 조류 독감은 조류와 돼지의 바이러스로 인한 전염병입니다.

contaminant
[kəntǽmənənt]

통 contaminate 오염시키다
명 contamination

🔍 **오염 물질**
•• a substance that spoils the purity of something
Environmental contaminants are generally perceived as a 21st century problem.
환경오염 물질을 대체로 21세기의 문제로 인식하고 있습니다.

contestant
[kəntéstənt]

통 contest ~을 다투다
유 competitor

🔍 **출전자, 경쟁자**
•• someone who competes in a contest
Our contestants have come from all over the country.
오늘 출전자들은 전국 각지에서 오셨습니다.

contribute
[kəntríbjuːt]

명 contribution

🔍 **기여하다, 공헌하다**
•• to help to make something happen
Your hard work contributed to a 20% increase in sales.
여러분들이 열심히 일해서 매출액이 20% 증가하는 데 기여했습니다.

convenient
[kənvíːnjənt]

명 convenience 편리
반 inconvenient 불편한

🔍 **편리한**
•• suitable for and needs and causing the least difficulty
It is very convenient for you to order by phone.
전화로 주문하시면 매우 편리합니다.

cutting edge
[kʌ́tiŋédʒ]

유 state of the art
최첨단 기술

🔍 **최첨단, 칼날**
•• the most advanced stage in any field
This cell phone is made using the cutting edge of mobile communications technology.
이 휴대폰은 최첨단 이동 통신 기술을 사용하여 만들어졌습니다.

damages
[dǽmidʒiz]

유 compensation 보상금

🔍 **손해 배상금**
•• money paid to someone as a punishment
The court awarded damages. 법원이 피해보상금을 부과했습니다.

💬 **출제 TIP**
단수형 damage는 '피해, 손해', 복수형 damages는 '비용, 손해 배상'의 뜻으로 수에 따른 의미 차이를 묻는 문제로 출제된다.

delay
[diléi]

유 postpone

🔍 **미루다, 연기하다; 지연, 지체**
•• to make something happen at a later time
The train is being delayed by heavy snow.
기차가 폭설로 지연되고 있습니다.

delicacy
[délikəsi]

[명] 맛있는 음식, 진미
•• something good to eat that is expensive or rare
Snails are considered a delicacy in France.
프랑스에서 달팽이는 진미로 여깁니다.

demonstrate
[démənstrèit]
[명] demonstration

[동] 시범으로 보여주다, 설명하다, 시위하다
•• to show or prove something clearly
Will you demonstrate this new machine?
이 새 기계를 시연해 주시겠어요?

desirable
[dizáiərəbl]
[동] desire 원하다, 바라다

[형] 바람직한, 호감이 가는
•• worth having and wanted by most people
The ability to speak English is highly desirable in Korea.
한국에서 영어를 말할 수 있는 능력은 대단히 바람직한 일입니다.

출제 TIP
• desirable 바람직한 • desirous 원하는, 열망하는
어근(desire)이 같지만 의미가 다른 파생어들을 묻는 문제로 출제된다.

detour
[dí:tuər]
[유] bypass

[명][동] 우회 (도로); 우회하다, 돌아가다
•• a way of going from one place to another
You'd be wise to take a detour to avoid the roadwork.
도로 공사를 피하려면 우회하는 것이 현명하겠습니다.

digest
[daidʒést]
[명] digestion 소화
[형] digestive 소화를 돕는

[동] 소화하다, 이해하다
•• to change food in your stomach into substances that your body can use
It takes hours to fully digest food.
음식을 완전히 소화하려면 몇 시간이 걸립니다.

directory
미[diréktəri] 영[dairéktəri]
[유] phone book

[명] 인명부, 주소 성명록
•• a book or list of names, addresses or other facts
You can find the number in the telephone directory.
전화번호부에서 번호를 찾으시오.

director
미[diréktər] 영[dairéktə]

[명] 이사, 책임자, 장(長)
•• someone who controls or manages a company
The company is run by the executive directors.
그 회사는 중역들이 운영합니다.

disposal
[dispóuzəl]

[명] 처리, 폐기
•• the act of getting rid of something
This garbage disposal is connected to a kitchen sink which cuts up food waste.
이 쓰레기 처리기는 주방 싱크대에 부착되어 음식물 쓰레기를 잘게 씹니다.

Words Review

A 다음 설명에 해당하는 단어를 고르시오.

affordable celebrate auditorium bar comply airline directory abuse competitive announcement

1 to show that an event is important by doing something special
2 trying very hard to be more successful than other people or businesses
3 to act according to an order, rules or request
4 not expensive
5 a book or list of names, addresses or other facts
6 to deliberately use something for the wrong purpose
7 a company that takes passengers and goods to different places by plane
8 an important or official statement
9 a large building used for concerts or public meetings
10 an organization consisting of lawyers

B 다음 예문의 빈칸에 해당하는 단어를 골라 쓰시오.

alter assess casualties Avenue carrousel adequate chronic contestants challenging desirable beneficiary compulsory booth contagious delicacy

1 I don't think he's .... to the work.
2 We have to .... some of our plans.
3 We need to .... whether the project is worth doing.
4 There is a new Chinese restaurant on Fifth ....
5 A lot of passenger's bags are moving on the ....
6 People were shocked at the heavy .... caused by the accident.
7 What are the main causes of .... fatigue?
8 It is .... for everyone to attend the meeting.
9 Our .... have come from all over the country.
10 Your son will be .... of your will.
11 Please report any problems to the information ....
12 Do you want to take a more .... job?
13 Bird flu is a .... disease caused by viruses of birds and pigs.
14 Snails are considered a .... in France.
15 The ability to speak English is highly .... in Korea.

Answer

A 1 celebrate 2 competitive 3 comply 4 affordable 5 directory 6 abuse 7 airline 8 announcement 9 auditorium 10 bar

B 1 adequate 2 alter 3 assess 4 Avenue 5 carrousel 6 casualties 7 chronic 8 compulsory 9 contestants 10 beneficiary 11 booth 12 challenging 13 contagious 14 delicacy 15 desirable

오늘 외울 단어 중 자신이 아는 단어를 체크해 보세요.

☐ **flooding** 홍수, 범람
☐ **flight attendant** 비행 승무원
☐ **forecast** 예보하다, 예언하다; 예언
☐ **forum** 공개 토론회, 토론회
☐ **furnished** 가구가 비치된
☐ **generate** 발생시키다, 초래하다
☐ **gradual** 점차적인, 조금씩의
☐ **gratitude** 감사
☐ **hail** 우박; 우박이 내리다
☐ **handle** 처리하다, 다루다
☐ **hub** (교통의) 중심, 중추
☐ **humid** 습한
☐ **imaginable** 상상할 수 있는
☐ **imitation** 모조품, 가짜, 모방

☐ **dispute** 논쟁, 분쟁; 논박하다
☐ **disturb** 방해하다
☐ **dose** 1회 복용량
☐ **drought** 가뭄, 한발
☐ **enable** ~을 가능하게 하다
☐ **entitle** 제목을 붙이다, 자격을 주다
☐ **equipment** 장비, 시설, 비품
☐ **executive** 중역, 임원, 경영진
☐ **experiment** 실험; 실험하다
☐ **facilities** 편의 시설, 설비
☐ **factor** 요인, 요소
☐ **fancy** 고급의, 일류의
☐ **fasten** 꽉 매다, 고정시키다
☐ **fatigue** 피로, 피곤

☐ **junk** 폐물, 못 쓰는 물건, 잡동사니
☐ **lag** 뒤쳐지다, 뒤떨어지다; 뒤떨어짐, 지체
☐ **landlord** 집주인
☐ **lane** 차선
☐ **lasting** 영속적인, 지속적인, 오래 견디는
☐ **layover** 경유지, 비행기 환승 대기 시간
☐ **lead** ~로 이끌다, (어떤 결과에) 이르게 하다; 리드
☐ **literacy** 읽고 쓰는 능력, 교양(교육)이 있음
☐ **loan** 대부, 대여
☐ **locate** ~에 위치하다, ~의 장소를 알아내다
☐ **luxury** 사치, 사치품
☐ **maintenance** 유지(비), 관리, 생계(비)
☐ **make sure** 확인하다, 반드시~하다
☐ **mounting** 점차 증가하는, 커지는

☐ **inconvenience** 불편, 폐
☐ **indicate** 암시하다, 지시하다
☐ **infect** (공기에 의해) 감염시키다, 전염시키다
☐ **inhabitant** 주민, 거주자
☐ **initiate** 시작하다, 개시하다; 개시된; 입문자
☐ **inspiration** 영감, 착상, 자극
☐ **insurance** 보험
☐ **intensive** 집중적인, 강화하는, 철저한
☐ **intermission** 중간 휴게 시간, (공연 중의) 막간
☐ **integrate** 통합하다, (부분, 요소가) 전체를 구성하다
☐ **interfere** 방해하다, 간섭하다, 개입하다
☐ **intuition** 직관, 통찰력
☐ **invention** 발명(품), 고안물

dispute
[dispjúːt]

ⓝⓥ 논쟁, 분쟁; 논박하다
•• a serious argument or disagreement
The union is in dispute with management over pay.
노조가 경영진과 임금에 관해 분쟁 중입니다.

disturb
미[distə́ːrb] 영[distə́ːb]
ⓐ disturbing
ⓢ interrupt

ⓥ 방해하다
•• to interrupt what someone is doing
Sorry to disturb you, but I have an urgent message.
방해해서 죄송하지만 긴급한 메시지가 있습니다.

dose
[dous]
ⓢ dosage

ⓝ 1회 복용량
•• the amount of a medicine or a drug that you should take
Do not exceed the prescribed dose.
처방된 복용량을 초과하지 마시오.

drought
[draut]
ⓢ dryness 건조

ⓝ 가뭄, 한발
•• a long period of dry weather
Drought is a serious problem in many areas.
수많은 지역에서 가뭄이 심각한 문제입니다.

enable
[inéibl]

ⓥ ~을 가능하게 하다
•• to make it possible for someone to do something
The loan will enable you to buy a house.
대출을 받으면 당신이 집을 살 수 있게 될 것입니다.

entitle
[intáitl]
ⓝ entitlement 자격 부여

ⓥ 제목을 붙이다, 자격을 주다
•• to give a title to a book or film
Please participate in the seminar entitled 'How to Communicate with People.'
'사람들과 대화하는 방법'이라는 제목의 세미나에 참석하세요.

equipment
[ikwípmənt]
ⓥ equip 설치하다

ⓝ 장비, 시설, 비품
•• the tools, machines or clothes for a particular job or activity
We are selling camping equipment and clothing.
저희는 야영 장비와 의복을 판매하고 있습니다.

executive
[igzékjutiv]

중역, 임원, 경영진
•• someone in a high position, especially in business
We'll have an executive meeting this afternoon.
오늘 오후에 중역 회의가 있겠습니다.

experiment
[ikspérəmənt]
🔟 experimental

실험; 실험하다
•• a scientific test done to find out how something reacts
They are trying to discover the best solution by experiment.
그들은 실험을 하여 최상의 해결책을 모색하고 있습니다.

facilities
[fəsílətiz]
🔟 facilitate
　~을 용이하게 하다
🔟 amenities

편의 시설, 설비
•• the buildings, equipment and services that are provided
The hotel has leisure facilities.
호텔에는 레저 편의 시설이 있습니다.

출제 TIP
•facility(기능, 재능)-facilities(시설)　•faculty(기능, 재능)-faculties(교수진)
혼동하기 쉬운 어휘와 수에 따른 의미 차이에 주의한다.

factor
미[fǽktər] 영[fǽktə]

요인, 요소
•• one of several things that influence or cause a situation
Stress may be the principal factor in this disease.
스트레스가 이 질병의 주요한 요인일 수 있습니다.

fancy
[fǽnsi]

고급의, 일류의
•• fancy hotels, restaurants, cars etc are expensive
You can enjoy a fantastic dinner with your family in this fancy restaurant.
이 고급 레스토랑에서 가족과 함께 근사한 저녁 식사를 할 수 있습니다.

출제 TIP
fancy와 fanciful(상상의, 공상의, 상상 속에나 나올 법한)의 의미 차이를 묻는 문제로 출제된다.

fasten
미[fǽsn] 영[fɑ́ːsn]
🔟 unfasten

꽉 매다, 고정시키다
•• to make something firmly closed or fixed
Please fasten your seat belts.
좌석 벨트를 매 주십시오.

fatigue
[fətíːg]
🔟 exhaustion

피로, 피곤
•• very great tiredness
How to overcome fatigue and stress is the main issue in the seminar.
피로와 스트레스를 극복하는 방법이 세미나의 핵심입니다.

flooding
[flʌdiŋ]
🔵 flood 범람하다, 물이 넘치다

📙 홍수, 범람
•• a situation in which an area of land becomes covered with water
Some roads have been closed because of flooding.
홍수로 인해 일부 도로가 통제되었습니다.

flight attendant
[flaitəténdənt]

📙 비행 승무원
•• someone who serves passengers on a plane
The primary job of the flight attendants is to make flights comfortable and enjoyable for passengers.
승무원의 우선적인 임무는 승객들을 위하여 비행이 안전하고 즐겁게 되도록 하는 일입니다.

forecast
미[fɔ́ːrkæst] 영[fɔ́ːkaːst]
🔵 predict

📙🔵 예보하다, 예언하다; 예언
•• to say what you expect to happen in the future
Much snow is forecasted for the weekend.
주말에 많은 눈이 예상됩니다.

forum
[fɔ́ːrəm]
🔵 panel discussion

📙 공개 토론회, 토론회
•• a meeting where people can talk about a matter of public interest
An international forum on drug abuse will be held next Monday.
약물 오용에 대한 국제 토론회가 다음 주 월요일에 개최될 것입니다.

furnished
[fə́ːrniʃt]
🔵 built-in 붙박이의
🔵 unfurnished

📙 가구가 비치된, 비품이 갖추어진
•• provided with furniture
Are you looking for a fully furnished flat?
완전히 가구를 갖춘 아파트를 찾고 있나요?

🔵 출제 TIP
flat은 영국에서, apartment는 미국에서 쓰는 표현이다.

generate
[dʒénərèit]
🔵 generative 발생의, 생성의
🔵 create 만들어 내다

📙 발생시키다, 초래하다
•• to produce or cause something
The project will generate enormous interest.
그 프로젝트는 엄청난 관심을 불러일으킬 것입니다.

🔵 출제 TIP
•generation Y (1978년 이후 출생한) Y 세대   •generate funds 자금을 조성하다
동사 generate와 명사 generation의 품사별 의미 차이를 묻는 문제로 출제된다.

gradual
[grǽdʒuəl]
🔵 gradually 점차로

📙 점차적인, 조금씩의
•• happening slowly over a long period of time
There will be a gradual increase in our sales figures.
우리의 매출액에 점진적인 증가가 있을 것입니다.

gratitude
[grǽtətjùːd]

😊 grateful 감사하게 여기는
😠 ingratitude 은혜를 모름

🏷️ 감사
•• the feeling or quality of being grateful
I don't know how to express my gratitude to you all.
여러분 모두에게 어떻게 감사의 마음을 표현해야 할 지 모르겠습니다.

출제 TIP
• gratitude 고마움, 감사하는 마음 • gratuity 선물, 하사금
혼동하기 쉬운 어휘들의 의미를 구별하고, be grateful for~는 '~에 감사해하다'의 뜻으
로 전치사 for와 어울려 쓰인다.

hail
[heil]

🏷️🔊 우박; 우박이 내리다
•• frozen rain drops
Heavy rain and hail are expected with strong winds.
강풍을 동반한 폭우와 우박이 예상됩니다.

handle
[hǽndl]

🔊 처리하다, 다루다
•• to deal with a situation or problem
Leave it to us. We can handle it.
저희에게 맡기세요. 저희가 처리해 드립니다.

hub
[hʌb]

🔗 center

🏷️ (교통의) 중심, 중추
•• the central part of an area, system, activity
London is the financial hub of England.
런던은 영국의 경제 중심지입니다.

humid
[hjúːmid]

🏷️ humidity 습기

🏷️ 습한
•• if the weather is humid, the air is very wet and hot
The weather here in Florida is pretty hot and humid in summer.
이 곳 플로리다의 날씨는 여름이면 상당히 덥고 습합니다.

imaginable
[imǽdʒənəbl]

🏷️ imagination 상상(력)
🔊 imagine 상상하다

🏷️ 상상할 수 있는
•• possible to think of
You will have the chance to find the best thing imaginable.
상상할 수 있는 최상의 것을 찾을 수 있는 기회를 갖게 될 것입니다.

출제 TIP
• imaginable 상상할 수 있는 • imaginative 상상력이 풍부한
• imaginary 상상에만 존재하는, 가상의
어근(imagine)이 같지만 혼동하기 쉬운 파생어들의 의미 차이를 묻는 문제로 출제된다.

imitation
[ìmətéiʃən]

🔊 imitate 모방하다
🏷️ imitative 모조의
🔗 fake

🏷️ 모조품, 가짜, 모방
•• a copy of something
Please beware of imitation from the original.
원작의 모조품을 주의하시오.

inconvenience
[ìnkənvíːnjəns]
🔄 convenience 편안함

🔍 **불편, 폐**
•• a state or an example of problems or trouble
We apologize for any inconvenience caused by the late arrival of the train.
기차 연착으로 불편함을 끼쳐 드린 점 사과드립니다.

indicate
[índikèit]
😊 indication
😊 suggest 시사하다

🔍 **암시하다, 지시하다**
•• to show that a particular situation exists
This study indicates that people are investing today more than before.
이 연구가 암시하는 바는 오늘날 사람들이 전에 비해 더 많은 투자를 하고 있다는 것입니다.

infect
[infékt]
😊 infection
😊 infected 전염된, 감염된

🔍 **(공기에 의해) 감염시키다, 전염시키다**
•• to pass a disease to a person, animal or plant
People with a cold may infect anyone through the air.
감기에 걸린 사람들은 공기를 통해 누구든지 감염시킬 수 있습니다.

inhabitant
[inhǽbətənt]
😊 inhabit 살다, 거주하다

🔍 **주민, 거주자**
•• one of the people who live in a particular place
The town has about a thousand inhabitants.
그 마을에는 약 천 명의 주민이 살고 있습니다.

initiate
[iníʃièit]
😊 start

🔍 **시작하다, 개시하다, 착수하다; 개시된; 입문자**
•• to cause something to begin
Here are some tips on how to effectively initiate a new project.
새로운 프로젝트를 효과적으로 시작하는 방법에 관해 몇 가지 비책을 소개합니다.

inspiration
[ìnspəréiʃən]
😊 inspire ~에 영감을 주다

🔍 **영감, 착상, 자극**
•• someone or something that gives you ideas for doing something
Traveling may give you a source of inspiration.
여행은 당신에게 영감을 제공해 주는 원천이 될 수도 있습니다.

insurance
[inʃúərəns]
😊 insure 보험에 들다

🔍 **보험**
•• an agreement in which you pay a company money and they pay your costs if you have an accident or injury
Do you have a health insurance?
당신은 의료 보험이 있습니까?

intensive
[inténsiv]
🔵 intensively 철저하게

🔵 **집중적인, 강화하는, 철저한**
•• involving a lot of activity, effort, in a short period of time
We will help you get your driving license during the four week intensive course.
4주간의 집중 코스 동안에 당신이 운전면허증을 취득하도록 도와 드리겠습니다.

intermission
미[intərmíʃən] 영[intəmíʃən]
🔵 interlude, interval

🔵 **중간 휴게 시간, (공연 중의) 막간**
•• a short period of time between the parts of a play, concert
There will be a short intermission during the show.
쇼 중간에 짧은 중간 휴식이 있을 예정입니다.

integrate
[íntəgrèit]
🔵 integration
🔵 integrated 조직화된, 일관 생산된

🔵 **통합하다, (부분, 요소가) 전체를 구성하다**
•• to combine things in order to become more effective
Our goal is to integrate technology with information.
우리의 목표는 기술과 정보를 통합하는 것입니다.

intuition
[intjuːíʃən]
🔵 intuitive 직관에 의한
🔵 intuitively 직관적으로
🔵 instinct 본능

🔵 **직관, 통찰력**
•• an ability to know something immediately
We use intuition to know what is right and wrong.
우리는 무엇이 옳고 그른지를 직관을 사용하여 알게 됩니다.

invention
[invénʃən]
🔵 invent 발명하다

🔵 **발명(품), 고안물**
•• a useful machine, tool that has been invented
This product is a new and wonderful invention.
이 제품은 새롭고도 놀라운 발명품입니다.

📎 출제 TIP
• invention (발명) – an invention (발명품)
• success (성공) – a success (성공한 사람, 성공작)
• failure (실패) – a failure (실패자, 실패작)
불가산명사인 추상명사가 부정관사와 함께 쓰이게 되면 보통명사로 바뀌는 것에 주의한다.

junk
[dʒʌŋk]

🔵 **폐물, 못 쓰는 물건, 잡동사니**
•• old or unwanted objects that have no use or value
The attic is full of all the old junk.
다락방에는 온갖 오래된 잡동사니들로 가득 차 있습니다.

📎 출제 TIP
• junk food 칼로리는 높으나 영양가가 낮은 즉석 음식
• junk food journalism 뉴스 가치를 도외시한 흥미 위주의 보도

lag
[læg]

動形 뒤처지다, 뒤떨어지다; 뒤떨어짐, 지체
•• to move or develop more slowly than others
Sales of used cars are lagging behind.
중고 자동차 판매가 부진합니다.

🔖 출제 TIP
• a culture lag 문화 지체　• a time lag 시간의 지체
lag와 소리가 유사한 leg[leg]와의 혼동에 주의하고, 독해 파트에서는 lag 뒤에 전치사 behind를 묻는 문제로 출제된다.

landlord
미[lǽndlɔːrd] 영[lǽndlɔːd]
⊕ owner

名 집주인
•• a man who rents a room, building to someone
Be sure to return the key to the landlord.
틀림없이 키를 주인에게 돌려주시오.

🔖 출제 TIP
• landlady 여자 집주인　• tenant 세입자, 임차인

lane
[lein]

名 차선
•• one of the two or three parallel areas on a road
Do not change lanes suddenly in front of another vehicles.
다른 차량 앞에서 갑자기 차선을 변경하지 마시오.

🔖 출제 TIP
lane의 [l]소리와 rain의 [r]소리가 혼동을 유도하니 주의해서 구별한다.

lasting
미[lǽstin] 영[lάːstin]
⊕ permanent 영구적인
⊜ last 지속하다

形 영속적인, 지속적인, 오래 견디는
•• continuing to exist for a long time or forever
We need to find a lasting resolution to this problem.
우리는 이 문제에 대한 영구적인 해결책을 찾아야 합니다.

layover
미[léiouvər] 영[léiouvə]
⊕ stopover

名 경유지, 비행기 환승 대기 시간
•• a short stay between parts of a journey
This ticket includes a layover in Singapore.
이 티켓은 싱가포르를 경유합니다.

lead
[liːd]

動名 ~로 이끌다, (어떤 결과에) 이르게 하다; 리드, 선두
•• to cause something to happen
Reducing fat and weight could lead to be healthier.
지방과 체중을 줄이게 되면 보다 더 건강하게 될 수 있습니다.

literacy
[lítərəsi]
- literate 글을 읽고 쓸 수 있는
- illiteracy

명 읽고 쓰는 능력, 교양(교육)이 있음
- the ability to read and write

Computer literacy is an essential skill today.
오늘날 컴퓨터 조작 능력은 필수적인 기능입니다.

출제 TIP
- computer literacy 컴퓨터를 쓸 수 있는 능력
- information literacy 도서관과 컴퓨터를 이용하는 정보 활용 능력
- cultural literacy 교양, 문화소양
literacy와 어울려 같이 쓰이는 구절들을 기억한다.

loan
[loun]

명 대부, 대여
- an amount of money that you borrow from a bank

Do you know how much your monthly loan payment will be?
월별 대출금이 얼마나 될지 아십니까?

locate
[lóukeit]
- location 위치
- be situated

동 ~에 위치하다, ~의 장소를 알아내다
- to be in a particular position or place

Our office is located on the second floor.
저희 사무실은 2층에 위치해 있습니다.

luxury
미[lΛgʒəri] 영[lΛkʃəri]
- luxurious

명 사치, 사치품
- something expensive that you do not need

Sales of luxury goods are booming despite a period of stagnation.
불경기에도 불구하고 사치품 판매가 붐을 일으키고 있습니다.

maintenance
[méintənəns]
- maintain 유지하다

명 유지(비), 관리, 생계(비)
- the process of keeping something in good condition

Motorcycles need a lot of more maintenance than a car.
오토바이는 자동차보다 훨씬 더 유지비가 많이 듭니다.

make sure
미[meikʃúər] 영[meikʃúə]
- ascertain, be sure

동 확인하다, 반드시 ~하다
- to find out if something is true or to check that something has been done

Make sure your modem is connected to the phone line.
모뎀이 전화선에 연결되어 있는지 확인하시오.

mounting
[máuntiŋ]
- mount 오르다; 언덕, 산

형 점차 증가하는, 커지는

Prices are mounting up steadily.
물가가 계속 오르고 있습니다.

출제 TIP
mount up은 '규모나 양이 점차 증가하여 늘어나다'의 뜻으로 전치사 up과 어울려 같이 쓰인다.

Words Review

A 다음 설명에 해당하는 단어를 고르시오.

disturb interfere forum flight attendant landlord inspiration hub humid literacy loan

1 to deliberately get involved in a situation
2 a man who rents a room, building, or piece of land to someone
3 a meeting where people can talk about a matter of public interest
4 to interrupt what someone is doing
5 the central and most important part of an area, system, activity etc.
6 the state of being able to read and write
7 someone who serves food and drinks to passengers on a plane
8 someone or something that gives you ideas for doing something
9 an amount of money that you borrow from a bank
10 if the weather is humid, the air is very wet and hot

B 다음 예문의 빈칸에 해당하는 단어를 골라 쓰시오.

maintenance inhabitants gradual generate inconvenience flooding Make sure
lead infect fatigue factors facilities mounting junk fancy

1 You can enjoy a fantastic dinner with your family in this .... restaurant.
2 The attic is full of all the old ....
3 Motorcycles need a lot of more .... than a car.
4 The project will .... enormous interest.
5 .... your modem is connected to the phone line.
6 We apologize for any .... caused by the late arrival of the train.
7 People with a cold may .... anyone through the air.
8 The rise in crime is mainly due to social and economic ....
9 The town has about a thousand ....
10 There will be a .... increase in our sales figures.
11 Prices are .... up steadily.
12 How to overcome .... and stress is the main issue in the seminar.
13 Reducing fat and weight could .... to be healthier.
14 The hotel has leisure ....
15 Some roads have been closed because of ....

Answer

Ⓐ 1 interfere 2 landlord 3 forum 4 disturb 5 hub 6 literacy 7 flight attendant 8 inspiration 9 loan 10 humid
Ⓑ 1 fancy 2 junk 3 maintenance 4 generate 5 Make sure 6 inconvenience 7 infect 8 factors 9 inhabitants
10 gradual 11 mounting 12 fatigue 13 lead 14 facilities 15 flooding

오늘 외울 단어 중 자신이 아는 단어를 체크해 보세요.

- [ ] **obey** 따르다, 복종하다
- [ ] **official** 관리, 임원; 공식적인
- [ ] **off-limits** 출입 금지의, 사용이 금지된
- [ ] **off-season** 비수기
- [ ] **option** 선택권, 선택의 자유, 선택 사양
- [ ] **ornament** 장식품; 장식하다
- [ ] **outbound** 외국행의, 시외로 가는
- [ ] **outdated** 구식의, 시대에 뒤떨어진
- [ ] **outlet** 소매점, 출구, 콘센트
- [ ] **outpatient** 외래 환자
- [ ] **overcast** 흐린, 구름으로 덮인
- [ ] **overseas** 해외의; 외국으로; 해외
- [ ] **overview** 개요, 개략
- [ ] **overweight** 과체중; 중량 초과의

- [ ] **manufacture** 제조, 제작; (대규모로) ~을 제조하다
- [ ] **margin** 판매 수익, 이문
- [ ] **marketplace** 시장, 장터
- [ ] **masterpiece** 걸작
- [ ] **means** 수단, 방법
- [ ] **merchandise** 제품, 상품
- [ ] **misleading** 오도하는, 오해하게 만드는
- [ ] **mistaken** 잘못된
- [ ] **modest** 겸손한, 신중한, 삼가는
- [ ] **monitor** 감시하다, 검열하다; 모니터, 감시자
- [ ] **nationwide** 전국에 걸친; 전국적으로
- [ ] **niche** 시장의 틈새
- [ ] **notable** 눈에 띄는, 주목할 만한
- [ ] **novice** 초심자, 무경험자

- [ ] **owe** 지불할 의무를 지고 있다, ~의 덕을 보고 있다.
- [ ] **peripheral** (컴퓨터의) 주변기기; 주위에 있는
- [ ] **perm** 파마; 파마하다
- [ ] **periodical** 정기 간행물
- [ ] **power** 전력, 동력; 동력을 공급하다
- [ ] **precisely** 정확하게
- [ ] **preferable** 오히려 더 나은, 바람직한
- [ ] **premise** 건물을 포함한 토지
- [ ] **previous** 앞의, 이전의
- [ ] **proofread** 교정보다, 교정쇄를 읽다
- [ ] **protect** 보호하다, ~로부터 지키다
- [ ] **prohibit** 금지하다, (법률, 권한으로) ~을 금하다
- [ ] **publication** 출판, 출판물

- [ ] **qualification** 자격
- [ ] **rare** 희귀의, 진귀한, 드문
- [ ] **reception** 접수처, 환영회
- [ ] **reduction** 감소, 삭감, 할인
- [ ] **refreshments** (가벼운) 음식물, 다과, 원기 회복물
- [ ] **regret** 유감으로 여기다; 유감, 후회
- [ ] **renowned** 유명한, 명성 있는
- [ ] **rely** 의지하다, 신뢰하다
- [ ] **relocate** 이전하다, 전근하다
- [ ] **replace** 대신하다, 대체하다, 제자리에 놓다
- [ ] **retired** 은퇴한, 퇴직한
- [ ] **reward** 보상, 보답; 상을 주다
- [ ] **roughly** 대략, 대충
- [ ] **seasoning** 조미료

manufacture
미[mǽnjufæ̀ktʃər]
영[mǽnjufæ̀ktʃə]
💬 goods, products

명⑤제조, 제작; (대규모로) ~을 제조하다
•• the process of making goods or materials using machines
The solution is to reduce the cost of manufacture.
해결책은 제조비용을 줄이는 것입니다.

🔍 출제 TIP
• the manufacture of cars 자동차 생산   • cotton manufactures 면제품
단수형 manufacture는 '대량 생산, 제조'를 의미하고, 복수형 manufactures는 '제품,
상품'을 의미하므로 수에 따른 의미 차이를 묻는 문제로 출제된다.

margin
미[mɑ́ːrdʒin] 영[mɑ́ːdʒin]
💬 profit

명판매 수익, 이문
•• the difference between the selling and buying price of
an item
Margins are low and many companies are struggling.
이윤이 낮아서 많은 회사들이 어려움을 겪고 있습니다.

marketplace
미[mɑ́ːrkitpleis]
영[mɑ́ːkitpleis]

명시장, 장터
•• an open area in a town where a market is held
This big marketplace is held on Fridays.
이 큰 시장이 금요일마다 열립니다.

masterpiece
미[mǽstərpiːs]
영[mɑ́ːstəpiːs]
💬 masterwork

명걸작
•• a work of art which is made with great skill
The greatest painter's masterpieces are being exhibited in
this gallery.
위대한 화가들의 작품들을 이 화랑에서 전시하고 있습니다.

means
[miːnz]
💬 mean 의미하다

명수단, 방법
•• a way of doing or achieving something
Many people in a city use the subway as a means of
transport.
도시에 사는 많은 사람들이 교통수단으로 지하철을 이용합니다.

🔍 출제 TIP
동사 mean(의미하다)과 형용사 mean(비열한)의 의미 차이를 기억한다.

merchandise
미[mɑ́ːrtʃəndàiz]
영[mɑ́ːtʃəndàiz]
💬 merchandising
판촉, 상품화 계획

명제품, 상품
•• goods that are being sold
We are selling the best merchandise.
저희는 최상의 제품을 판매합니다.

🔍 출제 TIP
goods는 상품의 소재나 용도에 강조점이 있을 경우에 쓰고, merchandise는 상품 자
체보다는 행사나 브랜드 홍보용을 위한 상품이나 사고 파는 행위에 강조점이 있을 경
우에 쓴다.

misleading
[mislí:diŋ]
😊 mislead 잘못 인도하다

🔖 **오도하는, 오해하게 만드는**
•• likely to make you believe something that is not true
What would you do if you receive misleading information about your finance?
당신의 재정에 대해 그릇된 정보를 듣게 되면 어떻게 하시겠습니까?

mistaken
[mistéikən]
😊 mistake 실수, 잘못
😊 mistakenly 잘못되게

🔖 **잘못된**
•• wrong in what you believe
I'm afraid you're mistaken about the price.
가격에 대해 잘못 아신 것 같습니다.

modest
미[mádist] 영[mɔ́dist]
😊 modesty
😊 modestly
😊 immodest

🔖 **겸손한, 신중한, 삼가는**
•• not having or showing pride
Be modest about your success.
당신의 성공에 대해 겸손하십시오.

monitor
미[mánətər] 영[mɔ́nətə]

🔖 **감시하다, 검열하다; 모니터, 감시자**
•• to carefully watch and check a situation
You ought to monitor the stocks.
당신은 주식 시황을 살펴야 합니다.

nationwide
[néiʃənwàid]

🔖 **전국에 걸친; 전국적으로**
•• happening or existing in every part of the country
There are over 500 franchise stores nationwide.
전국적으로 500개 이상의 가맹점이 있습니다.

niche
미[nitʃ] 영[ni:ʃ]

🔖 **시장의 틈새**
•• an opportunity to sell a product or service
We help you to find niche markets.
저희는 당신이 틈새시장을 찾도록 도와드립니다.

🔖 출제 TIP
niche market 수익 가능성이 높은 특정 틈새시장

notable
[nóutəbl]
😊 note 주목하다

🔖 **눈에 띄는, 주목할 만한**
•• important, unusual enough to be noticed or mentioned
The notable change is that the price decreased by about 5%.
주목할 만한 변화는 가격이 약 5% 감소되었다는 것입니다.

novice
미[návis] 영[nɔ́vis]
😊 beginner

🔖 **초심자, 무경험자**
•• a person who is not experienced in a job or situation
This language course is ideal for novices.
이 어학 코스는 초심자에게 이상적입니다.

obey
미[oubéi] 영[əbéi]
🅝 obedience 순종
🅐 disobey

🔍🅥 따르다, 복종하다
•• to do what one is told to do by someone
Everyone has to obey the traffic rules.
누구나 다 교통 법규를 지켜야 합니다.

💬 출제 TIP
obey는 타동사이므로 다음에 전치사가 올 수 없다는 것에 주의한다.

official
[əfíʃəl]

🔍🅝🅐 관리, 임원; 공식적인, 공무상의
•• someone who is in a position of authority
Immigration officials will ask to see your papers.
이민국 직원이 당신의 서류를 보자고 할 것입니다.

💬 출제 TIP
• official affairs 공무 • a senior official 고위 공무원
official의 품사별 의미 차이에 주의하고, 명사형은 고위 공무원이나 관리를 의미한다.

off limits
[ʌ́flímits]
🅐 on limits 출입 허가의

🅐 출입 금지의, 사용이 금지된
•• not allowed to go there
This area is off limits to outsiders.
이 지역은 외부인에게 출입 금지 구역입니다.

off season
[ʌ́fsíːzn]
🅢 low season
🅐 high season, peak season

🅝 비수기
•• the time of year when not many people are taking holidays
Most hotels are closed in the off season.
대부분의 호텔들은 비수기에 문을 닫습니다.

option
미[ápʃən] 영[ɔ́pʃən]
🅐 optional

🅝 선택권, 선택의 자유, 선택 사양
•• a choice you can make in a particular situation
There are two options for cutting distribution costs.
유통 비용을 절감하기 위한 선택 사항이 두 가지가 있습니다.

ornament
미[ɔ́ːrnəmənt]
영[ɔ́ːnəmənt]
🅐 ornamental
🅢 decoration

🅝🅥 장식품; 장식하다
•• an object which is beautiful rather than useful
You can get a variety of ornaments for a Christmas tree.
크리스마스트리를 장식할 다양한 장식품들을 구입할 수 있습니다.

outbound
[áutbaund]
🅐 inbound

🅐 외국행의, 시외로 가는
•• moving away from a town, country
There has been an increase in outbound passengers during vacations.
휴가기간 동안 외국으로 나가는 승객들이 증가하였습니다.

outdated
[autdéitid]
ⓐ old-fashioned

ⓐ **구식의, 시대에 뒤떨어진**
•• no longer considered useful or effective
The factory is full of outdated equipment.
그 공장은 구식 장비로 가득 차 있습니다.

outlet
[áutlet]

ⓝ **소매점, 출구, 콘센트**
•• a place that sells things for less than the usual price
The outlet has an amazing selection of digital cameras at low prices.
그 소매점에는 저렴한 가격의 디지털 카메라들이 놀라울 정도로 다양합니다.

outpatient
[áutpeiʃənt]
ⓐ inpatient

ⓝ **외래 환자**
•• someone who goes to a hospital for treatment but does not stay for the night
Outpatients just come for diagnosis and then leave.
외래 환자는 진찰을 받으러 와서 진찰을 받은 다음 돌아갑니다.

overcast
미[óuvərkæst]
영[óuvəkast]
ⓐ gloomy

ⓐ **흐린, 구름으로 덮인**
•• dark with clouds
The weather has been cold and overcast lately.
날씨가 최근 계속해서 춥고 흐렸습니다.

overseas
미[òuvərsíːz] 영[òuvəsíːz]
ⓐ home 국내의

ⓐⓐ **해외의; 외국으로**
•• in from or to other countries
They will continue increasing their overseas investment over the next few years.
그들은 향후 몇 년에 걸쳐 해외 투자를 계속해서 늘릴 것입니다.

🔖 출제 TIP
• overseas trade 해외(의) 무역 • go overseas 해외로 가다
go overseas에서 overseas가 부사이므로 전치사 to를 쓰지 않도록 주의한다.

overview
미[óuvərvjuː] 영[óuvəvjuː]

ⓝ **개요, 개략**
•• a short description of a subject or situation
I'll give you a brief overview of what the project involves.
그 프로젝트와 관련된 일에 대해 간략하게 개괄적으로 설명하겠습니다.

owe
[ou]
ⓐ owing 빚지고 있는, ~에 기인한

ⓥ **지불할 의무를 지고 있다, ~의 덕을 보고 있다.**
•• to need to pay someone
Make sure to check the money owed to credit card companies.
신용 카드사에 갚아야 할 돈을 반드시 확인하시오.

overweight

미[òuvərwéit]
영[òuvəwéit]

🔄 underweight

🔍🔊 **과체중; 중량 초과의**

•• too heavy and fat

Overweight in childhood may incur the risk of overweight in adulthood.
어린 시절의 과체중은 성인 시절에 과체중이 될 위험을 초래할 수 있습니다.

peripheral

[pərífərəl]

🔍🔊 **(컴퓨터의) 주변기기; 주위에 있는**

•• a piece of equipment that can be connected to a computer

We supply top quality computer peripherals.
저희는 최고 품질의 컴퓨터 주변 기기를 공급합니다.

perm

미[pəːrm] 영[pəːm]

🔍🔊 **파마; 파마하다**

•• process in which you make straight hair curly

Why don't you drop by and get a perm at a reasonable price?
한번 들르셔서 저렴한 가격으로 파마를 해보시지요.

📌 출제 TIP
• have a perm 파마를 하다   • a permanent job 영구적인 직장
perm은 permanent(영구적인)에서 나온 말이다.

periodical

미[pìəriádikəl]
영[pìəriɔ́dikəl]

🔊 periodic 주기적인

🔊 **정기 간행물**

•• a magazine that is published regularly

Please return all periodicals back to the reference area.
정기 간행물을 참고 도서실로 반납해 주십시오.

📌 출제 TIP
• subscribe to a periodical 정기 간행물을 구독하다
• subscribe to charities 자선 사업에 기부하다
subscribe는 뒤에 전치사 to를 쓴다는 점을 기억한다.

power

미[páuər] 영[páuə]

🔍🔊 **전력, 동력; 동력을 공급하다**

•• electricity that is used in houses or factories

Attention, please. Power has gone.
알려 드립니다. 정전입니다.

precisely

[prisáisli]

🔊 precise

🔊 **정확히**

•• accurately and exactly

This is precisely what's happening in this area.
이는 정확히 이 지역에서 일어나고 있는 일입니다.

preferable

[préfərəbl]

🔊 prefer 선호하다

🔊 **오히려 더 나은, 바람직한**

•• better or more suitable

An enthusiastic applicant is preferable for this post.
이 자리에는 열정적인 지원자가 더 낫습니다.

premises
[prémisiz]

명 건물을 포함한 토지
•• the buildings that a shop, restaurant or company uses
The new premises will provide more facilities for employees.
새 건물은 직원들을 위한 더 많은 편의 시설들을 제공할 것입니다.

출제 TIP
• industrial premises 산업 부지   • on/in the premises 구내에서
premises는 복수로 쓰여 '한 사업체가 사용하는 건물이 딸린 부지'를 말한다.

previous
[príːviəs]

형 앞의, 이전의
•• before a particular time or event
We are looking for a secretary with previous experience.
사전 경험이 있는 비서를 찾고 있습니다.

출제 TIP
• previous to the event 행사에 앞서서   • prior to the war 전쟁 이전에
뒤에 than을 쓰지 않고 라틴어 비교급 to를 묻는 문제로 출제된다. previous는 '시간적
으로 이야기하고 있는 일의 바로 앞'을 의미하고, prior는 '어느 특정한 시간보다 이전의'
의 뜻이다.

proofread
[prúːfriːd]

통 교정보다, 교정쇄를 읽다
•• to find any mistakes in proofs
You need someone to proofread your articles.
당신의 기사를 교정보는 사람이 필요합니다.

출제 TIP
• proof 증거, 입증   • proofs 교정쇄
단수, 복수에 따라 의미가 달라지는 어휘들을 묻는 문제로 출제된다.

protect
[prətékt]
형 protective

통 보호하다, ~로부터 지키다
•• to keep someone or something safe from injury, damage
or loss
It is the business of the lawyer to protect his client.
자신의 고객을 보호하는 것이 변호사의 업무이다.

prohibit
[prouhíbit]
명 prohibition
유 ban, forbid

통 금지하다, (법률, 권한으로) ~을 금하다
•• to say that an action is illegal or not allowed
Taking pictures in the museum is strictly prohibited.
박물관에서는 사진 촬영을 엄히 금합니다.

출제 TIP
prohibited는 부사 strictly와 어울려 자주 쓰인다.

publication
[pʌbləkéiʃən]
통 publish 출판하다

명 출판, 출판물
•• the process of printing a book or magazine
The ideal candidate will have editorial experience in
consumer publications.
지원자는 상업 출판업계에서 편집 경력이 있어야 합니다.

qualification
[kwὰləfikéiʃən]
- qualified 자격이 있는
- qualify 자격을 부여하다

자격
•• an ability or experience that makes you suitable for a particular job or position

Sincerity is a necessary qualification for this job.
성실성이 이 일에 필요한 자격입니다.

rare
미[rɛər] 영[rɛə]
- unusual
- common

희귀의, 진귀한, 드문
•• not seen or found very often

This species of plant is becoming increasingly rare.
이 종의 식물이 점점 희귀해지고 있습니다.

> 출제 TIP
> rare(고기가 덜 익은)의 소리와 동일하므로 혼동하지 않도록 주의한다.

reception
[risépʃən]

접수처, 환영회
•• the place where people go when they first arrive

Please sign in at the reception desk.
접수대에서 가입하시오.

reduction
[ridΛkʃən]
- reduce 줄이다

감소, 삭감, 할인
•• a decrease in the size, price, or amount of something

There have been massive reductions in manufacturing employment.
계속해서 제조업계의 채용이 대폭적으로 줄었습니다.

refreshments
[rifréʃmənts]

(가벼운) 음식물, 다과, 원기 회복물
•• small amounts of food and drink provided at a meeting or sports event

Refreshments will be served after the meeting.
회의가 끝난 후에 간식이 제공됩니다.

regret
[rigrét]

유감으로 여기다, 안타까워하다; 유감, 후회
•• to feel sorry about something you have done

We regret that we cannot provide refunds.
환불해 드릴 수 없어서 유감스럽게 생각합니다.

renowned
[rináund]
- famous

유명한, 명성 있는
•• known and admired by a lot of people

This museum is renowned for its various collections of traditional artwork.
이 박물관은 전통적인 예술품을 다양하게 소장한 것으로 유명합니다.

relocate
ㅁ[riːlóukeit] 영[riːloukéit]
> 명 relocation 전근

🔑 동 이전하다, 전근하다
•• to move to a different place
The company will relocate to Sydney.
그 회사가 시드니로 이전할 것입니다.

rely
[rilái]
> 명 reliance 믿음

🔑 동 의지하다, 신뢰하다
•• to trust or depend on someone or something
People rely on the Internet for information.
사람들이 정보를 얻으려고 인터넷에 의존합니다.

replace
[ripléis]
> 명 replacement 대체, 교환

🔑 동 대신하다, 대체하다, 제자리에 놓다
•• to take the place of something
Robots will soon replace people in many parts of the world.
곧 로봇이 많은 분야에서 사람을 대신할 것입니다.

retired
ㅁ[ritáiərd] 영[ritáiəd]
> 동 retire
> 명 retirement

🔑 형 은퇴한, 퇴직한
•• having stopped working, usually because of your age
A retired man told me about the company.
한 퇴직자가 나에게 그 회사에 대해서 말했습니다.

reward
ㅁ[riwóːrd] 영[riwóːd]

🔑 명동 보상, 보답; 상을 주다
•• something given in exchange for good behavior
Anybody can receive a reward according to the achievement of the work.
일의 성취에 따라서 누구라도 보상을 받을 수 있습니다.

roughly
[rʌfli]
> 형 rough 대강의
> 🔁 approximately

🔑 부 대략, 대충
•• not exactly; about
It will cost roughly $10,000.
비용이 대략 10,000달러는 들 것입니다.

seasoning
[síːzəniŋ]

🔑 명 조미료
•• a substance added to food to improve its flavor
The taste of food depends on quality of raw food used, seasoning, timing and order.
음식의 맛은 재료의 질, 조미료, 시간 및 순서에 따라 다릅니다.

🔍 출제 TIP
유사한 소리가 나는 season(계절)과 혼동하지 않도록 주의한다.

Words Review

A 다음 설명에 해당하는 단어를 고르시오.

modest prohibit overweight misleading reduction relocate mistaken merchandise publication owe

1 a decrease in the size, price, or amount of something
2 too heavy and fat
3 goods that are being sold
4 likely to make someone believe something that is not true
5 to move to a different place
6 to say that an action is illegal or not allowed
7 wrong in what you believe
8 to need to pay someone
9 not having or showing pride
10 the process of printing a book or magazine

B 다음 예문의 빈칸에 해당하는 단어를 골라 쓰시오.

novices peripheral qualification retired obey Power Refreshments precisely regret owed overcast preferable roughly replace periodicals

1 Please return all .... back to the reference area.
2 This language course is ideal for ....
3 We supply top quality computer ....
4 Everyone has to .... the traffic rules.
5 A .... man told me about the company.
6 .... will be served after the meeting.
7 We .... that we cannot provide refunds.
8 Attention, please. .... has gone.
9 This is .... what's happening in this area.
10 Make sure to check the money .... to credit card companies.
11 The weather has been cold and .... lately.
12 It will cost .... $10,000.
13 Sincerity is a necessary .... for this job.
14 An enthusiastic applicant is .... for this post.
15 Robots will soon .... people in many parts of the world.

Answer

A 1 reduction 2 overweight 3 merchandise 4 misleading 5 relocate 6 prohibit 7 mistaken 8 owe 9 modest 10 publication

B 1 periodical 2 novices 3 peripheral 4 obey 5 retired 6 Refreshments 7 regret 8 Power 9 precisely 10 owed 11 overcast 12 roughly 13 qualification 14 preferable 15 replace

Part 5 빈출 어휘
Incomplete Sentences
단문 빈칸 채우기

오늘 외울 단어 중 자신이 아는 단어를 체크해 보세요.

☐ **accessible** 접근하기 쉬운, 입수하기 쉬운
☐ **accidentally** 우연히, 뜻하지 않게
☐ **accommodations** 숙박시설
☐ **accustomed** ~에 익숙해진, 습관이 된
☐ **agriculture** 농업
☐ **accountable** 책임이 있는, 설명할 수 있는
☐ **accurate** 정확한, 틀림없는
☐ **accuse** 기소하다, 고발하다, 비난하다
☐ **additional** 부가적인, 추가의
☐ **advisable** 바람직한, 권할 만한, 현명한
☐ **affect** 영향을 미치다, 감동시키다
☐ **align** 정렬시키다, 나란히 맞추다
☐ **allergic** 알레르기의
☐ **amazement** 깜짝 놀람

☐ **analysis** 분석, 해석
☐ **anticipate** 예상하다
☐ **apprehensive** 걱정하는, 염려하는
☐ **appreciate** 고맙게 여기다, 진가를 알다
☐ **approximate** 대략의, 거의 비슷한;
　　　　　　　　 어림잡다, 근접하다
☐ **argumentative** 논쟁적인, 따지기를 좋아하는
☐ **ascertain** 확인하다, 규명하다
☐ **aspect** 양상, 국면, 정세
☐ **assert** 주장하다, 단언하다
☐ **assign** 할당하다, 배당하다
☐ **associate** 관련시키다, 연상하다, 결합시키다
☐ **authentic** 진짜의, 진품의
☐ **automate** 자동화하다
☐ **barely** 거의 ~하지 않다

☐ **chronological** 연대순의
☐ **circulate** (화폐가) 유통하다, 유포시키다
☐ **claim** 청구; 요구하다, 청구하다
☐ **clearance** 처분, 정리
☐ **clearly** 분명하게, 명료하게
☐ **comparable** 필적하는, 상응하는
☐ **compensate** 보상하다, 변상하다
☐ **complete** 끝내다; 완전한, 완성된
☐ **comprehensive** 포괄적인, 종합적인
☐ **commonplace** 평범한, 흔한; 평범한 말, 흔한 일
☐ **concord** (의견, 이해의) 일치, 조화
☐ **concurrent** 동시 발생의, 일치하는
☐ **confidential** 기밀의, 은밀한, 비밀을 털어놓는
☐ **consecutive** 연속적인, 계속되는

☐ **ban** 금지, 금제; ~를 금지하다
☐ **beforehand** 미리, 앞질러
☐ **belongings** 소유물, 소지품
☐ **breakthrough** (과학, 기술의) 비약적 발전, 돌파, 타개
☐ **beneficial** 이로운, 유익한
☐ **blame** 비난하다, 나무라다; 비난, 책망
☐ **broaden** 넓히다, 확장하다
☐ **calmly** 침착하게, 차분하게
☐ **cancellation** 취소, 철회
☐ **candid** 솔직한
☐ **capacity** 수용력, 능력, 용적
☐ **capital** 자본금, 원금; 자본의, 주요한
☐ **chemical** 화학의, 화학적인

accessible
[æksésəbl]
 access 접근
 accessibly 접근하기 쉽게

접근하기 쉬운, 입수하기 쉬운
•• able to be reached or easily obtained
The resort is easily accessible by road, rail and air.
그 휴양지는 도로와 철도, 항공편으로 쉽게 갈 수 있다.

> 출제 TIP
> • access ~로의 접근, 입장 • excess 지나치다; 정도를 지나침, 과잉
> 헷갈리기 쉬운 어휘들의 의미 차이를 묻는 문제로 출제된다.

accidentally
[æksədéntəli]
 accidental 우발적인
 accident 우연한 사건

우연히, 뜻하지 않게
•• unexpectedly and unintentionally
I deleted the file accidentally.
나는 우연히 파일을 삭제했다.

accommodations
[əkàmədéiʃənz]

숙박시설
•• a place for someone to stay, live, or work
We provide the most reasonable accommodations in town.
우리는 시내에서 가장 저렴한 숙소를 제공한다.

accustomed
[əkʌstəmd]
 accustom
 ~에 습관을 들이다

~에 익숙해진, 습관이 된
•• being familiar with something and accept it as normal
They got accustomed to working together.
그들은 함께 일하는 데에 익숙해졌다.

> 출제 TIP
> • be/get/become accustomed to+동명사 ~에 익숙해지다
> to는 전치사이므로 다음에 명사나, v+~ing가 오고 to 뒤의 동사의 형태를 묻는 문제
> 로 출제된다.

agriculture
미[ǽgrəkʌltʃər]
영[ǽgrəkʌltʃə]
 agricultural
 farming

농업
•• the practice of farming
Agriculture is the first industry.
농업은 1차 산업이다.

accountable
[əkáuntəbl]
 account 책임을 지다,
 해명하다

책임이 있는, 설명할 수 있는
•• responsible for the effects of your actions
They must be accountable for the result.
그들이 결과에 책임을 져야 한다.

> 출제 TIP
> • accountable to 설명할 수 있는 • accountable for 책임이 있는
> accountable 뒤의 전치사에 따른 의미 차이를 묻는 문제로 출제된다.

accurate
[ǽkjurət]
- accurately
- inaccurate 부정확한

정확한, 틀림없는
•• correct and true in every detail
I'm not sure the data is exactly accurate.
그 자료가 정확하게 틀림이 없는지 확신할 수 없다.

🔖 출제 TIP
accurate는 fairly, reasonably, entirely, completely와 자주 결합하여 출제된다.

accuse
[əkjúːz]
- accusation
- charge

기소하다, 고발하다, 비난하다
•• to say that someone has done something wrong, illegal
He was accused of taking a bribe.
그는 뇌물을 받은 죄로 기소되었다.

🔖 출제 TIP
• haccuse somebody of theft ~를 절도 혐의로 고소하다
accuse는 뒤에 전치사 of를 묻는 문제로 출제된다.

additional
[ədíʃənl]
- additionally 덧붙여
- extra

부가적인, 추가의
•• more than what was agreed or expected
Additional information is available in the travel agency.
관광에 대한 추가 정보는 여행사에서 얻을 수 있다.

advisable
미[ædváizəbl] 영[ədváizəbl]
- advise 충고하다
- inadvisable 권할 수 없는

바람직한, 권할 만한, 현명한
•• to be recommended; sensible
It is advisable to exercise regularly.
규칙적으로 운동하는 것이 바람직하다.

affect
[əfékt]

영향을 미치다, 작용하다
•• to cause someone to change
The whole country was badly affected during the rainy season.
온 나라가 장마철에 극심한 피해를 입었다.

align
[əláin]
- alignment 조정, 정렬

정렬시키다, 나란히 맞추다
•• to arrange things so that they form a line
The tables were neatly aligned in rows.
식탁들이 줄 맞춰 가지런히 정렬되어 있었다.

allergic
미[ələ́ːrdʒik] 영[ələ́ːdʒik]
- allergy 알레르기

알레르기의
•• having an allergy
Did you have any allergic reaction to this medicine?
이 약에 대한 알레르기 반응이 있었나요?

🔖 출제 TIP
• be allergic to ~에 알레르기 반응이 있는, ~을 몹시 싫어하는
allergic 뒤에 전치사 to를 묻는 문제로 출제된다.

amazement
[əméizmənt]

- 😊 amaze 놀라게 하다
- 🔄 astonishment

🔵 깜짝 놀람
- •• a feeling of great surprise

Everybody stared at the waiter in amazement.
모두들 깜짝 놀라서 웨이터를 빤히 쳐다보았다.

analysis
[ənǽləsis]

- 😊 analytic 분석적인
- 😊 analyze 분석하다
- 🔄 synthesis 통합

🔵 분석, 해석
- •• a careful examination of something

A detailed analysis of the data is needed.
그 자료에 대한 상세한 분석이 필요하다.

🔖 출제 TIP
- analysis of ~에 대한 분석
analysis는 전치사 of를 수반한다는 점을 기억한다.

anticipate
[æntísəpèit]

- 😊 anticipation

🔵 예상하다
- •• to expect that something will happen

We anticipate that demand is likely to increase.
우리는 수요가 증가할 것으로 예상한다.

apprehensive
[æprihénsiv]

- 🔄 anxious, concerned
- 😊 apprehend

🔵 걱정하는, 염려하는
- •• worried about something that you are going to do

Are you apprehensive that something will go wrong?
무슨 일이 잘못될까봐 걱정되세요?

appreciate
[əprí:ʃièit]

- 😊 appreciative

🔵 고맙게 여기다, 진가를 알다
- •• to say that you are grateful for something they have done

We'd appreciate it if you let us know the result.
결과를 알려 주시면 고맙겠습니다.

approximate
미[əpráksəmət]
영[əpróksəmət]

- 😊 approximately
대략, 대체로

🔵 대략의, 거의 비슷한; 어림잡다, 근접하다
- •• close to the exact number, amount

We want to know the approximate cost.
대략의 비용을 알고 싶은데요.

argumentative
[à:rgjuméntətiv]

- 😊 argument 언쟁, 말싸움
- 😊 argue 논쟁하다

🔵 논쟁적인, 따지기를 좋아하는
- •• often arguing or wanting to argue

You have a tendency to be so argumentative.
당신은 너무 논쟁적인 경향이 있다.

ascertain

미[æsərtéin] 영[æsətéin]

🔄 make sure

🔵 확인하다, 규명하다

•• to find out something

The management will ascertain that the report is true.

경영진이 그 보고가 사실인지 확인할 것이다.

aspect

[ǽspekt]

📗 양상, 국면, 정세

•• one part of a situation, problem, subject, etc

We have considered the question in all its aspects.

우리는 문제를 모든 면에서 숙고하였다.

assert

미[əsə́:rt] 영[əsə́:t]

🔄 assertion

🔵 주장하다, 단언하다

•• to state firmly that something is true

He asserted that Jack is the best worker in the company.

그는 Jack이 회사에서 가장 열심히 일하는 사람이라고 단언했다.

assign

[əsáin]

🔄 assignment 할당
🔄 allocate

🔵 할당하다, 배당하다

•• to give a particular job or piece of work to someone

We were assigned the task of finding out information about it.

우리에게는 그것에 관한 정보를 입수하는 임무가 할당되었다.

associate

[əsóuʃièit]

🔄 connect

🔵 관련시키다, 연상하다, 결합시키다

•• to be related to a particular subject, activity

People often associate the brand with quality.

사람들은 흔히 브랜드와 품질을 관련시킨다.

🔖 출제 TIP

• associate 연합한, 부수적인 (직함 앞에 쓰여) 준, 부   • associate 동료, 동업자
• association 협회   • associate membership 준회원 자격
어근이 같지만 의미가 다른 파생어들을 기억하여 구별한다.

authentic

[ɔ:θéntik]

🔄 genuine, real
🔄 fake 가짜의

📗 진짜의, 진품의

•• real, true, or what people say it is

You can enjoy a variety of authentic French cheeses.

다양한 진짜 프랑스산 치즈를 맛보시기 바랍니다.

automate

[ɔ́:təmèit]

🔄 automation 자동화
🔄 automatic 자동의

🔵 자동화하다

•• to start using computers and machines to do a job

ATM can automate two basic functions of deposits and withdrawals.

현금 자동 입출금기는 입금과 출금의 두 기능을 자동화한다.

barely
미[béərli] 영[béəli]
🔄 hardly

🔍 (부) 거의 ~하지 않다
•• almost not
Your handwriting is barely recognizable.
당신의 필체는 거의 알아보기가 힘들다.

💬 출제 TIP
부사 barely, hardly, seldom, scarcely는 모두 같은 뜻으로 ever나 조동사 can과 같이 쓰이며, 부정적인 뜻을 갖는 단어들이므로 not이나 다른 부정어와 함께 쓰지 않는다

ban
[bæn]

🔍 (명)(동) 금지, 금지령, 반대; ~를 금지하다
•• an official order stating that some thing is not allowed
Many countries put a ban on the import of drugs.
많은 나라들이 마약의 수입을 금지하고 있다.

beforehand
미[bifɔ́:rhænd]
영[bifɔ́:hænd]
🔄 in advance
🔄 afterwards 나중에

🔍 (부) 미리, 사전에
•• before something else happens
You are supposed to pay your rent beforehand.
집세를 선불로 내셔야 합니다.

belongings
[bilɔ́:ŋiŋz]
🔄 belong ~의 소유물이다, ~에 속하다
🔄 possessions

🔍 (명) 소유물, 소지품
•• the things you own, esp. that you can carry with you
Please leave your personal belongings in the locker.
개인 소지품은 사물함에 두시오.

breakthrough
[bréikθru:]

🔍 (명)(과학, 기술의) 비약적 발전, 돌파, 타개
•• an important discovery or achievement
One of the major technological breakthroughs is no doubt electricity.
주요한 기술적 발전 중의 하나는 의심할 여지없이 전기이다.

beneficial
[bènəfíʃəl]
🔄 benefit 이익
🔄 beneficially
    이익을 받을 수 있게

🔍 (형) 이로운, 유익한
•• having a good effect
Finally they reached an arrangement that is mutually beneficial. 마침내 그들은 서로에게 이로운 타협이 이루어졌다.

💬 출제 TIP
• beneficial 이로운 • beneficent 선을 베푸는, 친절한
어근(benefit)이 같지만 의미가 다른 파생어들을 기억하고, 단수 benefit(이익, 이득)과 복수 benefits(정부가 실업자, 장애인에게 주는 수당이나 보조금)가 다른 것에 주의한다.

blame
[bleim]
🔄 criticize

🔍 (동)(명) 비난하다, 나무라다; 비난, 책임, 책망
•• to say that someone is responsible for a fault
They blamed me for the failure.
그들은 실패를 내 탓으로 돌렸다.

broaden
[brɔ́ːdn]
[형] broad
[부] broadly
[유] expand

[동] **넓히다, 확장하다**
•• to cause something to become wider
Traveling will broaden your mind and experience.
여행이 당신의 마음과 경험을 넓혀줄 수 있다.

calmly
[kɑ́ːmli]
[형] calm 차분한

[부] **침착하게, 차분하게**
•• in a quiet or relaxed way
The standing committee accepted calmly the result.
상임 위원회는 그 결과를 침착하게 받아 들였다.

cancellation
[kænsəléiʃən]
[동] cancel 취소하다

[명] **취소, 철회**
•• a decision that an event that was planned will not happen
You must forward a notice of cancellation within 3 days.
3일 내로 취소 통지서를 발송해야 한다.

candid
[kǽndid]
[유] honest, frank

[형] **솔직한**
•• telling the truth
We need to have candid talks about the financial crisis.
우리는 재정적 위기에 관해서 솔직한 이야기를 나누어야 한다.

capacity
[kəpǽsəti]

[명] **수용력, 용량, 용적**
•• amount of space a container has to hold things or people
The conference room has a seating capacity of 300 people.
회의실에는 300석의 좌석을 수용한다.

capital
[kǽpətl]
[명] capitalism 자본주의

[명][형] **자본금, 원금; 자본의, 주요한**
•• a large amount of money used for starting a new business
I've put $1 million capital into the business.
나는 자본금 1백만 달러를 그 사업에 투자했다.

chemical
[kémikəl]
[명] chemist 화학자
[명] chemistry 화학

[형][명] **화학의, 화학적인; 화학 물질**
•• relating to substances or chemicals
The chemical company produces more than 300 chemicals.
그 화학 회사는 300종 이상의 화학제품을 생산한다.

chronological
미[krɔ̀nlɑ́dʒikəl]
영[krɔ̀nlɔ́dʒikəl]
[명] chronology 연대기

[형] **연대순의**
•• arranged according to when things happened
Always arrange the documents in chronological order.
항상 서류를 연대순 별로 정리하시오.

circulate
미[sə́ːrkjulèit] 영[sə́ːkjulèit]

circulation 유통, 순환

(화폐가) 유통하다, 유포시키다
•• to move around or through something
Coins don't circulate more evenly across the country.
동전이 전국에 고르게 유통되지 않는다.

claim
[kleim]

demand

청구; 요구하다, 청구하다
•• a right to do or to have something
She filed a claim for compensation.
그녀는 손해 배상을 청구했다.

clearance
미[klíərəns] 영[klíəəns]

clear 치우다, 제거하다
clearly 분명히

처분, 정리
•• the removal of unwanted things from a place
All sales are final on clearance items-no returns or exchanges.
재고 정리 품목 판매는 마지막이므로 반품이나 교환은 안 된다.

clearly
미[klíərli] 영[klíəli]

clear 명쾌한

분명하게, 명료하게
•• in a way that is easy to see, hear, or understand
His business is clearly failing.
그의 사업은 분명히 기울고 있다.

comparable
미[kámpərəbl]
영[kómpərəbl]

comparison 비교
compare 비교하다

필적하는, 상응하는
•• being equally important, good, bad etc
These two companies are comparable in every respect.
이 두 회사는 모든 점에서 필적할 만하다.

🔖 출제 TIP
comparable to/with ~에 맞먹는, 필적하는 / comparative 비교를 통한, 비교의
• comparable to the work of Picasso 피카소 작품과 맞먹는
• a comparative study 비교를 통한 연구
어근(compare)이 같은 파생어들의 의미 차이를 구별하는 문제로 출제된다.

compensate
미[kámpənsèit]
영[kómpənsèit]

compensation
make up for

보상하다, 변상하다
•• to pay someone money for injury, loss, or damage
The company will compensate workers for their injuries.
회사가 작업자들의 부상에 대해 보상을 할 것이다.

complete
[kəmplíːt]

completion 완성
completely 완전히

끝내다; 완전한, 완성된
•• to finish doing or making something
The project will be completed until this month.
그 프로젝트는 이번 달까지 완성될 것이다.

🔖 출제 TIP
complete 끝마치다 / compete 경쟁하다
• complete the whole course 전 과정을 마치다
• compete in world markets 세계 시장에서 경쟁하다
혼동하기 쉬운 어휘들의 의미 차이를 구별하는 문제로 출제된다.

comprehensive
미[kàmprihénsiv]
영[kòmprihénsiv]
🔄 thorough, complete

🔑 포괄적인, 종합적인
•• including all the necessary facts, details, or problems
This book offers a comprehensive guide to living confidently.
이 책은 자신감 있게 사는 삶에 대한 포괄적인 지침서이다.

🔖 출제 TIP
• comprehensive 포괄적인   • comprehensible 이해할 수 있는
어근(comprehend)이 같지만 의미가 다른 파생어를 구별하는 문제와 comprehensible 뒤에 전치사 to를 쓰는 문제로 출제된다.

---

commonplace
미[kámənpleis]
영[kómənpleis]

🔑 평범한, 흔한; 평범한 말, 흔한 일
•• happening frequently or often seen or experienced
Traveling abroad is very commonplace on national holidays.
명절(국경일)에 해외 여행하는 일은 매우 흔하다.

---

concord
미[kánkɔːrd] 영[kóŋkɔːd]
🔄 discord

🔑 (의견, 이해의) 일치, 조화
•• the state of having a friendly
There was a complete concord among the management.
경영진들 간에 완벽한 의견 일치를 보았다.

---

concurrent
[kənkə́ːrənt]
🔄 concurrently 동시에

🔑 동시 발생의, 일치하는
•• existing or happening at the same time
He is working on two concurrent projects.
그는 두 개의 프로젝트를 동시에 하고 있다.

---

confidential
미[kànfədénʃəl]
영[kònfədénʃəl]
🔄 confidentially 은밀하게

🔑 기밀의, 은밀한, 비밀을 털어놓는
•• spoken or written in secret and intended to be kept secret
The information will be regarded as strictly confidential.
그 정보는 극비로 여겨질 것이다.

🔖 출제 TIP
• confident 확신하고 있는   • confidential 비밀을 털어놓는, 허물없는
어근 confidence(신뢰, 자신)는 같지만 의미가 다른 파생어를 구별하는 문제로 출제된다.

---

consecutive
[kənsékjutiv]
🔄 consecutively 잇달아서

🔑 연속적인, 계속되는
•• following one after another without an interruption
It's been raining for four consecutive days.
연속해서 4일 동안 비가 내렸다.

Words Review

A 다음 설명에 해당하는 단어를 고르시오.

claim accustomed clearly broaden calmly associate analysis consecutive authentic clearance

1 being familiar with something and accept it as normal
2 to be related to a particular subject, activity
3 to ask for something because you think you have a right to it
4 to cause something to become wider
5 following one after another without an interruption
6 the removal of unwanted things from a place
7 in a quiet or relaxed way
8 a careful examination of something in order to understand it better
9 real, true, or what people say it is
10 in a way that is easy to see, hear, or understand

B 다음 예문의 빈칸에 해당하는 단어를 골라 쓰시오.

accountable appreciate compensate approximate ban confidential capacity accused ascertain Additional completed beforehand advisable argumentative candid

1 We'd .... it if you let us know the result.
2 We need to have .... talks about the financial crisis.
3 The company will .... workers for their injuries.
4 The information will be regarded as strictly ....
5 .... information on the tour is available in the travel agency.
6 The conference room has a seating .... of 300 people.
7 We want to know the .... cost.
8 The project will be .... until this month.
9 Many countries put a .... on the import of drugs.
10 You have a tendency to be so ....
11 It is .... to exercise regularly.
12 You are supposed to pay your rent ....
13 He was .... of taking a bribe.
14 The decision – makers must be .... for the result.
15 The management will .... that the report is true.

Answer

A 1 accustomed 2 associate 3 claim 4 broaden 5 consecutive 6 clearance 7 calmly 8 analysis 9 authentic 10 clearly

B 1 appreciate 2 candid 3 compensate 4 confidential 5 Additional 6 capacity 7 approximate 8 completed 9 ban 10 argumentative 11 advisable 12 beforehand 13 accused 14 accountable 15 ascertain

오늘 외울 단어 중 자신이 아는 단어를 체크해 보세요.

- [ ] **deliberate** 의도적인, 고의적인, 신중한; ~을 숙고하다
- [ ] **delicate** 민감한, 미묘한
- [ ] **demanding** 요구가 지나친, 고된
- [ ] **deny** 부정하다, 인정하지 않다
- [ ] **depressed** 낙담한, 의기소침한
- [ ] **determine** 결정하다, 결심하다
- [ ] **devise** 고안하다, 발명하다
- [ ] **disaster** 재난, 재해
- [ ] **discriminate** 차별하다
- [ ] **distinctive** 뚜렷이 구별되는, 변별적인, 특유의
- [ ] **draft** 초안을 작성하다; 초안, 초고
- [ ] **economic** 경제적인, 경제학의
- [ ] **effect** 효과, 결과, 효력; 결과로서 ~을 가져오다

- [ ] **considerate** 배려하는, 이해심 있는
- [ ] **consistent** 일치하는, 시종 일관된
- [ ] **contradict** ~에 모순되다, 상반되다
- [ ] **constructive** 건설적인
- [ ] **courtesy** 예의, 공손, 정중함
- [ ] **creditable** 훌륭한, 칭찬할만한
- [ ] **creditor** 채권자
- [ ] **critical** 비판적인
- [ ] **crucial** 결정적인, 아주 중대한, 없어서는 안 될
- [ ] **currently** 현재, 지금
- [ ] **cut** (비용을) 줄이다, 삭감하다
- [ ] **dealership** 상품 판매권, 대리점
- [ ] **decline** 하락하다, 내려가다; 경사, 감소
- [ ] **defective** 하자가 있는
- [ ] **definitely** 분명히, 확실히

- [ ] **efficient** 유능한, 능률적인, 효율적인
- [ ] **electrical** 전기에 관한, 전기를 사용하는
- [ ] **eligible** 적격의, 자격이 있는; 적임자
- [ ] **embarrassed** 당황한
- [ ] **encounter** 우연히 만나다, (곤란에) 부딪히다; 뜻밖의 만남
- [ ] **ecology** 생태(학), 자연 환경
- [ ] **engage** ~에 종사하다, 관계하다, 고용하다
- [ ] **eminent** 저명한, 뛰어난
- [ ] **endeavor** 노력, 시도; 노력하다, 애를 쓰다
- [ ] **endurance** 인내력, 참을성
- [ ] **energetic** 활동적인, 활기 있는
- [ ] **enforce** (법률을) 시행하다, 집행하다
- [ ] **enhance** 올리다, 강화하다

- [ ] **enormous** 엄청난, 막대한
- [ ] **entirely** 완전히
- [ ] **enthusiastically** 열정적으로, 열광하여
- [ ] **equivalent** 동등한, 상응하는; 등가물
- [ ] **eventually** 결국에는, 종국에는
- [ ] **evident** 명백한
- [ ] **envious** 부러워하는, 샘내는
- [ ] **exclusive** 독점적인, 유일한, 배타적인
- [ ] **extensive** 광범위한, 넓은
- [ ] **extraordinary** 보통이 아닌, 특이한, 유별난
- [ ] **extravagant** 지나친, 낭비하는, 사치스러운
- [ ] **extremely** 대단히, 몹시, 극단적으로
- [ ] **factual** 실제의, 사실에 입각한
- [ ] **fairly** 상당히, 꽤

considerate

미[kənsídərət]
영[kənsídərət]

😊 consideration
😀 thoughtful

⊛ 배려하는, 이해심 있는
•• eing equally important, good, bad etc
You need to be very considerate towards the employees.
당신은 직원들에게 매우 사려 깊게 대해야 한다.

🔍 출제 TIP
considerate 배려하는 / considerable 상당한
• very considerate of others 타인에 대해 사려가 깊은
• for a considerable time 상당한 시간 동안
어근 consider(숙고하다)에서 파생한 형용사의 의미를 구별하는 문제로 출제된다.

consistent

[kənsístənt]

😊 consistently 일관되게
😀 inconsistent 모순되는

⊛ 일치하는, 시종 일관된
•• always behaving in the same way
What are the consistent principles you live and work by?
당신이 준하여 생활하고 일하는 시종 일관되는 원칙들이 무엇인가?

contradict

미[kàntrədíkt] 영kòntrədíkt]

😊 contradiction
😊 contradictory 모순된

⊛ ~에 모순되다, 상반되다
•• to be so different from another fact or statement
Their statements contradict each other.
그들의 진술이 서로 모순된다.

constructive

[kənstrʌ́ktiv]

😊 construction
😄 construct
😀 destructive 파괴적인

⊛ 건설적인
•• useful and intended to help or improve something
Would you like to say something constructive?
건설적인 말을 하실 건가요?

courtesy

미[kə́ːrtsi] 영[kə́ːtsi]

😊 politeness
😀 discourtesy

⊛ 예의, 공손, 정중함
•• polite behavior, or a polite action or remark
He had the courtesy to call and say he couldn't come.
그는 공손하게도 전화해서 올 수 없다고 말했다.

creditable

[kréditəbl]

😊 credit 칭찬, 명예
😊 creditably 명예가 되어, 훌륭하게

⊛ 훌륭한, 칭찬할만한
•• deserving praise or approval
The team has done a creditable job of completing the project.
그 팀은 프로젝트를 완성하는 훌륭한 일을 해냈다.

creditor

미[kréditər] 영[kréditə]

😀 debtor 채무자

⊛ 채권자
•• someone to whom money is owed
An agreement was reached between the company and its creditors.
회사와 채권자들 간에 합의가 이루어졌다.

critical
[krítikəl]

🔊 criticize 비판하다

🔖 비판적인
•• giving or judgments on books, plays, films, etc
Many employees are critical of the present company policy.
많은 직원들이 현재의 회사 방침에 비판적이다.

crucial
[krúːʃəl]

🔊 crucially 결정적으로
🔊 vital, critical

🔖 결정적인, 아주 중대한, 없어서는 안 될
•• extremely important
The development of innovative technology is crucial to successful project completion.
혁신적인 기술 개발이 프로젝트를 성공적으로 완성하는 데에 결정적이다.

currently
[kə́ːrəntli]

🔊 current
🔊 presently

🔖 현재, 지금
•• at the present time
Demand is currently far outstripping supply.
현재 수요가 공급을 훨씬 앞지르고 있다.

🔖 출제 TIP
• outstrip all the competitors 모든 경쟁사들을 제치다
outstrip(~보다 뛰어나다, 능가하다, ~을 앞지르다)의 접두사 out-은 동사 앞에 쓰여
'~보다 더 크다, 많다, 길다'를 나타낸다.

cut
[kʌt]

🔖 (비용을) 줄이다, 삭감하다
•• to reduce the amount of something
They were in a hurry to cut workers's wages during the period of IMF.
그들은 IMF기간 동안 서둘러서 노동자들의 임금을 삭감했다.

dealership
미[díːlərʃip] 영[díːləʃip]

🔊 franchise 판매권

🔖 상품 판매권, 대리점
•• a business that sells a company's product, esp. cars
You will have a dealership from a company that makes cars.
당신은 자동차를 생산하는 회사의 판매권을 갖게 될 것이다.

decline
[diklái n]

🔊 decrease
🔊 increase

🔖 하락하다, 내려가다; 경사, 감소
•• to decrease in quantity or importance
The number of unemployment has declined for the last five months. 실업자 수가 지난 5개월 동안 하락하였다.

defective
[diféktiv]

🔊 defect 결함
🔊 faulty

🔖 하자가 있는
•• not made properly
Any defective item must be returned within one month.
하자가 있는 제품을 한 달 이내에 반송해야 한다.

definitely
[défənitli]

🔊 definite 명확한
🔊 certainly

🔖 분명히, 확실히
•• without any doubt
The proposal will definitely be finished by this week.
제안서를 분명히 이번 주까지 끝내야 할 것이다.

1
2
3
4
5
6
7
8
9
10
11
12
13
14
15
16
17
18
19
20
21
22
23
24
25
26
27
28
29

deliberate
[dilíbərət]

ⓐ deliberately 고의적으로
ⓢ intentional

의도적인, 고의적인, 신중한; ~을 숙고하다
•• intended or planned
Don't consider implementing a strategy of making deliberate mistakes. 고의적으로 실수를 하는 전략을 실행에 옮길 생각은 하지 마시오.

🔍 출제 TIP
consider는 목적어로 동명사를 취한다는 것을 기억한다.

delicate
[délikət]

ⓐ delicacy

민감한, 미묘한
•• a situation that needs to be dealt with carefully
The company's business has reached a delicate stage.
그 회사의 사업은 민감한 단계에 다다랐다.

demanding
미[diมǽndiŋ]
영[dimάːndiŋ]

ⓥⓝ demand

요구가 지나친, 고된
•• expecting a lot of attention in a way that is not fair
The supervisor can be demanding at times.
감독관은 가끔씩 요구가 지나칠 때도 있다.

🔍 출제 TIP
• demanding 요구가 지나친   • challenging 도전적인, 힘든

deny
[dinái]

ⓝ denial 부인

부정하다, 인정하지 않다
•• to say that something is not true
He denied having said so.
그는 그렇게 말했다는 것을 부인했다.

🔍 출제 TIP
deny 다음에 동명사를 취해야 하고 동사 형태를 묻는 문제로 출제된다.

depressed
[diprést]

ⓥ depress ~을 낙담시키다

낙담한, 의기소침한
•• very unhappy
The result of the experiment left them deeply depressed.
실험 결과는 그들을 대단히 낙담시켰다.

determine
미[ditə́ːrmin] 영[ditə́ːmin]

ⓐ determined 단호한

결정하다, 결심하다
•• to decide to do something
They have not yet determined where to relocate the company. 그들은 어디로 이전해야 할지 아직 결정하지 못했다.

devise
[diváiz]

ⓝ device 궁리, 장치

고안하다, 발명하다
•• to invent a plan, system or object, usually cleverly
This new method was devised by his team.
이 새로운 방법은 그의 팀이 고안한 것이었다.

disaster
미[dizǽstər] 영[dizɑ́:stə]

🔑 **재난, 재해**
•• a sudden event such as a flood, storm, or accident
After the disaster the emergency services were put into effect. 재난이 발생한 뒤에 비상 서비스가 실시되었다.

🔍 출제 TIP
• put~into effect (법률, 계획을) 실시하다, 실행하다

discriminate
[diskrímənèit]
🔵 discrimination
🔴 equalize 평등하게 하다

🔑 **차별하다**
•• to treat differently from another in an unfair way
Some companies still discriminate against women.
일부 회사들은 여전히 여성에 대해 차별을 한다.

distinctive
[distíŋktiv]
🔵 distinctively 차별적으로, 구별하여

🔑 **뚜렷이 구별되는, 변별적인, 특유의**
•• easy to recognize because it is different from others
Car sales were up 20% thanks to his distinctive marketing strategies.
그의 차별적인 마케팅 전략 덕분에 자동차 판매량이 20% 올랐다.

draft
미[dræft] 영[drɑ:ft]

🔑 **초안을 작성하다; 초안, 초고**
•• tto draw up an outline for something
I'll draft the proposal this afternoon.
오후에 제안서 초안을 작성하겠어요.

economic
미[èkənámik]
영[ìkənómik]
🔵 economy 경제

🔑 **경제의**
•• relating to trade, and the management of money
The current economic growth is slow.
현재 경제 성장률은 더디다.

🔍 출제 TIP
economic 경제의 / economical 경제적인, 절약하는
• the government's economic policy 정부의 경제 정책
• an economical car to run 운행하기에 경제적인 자동차
어근(economy)이 같지만 의미가 다른 형용사들의 의미 차이를 구별하는 문제로 출제된다.

effect
[ifékt]
🔵 effective 효과적인
🔴 cause 원인

🔑 **효과, 결과, 효력; 결과로서 ~을 가져오다**
•• a change which is a result of an action
My company's bankruptcy had a great effect on me.
우리 회사의 부도는 나에게 지대한 영향을 미쳤다.

efficient
[ifíʃənt]
🔵 efficiency 능력, 효능
🔵 efficiently 능률적으로

🔑 **유능한, 능률적인, 효율적인**
•• working effectively in an organized way
We are known to be the most efficient clothing company.
저희는 가장 능력 있는 의류업체로 인정받고 있습니다.

electrical
[iléktrikəl]

[형] 전기에 관한, 전기를 사용하는
•• concerned with, operating by, or producing electricity
The fire was caused by an electrical fault.
화재는 전기 결함으로 인해 발생하였다.

eligible
[élidʒəbl]
[부] eligibly 적임으로

[형] [명] 적격의, 자격이 있는; 적임자
•• able or allowed to do something
Any customer is eligible to become a member of the club.
고객은 누구나 클럽의 회원이 될 자격이 있다.

출제 TIP
eligible 자격 · 연령 등의 조건이 맞아 ~을 할 수 있는
• illegible 읽기 어려운, 판독이 불가능한
• legible 글을 읽을 수 있는
헷갈리기 쉬운 어휘들의 의미 차이를 묻는 문제로 출제된다.

embarrassed
[imbǽrəst]
[동] embarrass 당황하게 하다

[형] 당황한
•• feeling nervous and uncomfortable
She was really embarrassed. It was a very embarrassing question. 그녀는 정말 당황했다. 그건 매우 난처하게 하는 질문이었다.

encounter
미[inkáuntər]
영[inkáuntə]

[동] [명] 우연히 만나다, (곤란, 반대에) 부딪히다; 뜻밖의 만남, 대립
•• to meet someone without planning to
I encountered many problems when I first started this job.
내가 이 일을 처음 시작했을 때는 많은 문제들에 부딪혔다.

ecology
미[ikálədʒi] 영[ikɔ́lədʒi]
[형] ecological 생태학의, 환경의

[명] 생태(학), 자연 환경
•• the environment as it relates to living things
Ecology deals with interactions between living organisms.
생태학은 살아있는 유기체와 상호 작용을 다룬다.

engage
[ingéidʒ]
[명] engagement

[동] ~에 종사하다, 관계하다, 고용하다
•• to be doing or to become involved in an activity
He was engaged in foreign trade.
그는 해외 무역에 종사했었다.

출제 TIP
• engaged in/on 바쁜, ~에 열중하고 있는, (전화가) 사용 중인
• engaged to+사람 ~와 약혼한
engaged 뒤에 오는 전치사를 묻는 문제로 출제된다.

eminent
[eminent]
[명] eminence 명성
[유] prominent

[형] 저명한, 뛰어난
•• famous, important, and respected
The president has performed eminent contributions to the development of the products.
사장은 제품 개발에 탁월한 기여를 하였다.

endeavor

미[indévər] 영[indévə]

🔁 effort

📚 ⑤ 노력, 시도; 노력하다, 애를 쓰다
- •• an attempt to do something new or difficult

Teamwork is the crucial factor in the success of any endeavor.
어떠한 시도이든 팀워크가 성공의 중요한 요소이다.

endurance

[indjúərəns]

🔁 endure 참다
🔁 endurable 참을 수 있는
🔁 patience

📚 인내력, 참을성
- •• the power to withstand hardship or stress

Endurance enabled him to become the team captain.
인내한 덕으로 그는 팀장이 될 수 있었다.

energetic

미[ènərdʒétik]
영[ènədʒétik]

🔁 energy
🔁 active

📚 활동적인, 활기 있는
- •• having or needing a lot of energy or determination

The energetic employees will lead them to complete the project.
활동적인 직원들이 그들을 이끌어 프로젝트를 완성하게 할 것이다.

enforce

미[infɔ́:rs] 영[infɔ́:s]

🔁 enforcement

🔧 ⑤ (법률을) 시행하다, 집행하다
- •• to make people obey a law

The new director had failed to enforce the rules.
신임 이사는 규칙을 시행하지 못했다.

enhance

미[inhǽns] 영[inhɑ́:ns]

🔁 enhancement 고양, 증진

🔧 ⑤ 올리다, 강화하다
- •• to improve something

This tool could help us to enhance the productivity.
이 도구 덕으로 생산성을 높일 수 있었다.

enormous

미[inɔ́:rməs] 영[inɔ́:məs]

🔁 enormously
🔁 huge

📚 엄청난, 막대한
- •• very big in size or in amount

The company invested an enormous amount of money into advertising.
그 회사는 광고에 어마어마한 돈을 투자했다.

entirely

미[intáiərli] 영[intáiəli]

🔁 entire 전체의

📖 완전히
- •• completely and in every possible way

Your success depends entirely on how well you're able to perform the task.
당신의 성공은 전적으로 얼마나 당신이 그 업무를 잘 수행하느냐에 달렸다.

📌 출제 TIP
• depend on 의존하다, 신뢰하다, ~에 달려 있다, 좌우되다
depend 뒤에 전치사 on/upon과 같이 쓰이고, 주로 부사 entirely, solely, partly 등과 어울려서 같이 쓰인다.

enthusiastically

미[inθùːziǽstikəli]
영[inθjùːziǽstikəli]

🔵 enthusiastic
🔵 enthusiasm

🔊 열정적으로, 열광하여
•• in a way that shows a feeling of energetic interest

The employees enthusiastically welcomed the announcement by the president to raise wages.
사원들은 임금을 올리겠다는 회장의 발표를 열렬히 환영했다.

출제 TIP
enthusiastically는 support, cheer, respond, greet, agree 등의 동사들과 어울려 같이 쓰인다.

---

equivalent

[ikwívələnt]

🔵 equal

🔊 동등한, 상응하는; 등가물
•• having the same value, purpose, job

This is equivalent to 12% of GDP.
이것은 GDP의 12%에 상응한다.

출제 TIP
equivalent 가치, 의미, 중요도가 해당하는 / equivocal 애매모호한, 불분명한
• equivalent to 1,200 won in Korean money 한국 돈으로 1,200원에 해당하는
• an equivocal answer 애매모호한 답변
어원(equal)이 같지만 헷갈리기 쉬운 형용사들의 의미 차이를 묻는 문제로 출제된다.

---

eventually

[ivénʧuəli]

🔵 eventual 최종의
🔵 finally, after all

🔊 결국에는, 종국에는
•• after a lot of things have happened

The management hesitated to take the proposal, but eventually they accepted it.
경영진이 그 제안서의 채택을 망설였으나 결국에는 수락하였다.

---

evident

[évədənt]

🔵 evidently 분명히
🔵 evidence 증거
🔵 obvious, clear

🔊 명백한
•• easy to see, notice, or understand

It is evident that the project will need to be approved by the board of directors.
그 계획안은 이사회의 승인을 받아야 한다는 것이 자명하다.

---

envious

[énviəs]

🔵 envy
🔵 jealous

🔊 부러워하는, 샘내는
•• wanting something that someone else has

Colleagues were envious of her success.
동료들은 그녀의 성공을 부러워했다.

출제 TIP
• be envious of ~을 부러워하다
envious 다음에 전치사 of를 묻는 문제로 출제된다.

---

exclusive

[iksklúːsiv]

🔵 exclude 배제하다
🔵 exclusively 독점적으로

🔊 독점적인, 유일한, 배타적인
•• available or only to particular people, and not shared

This club is for the exclusive use of members.
이 클럽은 회원 전용입니다.

출제 TIP
exclusive가 명사로 쓰이면 '독점권, (신문, 잡지, 방송의) 독점 기사, 특종'을 의미한다.

extensive
[iksténsiv]

[동] extend 확장하다
[명] extension 확대
[부] extensively

[형] **광범위한, 넓은**

•• large in size, amount, or degree

The earthquake has caused extensive damage to the country.
지진으로 그 나라는 엄청난 피해를 입었다.

extraordinary
미[ekstrɔ́ːrdənèri]
영[ekstrɔ́ːdənəri]

[부] extraordinarily
[유] ordinary, common

[형] **보통이 아닌, 특이한, 유별난**

•• very unusual, special, unexpected or strange

An extraordinary event had happened to them.
그들에게 기이한 일이 발생했다.

extravagant
[ikstrǽvəgənt]

[명] extravagance 사치, 낭비

[형] **지나친, 낭비하는, 사치스러운**

•• spending or costing a lot of money

It is extravagant of you to spend $300 on a belt.
벨트 하나에 300달러를 쓰는 것은 낭비이다.

extremely
[ikstríːmli]

[형] extreme 극단적인

[부] **대단히, 몹시, 극단적으로**

•• to a very great degree

Drinking and driving is extremely dangerous.
음주 운전은 지극히 위험하다.

factual
[fǽktʃuəl]

[명] fact 사실
[부] factually 사실상

[형] **실제의, 사실에 입각한**

•• based on facts or relating to facts

This report has some serious problems with factual accuracy.
이 보고서에는 사실 정확하게 몇 가지 심각한 문제가 있다.

fairly
미[fɛ́ərli] 영[fɛ́əli]

[유] quite

[부] **상당히, 꽤**

•• more than a little, but much less than very

The housing market is fairly subdued at the moment.
현재 주택 시장은 꽤 침체되어 있다.

출제 TIP
fair(공평한)의 부사 fairly(공평하게)도 같이 기억하여 문맥에서의 혼동을 피한다.

Words Review

extensive considerate equivalent electrical economic eminent delicate enormous
defective creditable

1 relating to trade, industry, and the management of money
2 relating to electricity
3 famous, important, and respected
4 very big in size or in amount
5 having the same value, purpose, job
6 large in size, amount, or degree
7 always thinking of what other people need or want
8 deserving praise or approval
9 not made properly
10 a situation or matter that needs to be dealt with carefully

Endurance encounter enhance endeavor devised envious extremely draft critical
energetic demanding embarrassed determined exclusive courtesy

1 This new method was .... by his team.
2 She was really .... It was a very embarrassing question.
3 Teamwork is the most crucial factor in the success of any ....
4 This tool could enable us to .... the productivity.
5 Colleagues were .... of her success.
6 Drinking and driving is .... dangerous.
7 He had the .... to call and say he couldn't come.
8 Many employees are .... of the present company policy.
9 The supervisor can be .... at times.
10 They have not yet .... where to relocate the company.
11 The .... employees will lead them to complete the project.
12 I .... many problems when I first started this job.
13 .... enabled him to become the team captain.
14 I'll .... the proposal this afternoon.
15 This club is for the .... use of members.

Answer

Ⓐ 1 economic 2 electrical 3 eminent 4 enormous 5 equivalent 6 extensive 7 considerate 8 creditable
9 defective 10 delicate

Ⓑ 1 devised 2 embarrassed 3 endeavor 4 enhance 5 envious 6 extremely 7 courtesy 8 critical
9 demanding 10 determined 11 energetic 12 encounter 13 Endurance 14 draft 15 exclusive

오늘 외울 단어 중 자신이 아는 단어를 체크해 보세요.

- [ ] **gross** 전체의, 총계의; 총계, 전체
- [ ] **halt** 중단, 정지; 서다, 멈추다
- [ ] **hardly** 거의 ~ 않다
- [ ] **harsh** 심한, 가혹한
- [ ] **hesitant** 망설이는, 내키지 않아 하는
- [ ] **highly** 매우, 많이, 크게
- [ ] **impact** 충돌, 충격, 영향; 충돌하다, 영향을 주다
- [ ] **impatient** 조바심을 내는, 인내심이 없는
- [ ] **imperative** 부득이한, 필수적인; 명령, 의무
- [ ] **implant** 이식; 이식하다, 주입하다
- [ ] **impolite** 무례한, 실례되는
- [ ] **imply** 암시하다, 내포하다
- [ ] **inaccurate** 부정확한
- [ ] **incidental** 부수하여 일어나는, 이차적인, 우연의

- [ ] **faulty** 결점이 있는, 잘못된
- [ ] **farther** 더 멀리, 더 나아가
- [ ] **favorably** 호의적으로, 유망하게
- [ ] **feedback** 의견, 반응, 정보
- [ ] **findings** (조사, 연구 등의) 결과, 결론
- [ ] **flourish** 번영하다, 번창하다
- [ ] **fluently** 유창하게
- [ ] **foresee** 예견하다
- [ ] **foster** (~의 성장, 발달을) 촉진하다, 육성하다
- [ ] **fraud** 사기(꾼), 속임수
- [ ] **frequent** 빈번한, 자주 일어나는; 자주 방문하다
- [ ] **friction** 불화, 알력
- [ ] **gauge** 척도, 기준; 측정하다
- [ ] **generous** 아끼지 않는, 후한
- [ ] **grant** 보조금, 수여, 허가; (금품, 권리를)주다

- [ ] **incorrect** 부정확한, 틀린
- [ ] **indication** 징후, 조짐, 나타내는 것
- [ ] **individuality** 개성, 개인적 특성
- [ ] **industrial** 산업의, 공업의
- [ ] **informative** 정보를 주는, 유익한
- [ ] **infrastructure** (조직, 제도의) 하부 구조, 사회(경제) 기반 시설
- [ ] **inherent** 타고난, 고유의
- [ ] **installment** 분할 불입(금), 할부금
- [ ] **instantly** 즉시, 곧장
- [ ] **interest** 이자, 금리, 주의; 관심을 끌다
- [ ] **interrupt** 방해하다, 가로막다
- [ ] **landmark** (획기적인) 사건, 변화, 발전

- [ ] **lately** 최근에, 요즈음
- [ ] **largely** 대부분, 주로, 대규모로
- [ ] **latent** 잠재된, 잠복해 있는
- [ ] **lawsuit** 소송
- [ ] **leak** 새다, 누설하다
- [ ] **legislate** 법률을 제정하다, 입법하다
- [ ] **lend** 빌려주다
- [ ] **loyal** (약속, 의무에) 충실한, 성실한
- [ ] **lucid** 명쾌한, 분명한
- [ ] **lavish** 흥청망청 쓰는; 아낌없이 사용하다
- [ ] **lengthy** 긴, 장황한
- [ ] **level** 사회적 지위, 수준
- [ ] **liable** 책임져야 할, 의무가 있는, ~하기 쉬운
- [ ] **likelihood** 가능성, 있음직함

faulty
[fɔ́ːlti]

🅑 fault 결함, 과실
🗣 defective

🅐 결점이 있는, 잘못된
•• not working properly, or not made correctly
Customers may ask for a refund if the goods are faulty.
상품에 하자가 있으면 고객은 환불을 요구할 수 있다.

farther
🇺[fɑ́ːrðər] 🇬[fɑ́ːðə]

🗣 further

🅐 더 멀리, 더 나아가
•• a greater distance than before
We decided not to go any farther.
우리는 더 멀리 가지 않기로 결정했다.

🔖 출제 TIP
farther 공간, 시간상으로 거리가 더 먼 / further 정도에 있어서 더한
/ further 더 이상의, 더 많은, 추가의
• go farther 더 멀리 가다   • a further challenge 더 어려운 도전
• further information 더 많은 정보
far의 비교급으로 farther와 further의 의미를 구별하는 문제로 출제된다.

favorably
[féivərəbli]

🅑 favor 호의
🅐 favorable 호의적인

🅟 호의적으로, 유망하게
•• in a way that something is good or successful
Our goods are very favorably impressed compared with
those of our competitors.
저희 상품은 다른 경쟁사와 비교해서 매우 호의적인 인상을 받고 있습니다.

feedback
[fíːdbæk]

🗣 opinion

🅝 의견, 반응, 정보
•• advice, criticism etc about how successful or useful
something is
We need to get more feedback from customers about the
new product.
신제품에 대하여 고객의 피드백을 좀 더 받아들일 필요가 있다.

findings
[fáindiŋz]

🅑 find 찾다

🅝 (조사, 연구 등의) 결과, 결론
•• the information that someone has discovered as a result
of their study, work etc
Further research was conducted to verify the findings.
조사 결과를 검증하기 위해 심층 조사를 실시했다.

flourish
[flə́ːriʃ]

🅐 flourishing 번영하는
🗣 thrive

🅥 번영하다, 번창하다
•• to develop well and be successful
Even small businesses are hardly flourishing under the
economic crisis.
경제 위기 상황에서는 소규모 사업조차도 거의 번창하지 않는다.

fluently
[flúːəntli]
ⓐ fluent
ⓝ fluency

🔊 ⑤ 유창하게
•• in a way that you can speak a language very well
My aim is to speak English and Chinese fluently.
나의 목표는 영어와 중국어를 유창하게 하는 것이다.

foresee
ⓜ[fɔːrsíː] 영[fɔːsíː]
ⓐ foreseeable
미리 알 수 있는
ⓢ predict

🔊 ⑤ 예견하다
•• to know about something before it happens
The company didn't foresee any difficulties and risks in developing the product.
회사는 그 제품을 개발하는 데에 있어서 그 어떤 어려움이나 위험을 예측하지 못했다.

foster
ⓜ[fɔ́ːstər] 영[fɔ́ːstə]
ⓢ promote

🔊 ⑤ (~의 성장, 발달을) 촉진하다, 육성하다
•• to help a skill, feeling develop over a period of time
We need to foster the development of the products.
제품 개발을 촉진해야 한다.

fraud
[frɔːd]
ⓢ deceiver 사기꾼

🔊 ⑲ 사기(꾼), 속임수
•• the crime of deceiving people in order to gain something such as money or goods
They were accused of fraud and stock market manipulations.
그들은 사기 및 주식 시장 조작 혐의로 기소되었다.

frequent
[fríːkwənt]
ⓐⓓ frequently 자주

🔊 ⓐⓢ 빈번한, 자주 일어나는; 자주 방문하다
•• happening or doing something often
His headaches were increasingly frequent and serious.
그녀의 두통은 점점 더 잦아졌고 심각해졌다.

📌 출제 TIP
• a frequent visitor 단골손님　• frequent the restaurant 그 식당에 자주 가다
frequent의 형용사와 동사의 품사를 구별하여 기억한다.

friction
[fríkʃən]
ⓐ frictional 마찰의
ⓢ tension 긴장

🔊 ⑲ 불화, 알력
•• disagreement, angry feelings between people
Restrictions on wage levels and working conditions have led to friction between management and workers.
임금 수준과 노동 조건에 대한 제한 규정이 노사 간의 마찰을 불러 일으켰다.

gauge
[geidʒ]

🔊 ⑲ⓢ 척도, 기준; 측정하다
•• something that makes a judgment about a situation
Retail sales are a gauge of consumer spending.
소매 판매는 소비자들의 소비를 알 수 있는 척도이다.

generous
[dʒénərəs]

🔊 generosity 관대함

🔑 아끼지 않는, 후한
- •• willing to give money, help, kindness more than is usual or expected

It was very generous of his staff to pay the bill.
그의 직원이 선뜻 계산서를 지불했다.

grant
미[grænt] 영[graːnt]

🔑 보조금, 수여, 허가; (금품, 권리를)주다, 허가하다
- •• a sum of money given by a government or other organization for a particular purpose

The government awarded the company a grant of $5 million.
정부는 그 회사에 5백만 달러의 보조금을 지급했다.

gross
[grous]

🔊 net 정미의, 순

🔑 전체의, 총계의; 총계, 전체
- •• total, without deductions

Gross domestic product fell at a 0.4% annual rate.
국내 총생산이 연 0.4% 하락했다.

halt
[hɔːlt]

🔑 중단, 정지; 서다, 멈추다
- •• stop or pause

The sudden halt in production was caused by the strike.
갑자기 생산이 중단된 것은 파업으로 인한 것이었다.

💬 출제 TIP
• come to a halt 정지하다, 멈추다   • bring~to a halt ~을 중단시키다

hardly
미[háːrdli] 영[háːdli]

🔊 scarcely, seldom, rarely, barely

🔑 거의 ~ 않다
- •• almost not

We could hardly believe them.
우리는 그들의 말을 거의 믿을 수가 없었다.

💬 출제 TIP
형용사 hard(어려운, 단단한)의 부사는 hardly가 아니라 hard(열심히)임을 기억하고, hard와 hardly의 의미 차이를 구별하는 문제로 출제된다.

harsh
미[haːrʃ] 영[haːʃ]

🔊 harshly
🔊 severe 엄한

🔑 심한, 가혹한
- •• unpleasant, unkind, cruel or unnecessarily severe

Many young people are tormented with the harsh reality of unemployment.
많은 청년들은 실업이라는 가혹한 현실로 고통을 겪고 있다.

hesitant
[hézətənt]

🔊 hesitantly 주저하며
🔊 hesitate 망설이다
🔊 reluctant

🔑 망설이는, 내키지 않아 하는
- •• uncertain about what to do or say because you are nervous or unwilling

They are a bit hesitant to sign the agreement.
그들은 계약서에 서명하는 것을 다소 망설이고 있다.

highly
[háili]

🔊 🖼 매우, 많이, 크게
•• very, to a large degree, or at a high level
We are looking for a highly skilled person.
저희는 매우 숙련된 사람을 찾고 있습니다.

📝 출제 TIP
highly(매우)는 high의 부사가 아니며, high(높은, 높은 곳에)는 형용사와 부사의 의미를 모두 지니고 있다.

---

impact
[ímpækt]

🔊 🖼 충돌, 충격, 영향; 충돌하다, 영향을 주다
•• the force of one object hitting another
The cost-reduction measures will lessen the financial impact.
원가 절감 조치가 재정적 충격을 완화하는 데에 도움이 될 것이다.

---

impatient
[impéiʃənt]
🔊 impatience 성급함, 안달
🔊 patient

🖼 조바심을 내는, 인내심이 없는
•• wanting something to happen as soon as possible or easily annoyed
They are very impatient at the delay of expected goods.
그들은 예정된 상품이 지연되자 매우 조바심을 냈다.

---

imperative
[impérətiv]

🔊 🖼 부득이한, 필수적인; 명령, 의무
•• extremely important to be done immediately
It is imperative to accelerate the research on new product development.
신제품 개발에 관한 연구에 박차를 가해야 한다.

📝 출제 TIP
• It's imperative to do/that~ 반드시 ~해야 한다
• an imperative tone 명령 하는듯한 말투
imperative가 형용사로 쓰여 '반드시 해야 하는'의 의미일 경우에는 명사 앞에 쓰지 않는다.

---

implant
미[ímplænt] 영[implά:nt]

🔊 🖼 이식; 이식하다, 주입하다
•• to put something into your body by performing a medical operation
An artificial dental implant is operated to look like a natural tooth.
인공 치아 이식이 자연 치아처럼 보이도록 시술된다.

---

imply
[implái]
🔊 implication 함축, 내포
🔊 implied 은연중의

🖼 암시하다, 내포하다
•• to communicate an idea or feeling without saying it directly
The high price doesn't imply that the product is good.
가격이 비싸다고 해서 그 제품이 좋다는 것을 의미하는 것은 아니다.

---

impolite
[impəláit]
🔊 polite 공손한

🖼 무례한, 실례되는
•• not polite; rude
It is impolite of you to interrupt the conversation of speakers.
이야기하는 사람들의 대화에 끼어드는 것은 무례한 일이다.

1 2 3 4 5 6 7 8 9 10 11 12 13 14 15 16 17 18 19 20 21 22 23 24 25 26 27 28 29 30

inaccurate
[inǽkjərit]

- inaccuracy
- accurate 정확한

부정확한
•• not completely correct

They attributed the inaccurate report to a lack of information.
그들은 보고서가 부정확한 것은 정보의 부족 탓이라고 생각했다.

출제 TIP
attribute는 to는 '~의 탓으로 돌리다'의 의미이며, 전치사를 묻는 문제로 출제된다.

---

incidental
[insədéntl]

- incident 우연한 일
- incidentally 부수적으로, 우연히

부수하여 일어나는, 이차적인, 우연의
•• happening in connection with something else that is more important

We need to solve the problems incidental to a rapid expansion of the business.
급속한 사업 확장에 따르는 부수적인 문제를 해결해야 한다.

---

incorrect
[inkərékt]

- inaccurate
- correct

부정확한, 틀린
•• not correct or true

If you have found any incorrect information, please let us know anytime.
부정확한 정보를 발견하면 언제라도 알려주시오.

---

indication
[ìndikéiʃən]

- indicate 나타내다
- indicative ~을 나타내는

징후, 조짐, 나타내는 것
•• a sign, remark, event etc that shows what is happening

There aren't any indications that business will be brisk.
사업이 번창하리라는 조짐이 전혀 없다.

출제 TIP
give an indication of '~의 징후를 나타내다'의 뜻으로 indication은 of와 어울려 같이 쓰인다.

---

individuality
[ìndəvìdʒuǽləti]

- individual 개인의
- individualism 개인주의

개성, 개인적 특성
•• the qualities that make someone different from other people

Wearing a uniform doesn't show people's individuality.
유니폼을 입게 되면 사람들의 개성이 드러나지 않는다.

---

industrial
[indʌ́striəl]

- industry 산업

산업의, 공업의
•• relating to industry or the people working in it

Industrial production has been lower since the accident.
사고 이후로 산업 생산이 계속해서 떨어지고 있다.

출제 TIP
industrial 산업의 / industrious 근면한, 부지런한
• the Industrial Revolution 산업 혁명 • an industrious worker 근면한 근로자
어근(industry)이 같지만 의미가 다른 파생어들을 구별하는 문제로 출제된다.

---

informative
미[infɔ́:rmətiv]
영[infɔ́:mətiv]
🔔 information 정보

📖 정보를 주는, 유익한
•• providing many useful facts or ideas
His presentation was very informative and professional.
그의 발표는 매우 유익하고 전문적이었다.

💬 출제 TIP
informative 정보를 주는, 유익한 / informed 잘 아는, 견문이 넓은
• an informative lecture 유익한 강연   • a well-informed person 정보통
어근(inform)이 같지만 의미가 다른 파생어들을 구별하는 문제로 출제된다.

---

infrastructure
미[ínfrəstrʌ̀ktʃər]
영[ínfrəstrʌ̀ktʃə]
🔔 superstructure 상부구조

📖 (조직, 제도의) 하부 구조, 사회(경제) 기반 시설
•• the basic systems that a country or organization needs in order to work properly
We should improve the financial infrastructure.
재정적 하부 구조를 향상시켜야 한다.

---

inherent
[inhíərənt]
🔔 inherently 본질적으로

📖 타고난, 고유의
•• existing as a natural or basic part of something
People have an inherent distrust towards plastic products.
사람들은 본래부터 플라스틱 제품에 대한 불신을 갖고 있다.

---

installment
[instɔ́:lmənt]

📖 분할 불입(금), 할부금
•• one of a series of regular payments
I bought a washing machine by monthly installment.
나는 할부로 세탁기를 구입했다.

💬 출제 TIP
• payment by installment 할부 지불   • pay in monthly installment 월부로 지불하다

---

instantly
[ínstəntli]
🔔 instant

📖 즉시, 곧장
•• immediately
If you want to get more information about the goods, you can get it instantly.
상품에 관해 좀 더 알고 싶을 경우 즉시 정보를 얻을 수 있다.

---

interest
[íntərèst]

📖 이자, 금리, 주의; 관심을 끌다
•• money which is charged by a bank or other financial organization for borrowing money
I had to get a loan with an interest rate of 20%.
나는 어쩔 수 없이 이자율이 20%인 대출을 받아야 했다.

---

interrupt
[ìntərʌ́pt]
🔔 interruption
🔔 interruptive

📖 방해하다, 가로막다
•• to stop someone from continuing
He was interrupted by a sudden noise.
갑작스런 소음으로 그의 말이 중단되었다.

landmark
미[lǽndmɑ̀:rk]
영[lǽndmɑ̀:k]

🧑 (획기적인) 사건, 변화, 발전
•• an important stage in something's development
The discovery of penicillin was a landmark in the history of medicine.
페니실린의 발견은 의약의 역사에서 획기적인 사건이었다.

lately
[léitli]

🕐 최근에, 요즘음
•• recently
Lately the economy is getting better.
최근에 경제가 좋아지고 있다.

🔖 출제 TIP
late(늦은)의 부사는 lately가 아니라 late(늦게)임을 기억한다.

largely
미[lɑ́:rdʒli] 영[lɑ́:dʒli]
🔵large

🕐 대부분, 주로, 대규모
•• mostly or mainly
It was largely a matter of poor management.
그것은 주로 관리를 잘못했기 때문에 발생한 문제이다.

latent
[léitnt]
🔵latency 잠재
🟢potential

🧑 잠재된, 잠복해 있는
•• something that is latent is present but hidden, and may become more noticeable in the future
You may have powerful abilities to lie latent within you.
당신에게는 안에 잠재하고 있는 강력한 능력이 있을 수도 있다.

lawsuit
[lɔ́:sjùːt]

🧑 소송
•• a problem or complaint that a person or organization brings to a court of law to be settled
They made a decision to file a lawsuit against the company.
그들은 그 회사를 상대로 소송하기로 결정했다.

leak
[liːk]
🔵leakage 누출, 누설

🔵 새다, 누설하다
•• to escape from a hole or crack in a pipe or container or to allow liquid or gas to escape
Water was leaking from the pipe.
물이 파이프에서 새고 있었다.

legislate
[lédʒislèit]
🔵legislation

🔵 법률을 제정하다, 입법하다
•• to make a law about something
They will legislate against smoking in public places.
그들은 공공장소에서 흡연을 금지하는 법을 제정할 것이다.

loiter
미[lɔ́itər] 영[lɔ́itə]
[유] idle

[동] (일에) 늑장부리다, 하는 일 없이 시간을 보내다
•• to move or do something slowly
He always loiters over his work.
그는 항상 자신의 일에 늑장부린다.

loyal
[lɔ́iəl]
[명] loyalty
[유] faithful
[반] disloyal 불성실한

[형] (약속, 의무에) 충실한, 성실한
•• always supporting your friends, principles, country
He's been loyal to his company in his life.
그는 평생 회사에 충실했다.

lucid
[lú:sid]
[명] lucidity 투명

[형] 명쾌한, 분명한
•• clearly expressed and easy to understand
He gave a lucid account of a product development process.
그는 상품 개발 과정에 관하여 명쾌한 설명을 하였다.

lavish
[lǽviʃ]
[부] lavishly 아낌없이
[유] profuse 씀씀이가 헤픈

[형] [동] 흥청망청 쓰는; 아낌없이 사용하다
•• more than enough, especially if expensive; very generous
The mayor has been criticized for lavish municipal spending.
시장은 시 지출을 흥청망청 썼다고 비난 받았다.

lengthy
[léŋkθi]
[반] brief 간결한

[형] 긴, 장황한
•• continuing for a long time, often too long
A lengthy period of probation will be required before being employed as a secretary.
비서로 채용되기 전에 긴 수습기간을 요한다.

level
[lévəl]

[명] 사회적 지위, 수준
•• particular position in a system that has different ranks
The meeting at board level will be held next week.
이사급 회의가 다음 주에 열릴 것이다.

liable
[láiəbl]
[명] liability 책임, 의무
[유] responsible

[형] 책임져야 할, 의무가 있는, ~하기 쉬운
•• legally responsible for the cost of something
We are not liable for the damage you caused.
당신들 때문에 생긴 손해에 대해 우리는 책임을 지지 않는다.

출제 TIP
• be liable to ~하기 쉽다 • be liable for ~에 대한 책임이 있다
liable 뒤 전치사에 따라 달라지는 의미 차이를 묻는 문제로 출제된다.

likelihood
[láiklihùd]
[형] likely ~할 것 같은
[유] likeliness, probability

[형] 가능성, 있음직함
•• the degree to which something can happen
There is high likelihood of your getting the job.
당신이 일자리를 얻을 가능성은 아주 높다.

Words Review

A 다음 설명에 해당하는 단어를 고르시오.

lucid frequent lavish hesitant incorrect feedback interrupt inherent implant indication

1 not correct or true
2 a sign, remark, event etc that shows what is happening
3 more than enough, especially if expensive; very generous
4 clearly expressed and easy to understand
5 uncertain about what to do or say because you are nervous or unwilling
6 existing as a natural or basic part of something
7 advice, criticism etc about how successful or useful something is
8 to stop someone from continuing
9 happening or doing something often
10 to put something into your body by performing a medical operation

B 다음 예문의 빈칸에 해당하는 단어를 골라 쓰시오.

fraud liable instantly lend incidental leaking findings grant legislate lawsuit loyal foster interest highly likelihood

1 Water was .... from the pipe.
2 They were accused of .... and stock market manipulations.
3 If you want to get more information about the goods, you can get it
 ....
4 The company is trying to .... the employees more money to encourage them.
5 We need to solve the problems .... to a rapid expansion of the business.
6 I had to get a loan with an .... rate of 20%.
7 They will .... against smoking in public places.
8 He's been .... to his company in his life.
9 We need to .... the development of the products.
10 They made a decision to file a .... against the company.
11 We are not .... for the damage you caused.
12 There is high .... of your getting the job.
13 Further research was conducted to verify the ....
14 The government awarded the company a .... of $5 million.
15 We are looking for a .... skilled person.

Answer

Ⓐ 1 incorrect 2 indication 3 lavish 4 lucid 5 hesitant 6 inherent 7 feedback 8 interrupt 9 frequent 10 implant
Ⓑ 1 leaking 2 fraud 3 instantly 4 lend 5 incidental 6 interest 7 legislate 8 loyal 9 foster 10 lawsuit 11 liable 12 likelihood 13 findings 14 grant 15 highly

오늘 외울 단어 중 자신이 아는 단어를 체크해 보세요.

- **medical** 의학의, 의료의
- **menace** 협박, 위험한 존재; 협박하다
- **mental** 정신의, 마음의, 정신병의
- **mingle** 섞다, 혼합하다
- **minimal** 최소한의
- **miserable** 비참한, 슬픈
- **missing** 사라진, 행방 불멸의
- **momentum** 탄력, 여세, 추진력
- **monetary** 화폐의, 통화의, 금전상의
- **monotonous** 단조로운, 지루한, 변화가 없는
- **mortgage** 저당; 저당 잡히다
- **motivation** 동기 부여, 열의, 욕구
- **municipal** 시의, 도시의
- **mutual** 서로의, 상호의

- **liquid** 움직이기 쉬운, 불안정한
- **literally** 말 그대로, 실제로
- **lucrative** 수지맞는, 이익이 있는, 돈이 벌리는
- **maintain** 보존하다, 유지하다
- **manageable** 다루기 쉬운, 처리하기 쉬운
- **manifest** 명백한; 분명히 하다
- **marked** 현저한, 뚜렷한
- **material** 재료, 물질, 원료; 물질의
- **materialistic** 물질주의의, 유물론의
- **matter** 중요하다; 문제, 중대사
- **mechanism** 기계 장치, 조직, 기구
- **meaningful** 의미 깊은
- **mention** 언급하다, ~에 대해 말하다; 언급
- **misplace** 잘못 두다, ~을 놓고 잊다

- **notify** 통지하다, 공시하다, 알리다
- **notorious** 악명 높은
- **numerous** 매우 많은, 무수한
- **objection** 반, 이의
- **objective** 목표, 목적
- **oblige** ~에게 강요하다, 할 수 없이 ~하게 하다
- **observance** 준수, 따르기, 관습
- **obstruct** 막다, 방해하다
- **obtain** 얻다, 획득하다
- **occasional** 가끔의, 때때로의
- **odor** 악취, 냄새
- **off chance** 요행, 만에 하나의 가능성
- **offload** 짐을 내리다
- **operational** (기계가) 운전 가능한, 작동하는

- **namely** 즉, 다시 말하면
- **narrow** 좁히다; 좁은, 편협한
- **nearly** 거의, 대략
- **neatly** 단정하게, 깔끔하게
- **necessity** 필요, 필요성
- **neglect** 무시하다, 게을리 하다; 등한시, 태만
- **negotiation** 협상, 교섭, 절충
- **neighboring** 이웃의, 인접한
- **neutrality** 중립
- **nominate** 지명하다, 추천하다, 임명하다
- **normal** 표준의, 보통의
- **note** 주목하다, 유의하다; 메모
- **noticeable** 눈에 띄는, 두드러진

liquid
[líkwid]

> ⑱움직이기 쉬운, 불안정한
> •• easily changed into money by being sold or exchanged
> The shares of big companies are more liquid than those of small companies.
> 대기업의 주식이 소규모 기업의 주식보다 더 유동적이다.

literally
[lítərəli]

⑨ literal 문자 그대로의

> ⑨말 그대로, 실제로
> •• according to the most basic or original meaning of a word or expression
> The news literally shocked all the people.
> 그 뉴스는 말 그대로 모든 사람들에게 충격을 주었다.

lucrative
[lú:krətiv]

⊕ profitable

> ⑱수지가 맞는, 이익이 있는, 돈이 벌리는
> •• producing a lot of money
> Telecom is a highly lucrative business in Nigeria.
> 원거리 통신은 나이지리아에서 매우 수지맞는 사업이다.
>
> 🔍 출제 TIP
> telecom − telecommunication 원거리 통신

maintain
[meintéin]

⑭ maintenance 관리

> ⑤보존하다, 유지하다
> •• to make something continue in the same way or at the same standard as before
> The company wants to maintain its rapid growth and market dominance.
> 그 회사는 회사의 급속한 성장과 시장 지배를 계속 유지하고자 한다.

manageable
[mǽnidʒəbl]

⑤ manage 다루다, 관리하다
⑭ management 경영, 관리

> ⑱다루기 쉬운, 처리하기 쉬운
> •• easy to control or deal with
> You will be able to keep the size of your business manageable.
> 당신의 사업 규모를 다루기 쉽게 할 것이다.

manifest
[mǽnəfèst]

⊕ obvious 뚜렷한

> ⑱⑤명백한; 분명히 하다
> •• plain and easy to see
> There was a manifest difference between the two reports.
> 두 개의 보고서 간에는 명백한 차이가 있었다.

marked
미[ma:rkt] 영[ma:kt]

⑭ markedly 현저하게
⑤ mark 주목하다
⊕ noticeable

> ⑱현저한, 뚜렷한
> •• very easy to notice
> There will be a marked improvement in the quality of the goods.
> 상품의 품질에서 현저한 향상이 있을 것이다.

material
[mətíəriəl]

명 형 재료, 물질, 원료; 물질의
•• a physical substance which things can be made from
The cushions are made from the same material as the sofa.
쿠션은 소파와 같은 재료로 만들어진 것이다.

materialistic
[mətìəriəlístik]

📘 materialism 물질주의
📗 materialistically
물질주의적으로

형 물질주의의, 유물론의
•• concerned only with money and possessions rather than
things of the mind
The worship of money is one of the characteristics of
materialistic society.
돈을 숭배하는 것은 물질주의적인 사회의 특징 중의 하나이다.

matter
미[mǽtər] 영[mǽtə]

동 명 중요하다; 문제, 중대사
•• to be important
It does not matter when he will come back.
그가 언제 돌아오느냐는 중요하지 않다.

🔍 출제 TIP
matter의 복수 matters는 '상황, 사태, 사정'의 뜻이므로 단수, 복수형의 의미 차이에 주의한다.

mechanism
[mékənìzm]

명 기계 장치, 조직, 구조
•• part of a machine or a set of parts
There must be something wrong with the mechanism of the
machine.
기계 장치에 잘못된 것이 있는 게 분명하다.

🔍 출제 TIP
• the watch mechanism 시계 장치 • the mechanism of society 사회 조직
• mechanisms for dealing with complaints 불만을 처리하는 방법
mechanism(장치, 조직, 방법)과 어울려 자주 쓰이는 구절들을 기억한다.

meaningful
[míːniŋfəl]

📘 meaning 의미, 뜻

형 의미 깊은
•• having a meaning that is easy to understand
You need to form a long lasting meaningful relationship with
customers.
고객들과 오랫동안 지속되는 의미 깊은 관계를 형성해야 한다.

medical
[médikəl]

📗 medically 의학적으로

형 의학의, 의료의
•• relating to illness and injuries for their treatment or
prevention
Medical researchers claim that the treatments have no
serious side effects.
의학 연구원들은 그 치료법이 심각한 부작용을 일으키지는 않는다고 주장한다.

🔍 출제 TIP
medical 의학의 / medicinal 약의, 의약의
• medical research 의학 연구 • medicinal plants 약용 식물
어근 medicine(의학, 약물)에서 파생한 형용사들의 혼동하기 쉬운 의미 차이에 주의한다.

mention
[ménʃən]

🔊 mentionable
언급할 수 있는

동⊜ 언급하다, ~에 대해 말하다; 언급
•• to talk or write quickly and without saying very much or giving detail
Some of the problems were mentioned in his report.
일부 문제들을 이 보고서에서 언급하였다.

misplace
[mispléis]

🔊 misplaced
🔊 mislay

동 잘못 두다, ~을 놓고 잊다
•• to lose something temporarily by forgetting where you have put it
I often misplace my key so I have to carry spare one.
나는 자주 키를 잘못 두고 못 찾아서 여분의 키를 가지고 다녀야 한다.

menace
[ménis]

🔊 threat

명⊜ 협박, 위험한 존재; 협박하다
•• something or someone that is dangerous
Driving after drinking is a menace to everyone.
음주 운전은 모든 이에게 위험한 것이다.

mental
[méntl]

🔊 mentally 정신적으로
🔊 physical

형 정신의, 마음의, 정신병의
•• relating to the health or state of someone's mind
Stress has an effect on both your physical and mental health.
스트레스는 신체적인 건강과 정신적인 건강 모두에 영향을 미친다.

mingle
[míŋgl]

동 섞다, 혼합하다
•• to mix or combine
Oil doesn't freely mingle with other substances.
기름은 다른 물질과 원활하게 섞이지 않는다.

minimal
[mínəməl]

🔊 minimally 극히 작게
🔊 minimum 최소

형 최소한의
•• the smallest amount or number allowed or possible
Wage increase would be minimal in the future because of the recession.
불황으로 인해서 앞으로 임금 인상은 최소한이 될 것이다.

miserable
[mízərəbl]

형 비참한, 슬픈
•• extremely unhappy
No one expected that the project would be a miserable failure.
그 프로젝트가 비참하게 실패할 것이라고는 아무도 예상하지 못했다.

missing
[mísiŋ]

🔊 miss 놓치다

형 사라진, 행방 불명의
•• absent; lost; not able to be found
The secretary couldn't find the missing papers.
그 비서는 사라진 서류를 찾을 수가 없었다.

momentum
[mouméntəm]

탄력, 여세, 추진력
- the ability to keep increasing, developing, or being more successful

Car sales should gather momentum in the second half of the year.
하반기에는 자동차 판매가 탄력이 붙어야 한다.

monetary
[mʌnitəri]

화폐의, 통화의, 금전상의
- relating to money in a particular country

Tight monetary policy caused market fall.
엄격한 통화 정책이 시가 하락의 원인이었다.

출제 TIP
- a monetary unit 화폐 단위   • monetary value 금전적인 가치

monotonous
미[mənátənəs]
영[mənɔ́tənəs]
🔁 monotone 단조로움
🔁 monotonously 지루하게

단조로운, 지루한, 변화가 없는
- boring because of always being the same

It is very monotonous to do repetitive work every day.
매일 반복적인 일을 한다는 것은 매우 지루한 일이다.

mortgage
미[mɔ́ːrgidʒ] 영[mɔ́ːgidʒ]

저당 잡히다; 저당
- to borrow money from a bank to buy a house

He mortgaged his house in order to resume a business.
그는 사업을 재개하기 위해서 집을 저당 잡히고 융자를 받았다.

motivation
[mòutəvéiʃən]
🔁 motivate 동기를 부여하다

동기 부여, 열의, 욕구
- enthusiasm for doing something

There seems to be a lack of motivation among the staff.
직원들에게 열의가 부족한 것 같다.

출제 TIP
- motivation (행동의) 동기 부여, 자극 / motive (행동의) 동기, 원인
- motivation to boost the employees' morale 직원들의 사기를 북돋우는 동기부여
- the motive of the crime 범죄의 동기
혼동하기 쉬운 어휘들의 정확한 의미를 묻는 문제로 출제된다.

municipal
[mjuːnísəpəl]

시의, 도시의
- relating to or belonging to the government of a town or city

They will announce this year's municipal budget next Monday.
그들은 다음 주 월요일에 금년의 시 예산을 발표할 것이다.

mutual
[mjúːtʃuəl]

서로의, 상호의
- of each other

In the end the discussion was ended by mutual agreement.
결국 토론은 서로의 합의로 끝이 났다.

namely
[néimli]

📝 name 명명하다, 부르다

🔵 즉, 다시 말하면
•• used when saying the names of the people or things you are referring to
Three people were mentioned, namely Joe, Tom and Jack.
세 사람이 언급되었는데, 즉, Joe, Tom 그리고 Jack이었다.

narrow
[nǽrou]

🔵 expand 넓히다

🔍 좁히다; 좁은, 편협한
•• to become less wide
Mutual understanding can narrow the gap between themselves.
서로 이해하면 그들 간의 격차를 좁힐 수 있다.

📌 출제 TIP
• narrow-minded 마음이 좁은   • a narrow escape 가까스로 모면함
• narrow one's eyes at ~를 보고 눈살을 찌푸리다
narrow의 품사별 의미 차이를 기억한다.

nearly
미[níərli] 영[níəli]

📝 near 가까운

🔵 거의, 대략
•• almost, but not quite or not completely
The point is that nearly 80 percent of the staff has their own cars.
요점은 직원의 거의 80퍼센트가 자기 차를 소유하고 있다는 것이다.

neatly
[níːtli]

🔵 단정하게, 깔끔하게
•• with everything in its place
All the files are neatly organized in the file cabinet.
모든 서류철들이 캐비닛 안에 깔끔하게 정리되어 있다.

necessity
[nəsésəti]

📝 necessary 필수적인
📝 need
🔵 luxury 사치품

🔍 필요, 불가피한 일
•• when something is necessary
A computer is an absolute necessity to complete this task.
이 업무를 마치려면 컴퓨터가 절대적으로 필요하다.

📌 출제 TIP
necessity의 복수형 necessities는 '필수품'으로 수에 따른 의미 차이에 주의한다.

neglect
[niglékt]

📝 neglectful

🔍 무시하다, 게을리 하다; 등한시, 태만
•• to pay too little attention to something
The security guard was fired of neglecting his duty.
보안 요원은 직무를 등한시하여서 해고되었다.

negotiation
[nigòuʃiéiʃən]

📝 negotiate 협상하다
📝 negotiable 교섭할
　　　　　여지가 있는

🔵 협상, 교섭, 절충
•• the process of discussing something with someone in order to reach an agreement with them
There was some progress in the negotiations to increase the pay.
임금을 인상시키기 위한 협상에서 진전이 있었다.

neighboring
[néibəriŋ]

- 명 neighbor 이웃사람
- 명 neighborhood 이웃, 근처
- 유 nearby

형 이웃의, 인접한
•• near the place where you are
The circus attracted countless people from neighboring towns.
서커스는 인접한 마을로부터 셀 수 없이 많은 사람들을 끌어 들였다.

neutrality
[nju:trǽləti]

- 형 neutral 중립의
- 명 neutralist 중립 주의자

명 중립
•• the state of not supporting either side
The manager found it impossible to maintain neutrality on the issue.
부장은 그 문제에 대해서 중립적인 상태를 지키기가 어렵다는 것을 알았다.

nominate
미[nάmənèit]
영[nɔ́mənèit]

- 명 nomination 지명

동 지명하다, 추천하다, 임명하다
•• to officially suggest someone or something for an important position, duty, or prize
The board nominated him as the new executive.
위원회가 그를 새 중역으로 임명했다.

normal
미[nɔ́:rməl] 영[nɔ́:məl]

- 명 normality 정상, 정규
- 부 normally 보통

형 표준의, 보통의
•• ordinary or usual
They were selling the goods at half the normal cost.
그들은 정상 가격의 반값으로 상품을 팔고 있다.

note
[nout]

- 형 noted 유명한

동 명 주목하다, 유의하다; 메모
•• to give your attention to something
Please note that our address has changed.
저희 주소가 바뀌었으니 유의하세요.

noticeable
[nóutisəbl]

- 동 notice 알리다
- 부 noticeably 현저하게
- 유 outstanding

형 눈에 띄는, 두드러진
•• easy to notice
A newspaper advertisement had a noticeable effect on sales.
신문 광고는 판매에 현저한 효과를 미쳤다.

notify
[nóutəfài]

- 명 notification 통지(서), 신고
- 유 inform

동 통지하다, 공시하다, 알리다
•• to formally or officially tell someone about something
They notified the police that the safe had been stolen.
그들은 금고를 도난당했다고 경찰에 알렸다.

notorious
[noutɔ́:riəs]

- 유 infamous 평판이 나쁜

형 악명 높은
•• famous or well-known for something bad
The company is notorious for paying its bills late.
그 회사는 청구서의 지불을 연체하는 것으로 악명 높다.

> 출제 TIP
> infamous는 famous의 반대 의미가 아니라 '좋지 않은 것으로 유명한, 악명 높은'의 뜻이다.

numerous
[njúːmərəs]

🔵 numerously 많이

🔍 **매우 많은, 무수한**
•• great in number ; many
Risk management has become an area of significant concern for numerous companies.
위험 관리는 수많은 회사들의 중요한 관심 분야가 되었다.

---

objection
[əbdʒékʃən]

🔵 object 반대하다

📖 **반대, 이의**
•• opposition or disapproval of something
The president addressed an objection to accepting his proposal.
사장은 그의 제안서 수락에 반대를 표명했다.

💬 출제 TIP
object to는 to가 부정사가 아니라 전치사이므로 동명사가 와야 하고, 동사의 형태에 관한 문제가 출제된다.

---

objective
[əbdʒéktiv]

🔵 purpose, goal

📖 **목표, 목적**
•• something that you are trying hard to achieve
The main objective was to improve the productivity.
주목표는 생산성을 향상시키는 것이다.

---

oblige
[əbláidʒ]

🔵 obligation 의무
🔵 obligatory 의무적인
🔵 compel

📖 **할 수 없이 ~하게 하다, ~에게 강요하다**
•• to force someone to do something
Falling profits obliged them to close the factory.
이윤 감소로 그들은 공장을 닫지 않을 수가 없었다.

💬 출제 TIP
• be obliged to do 어쩔 수 없이 ~해야 한다
• be obliged for ~에 대해 고맙게 여기다
형용사 obliged는 명사 앞에 쓰이지 않는 것에 주의한다.

---

observance
미[əbzə́ːrvəns]
영[əbzə́ːvəns]

🔵 observe 관찰하다,
준수하다

📖 **준수, 따르기, 관습**
•• obedience of a law or rules
They shall be responsible for strict observance of safety rules.
그들은 안전 규칙을 엄수할 책임이 있다.

💬 출제 TIP
observance 준수 / observation 관찰, 주목
• show observance of the rules 규칙을 준수하는 모습을 보이다
• have a great power of observation 뛰어난 관찰력이 있다
어근(observe)이 같지만 의미가 다른 파생어들이 의미 차이를 묻는 문제로 출제된다.

---

obstruct
[əbstrʌ́kt]

🔵 obstruction 방해(물)
🔵 obstructive 방해하는

📖 **막다, 방해하다**
•• to try to stop something from happening or developing
A man was arrested for obstructing the work of police.
한 남자가 경찰 공무 방해죄로 체포되었다.

obtain
[əbtéin]
🔵 obtainable 얻을 수 있는

🔵 얻다, 획득하다
•• to get something that you want
More data can be obtained from the head office.
보다 더 많은 자료는 본사에서 얻을 수 있다.

occasional
[əkéiʒənəl]
🔵 occasion 경우, 행사, 기회
🔵 occasionally 때때로

🔵 가끔의, 때때로의
•• happening sometimes but not often
An occasional visit to London was a great experience.
가끔씩 런던을 방문하는 일은 굉장한 경험이었다.

odor
미[óudər] 영[óudə]
🔵 stink, stench

🔵 악취, 냄새
•• a smell, especially an unpleasant one
Dense smoke and obnoxious odors were emitted from a factory.
자욱한 연기와 역겨운 악취가 공장에서 방출됐다.

off chance
미[Ʌftʃæns] 영[Ʌtʃɑːns]

🔵 요행, 만에 하나의 가능성
•• hope for the possibility of something, although it is not likely
I just came here to see your president on the off chance.
행여나 하는 바람으로 당신 사장을 만나러 왔다.

offload
[Ʌfloud]
🔵 unload

🔵 짐을 내리다
•• to take something off a truck or ship
People were busy in offloading cargo from the ship.
사람들이 배에서 화물을 내리느라 아주 분주했다.

operational
미[àpəréiʃənl] 영[ɔ̀pəréiʃənl]
🔵 operate 작동하다
🔵 operative 영향을 미치는
🔵 operation 작동, 운전

🔵 (기계가) 운전 가능한, 작동하는
•• working and ready to be used
The factory can be operational again in a week.
공장은 일주일 후에 다시 가동될 수 있다.

Words Review

A 다음 설명에 해당하는 단어를 고르시오.

necessity odor numerous material oblige menace note mechanism municipal neutrality

1 relating to or belonging to the government of a town or city
2 when something is necessary
3 to give your attention to something
4 great in number; many
5 to force someone to do something
6 a smell, especially an unpleasant one
7 the state of not supporting either side in an argument or war
8 a physical substance which things can be made from
9 part of a machine or a set of parts that does a particular job
10 something or someone that is dangerous

B 다음 예문의 빈칸에 해당하는 단어를 골라 쓰시오.

nominated mental mutual motivation narrow neglecting neatly notified objective noticeable observance monotonous momentum occasional miserable

1 Stress has an effect on both your physical and .... health.
2 It is very .... to do repetitive work every day.
3 There seems to be a lack of .... among the staff.
4 In the end the discussion was ended by .... agreement.
5 Mutual understanding can .... the gap between themselves.
6 The security guard was fired of .... his duty.
7 The board .... him as the new executive.
8 They .... the police that the safe had been stolen.
9 The main .... was to improve the productivity.
10 Employees shall be responsible for strict .... of safety rules.
11 All the files are .... organized in the file cabinet.
12 No one expected that the project would be a .... failure.
13 Car sales should gather .... in the second half of the year.
14 A newspaper advertisement had a .... effect on sales.
15 An .... visit to London was a great experience.

Answer

Ⓐ 1 municipal 2 necessity 3 note 4 numerous 5 oblige 6 odor 7 neutrality 8 material 9 mechanism 10 menace

Ⓑ 1 mental 2 monotonous 3 motivation 4 mutual 5 narrow 6 neglecting 7 nominated 8 notified 9 objective 10 observance 11 neatly 12 miserable 13 momentum 14 noticeable 15 occasional

오늘 외울 단어 중 자신이 아는 단어를 체크해 보세요.

- [ ] **potential** 잠재적인; 잠재력, 가능성
- [ ] **practical** 실용적인, 실제적인
- [ ] **presently** 현재, 지금
- [ ] **presumably** 아마, 추측하건대
- [ ] **prevalent** 유행하는, 널리 퍼진
- [ ] **primary** 가장 주요한
- [ ] **professional** 전문가의, 전문직의
- [ ] **proficient** 숙련된, 능숙한; 숙련자
- [ ] **productive** 생산적인, 생산력이 있는
- [ ] **properly** 적절하게, 적당하게
- [ ] **promptly** 즉시, 정확히
- [ ] **prone** ~하기 쉬운
- [ ] **prospective** 가능성 있는, 유망한
- [ ] **protective** 보호하는

- [ ] **opposition** 반대, 저항, 대립
- [ ] **organization** 조직, 기관, 단체
- [ ] **originally** 원래, 처음에는
- [ ] **orient** ~를 적응시키다
- [ ] **outburst** 폭발, 격발
- [ ] **outstanding** 미결제된, 미불의
- [ ] **overall** 전반적인, 종합적인
- [ ] **overcome** 극복하다, 이겨내다
- [ ] **overload** ~에 과적하다; 과적, 과부하
- [ ] **overly** 지나치게, 몹시
- [ ] **perishable** 썩기 쉬운, 부패하기 쉬운
- [ ] **persuasive** 설득력 있는
- [ ] **petition** 청원(서), 탄원(서); 청원하다, 신청하다
- [ ] **portable** 휴대용의, 가지고 다닐 수 있는

- [ ] **prudent** 사려 깊은, 신중한
- [ ] **rating** 평가, 등급, 신용도, 시청률
- [ ] **readily** 쉽게, 즉시
- [ ] **recall** (결함 상품을) 회수하다; 회수
- [ ] **recipient** 수취인, 수령인
- [ ] **reduce** 줄이다, 감소시키다
- [ ] **reference** 추천서, 신원 증명서
- [ ] **regrettable** 유감스러운, 섭섭한
- [ ] **region** 지방, 지역
- [ ] **relatively** 비교적, 상대적으로
- [ ] **reliable** 믿을 수 있는
- [ ] **remarkable** 주목할 만한, 현저한
- [ ] **remote** 외진, 멀리 떨어진

- [ ] **require** 요구하다, 필요로 하다
- [ ] **resignation** 사직, 사임
- [ ] **resolution** 결의(안), 결심
- [ ] **respective** 각각의, 개개의
- [ ] **restore** 복직시키다, 복구하다, 회복하다
- [ ] **restricted** 제한된, 한정된
- [ ] **rightly** 정확하게, 정당하게, 옳게
- [ ] **satisfied** 만족한, 흡족한
- [ ] **scarce** 부족한, 모자라는
- [ ] **second-hand** 중고품의; 중고로
- [ ] **secure** 안전하게 하다, 확보하다
- [ ] **sensitive** 변동하기 쉬운, 불안정한
- [ ] **sequence** 순서, 연속, 결과
- [ ] **settle** 해결하다, 수습하다

opposition
ㅁ|[àpəzíʃən] 영[ɔ̀pəzíʃən]
⊜ oppose 반대하다

몡 반대, 저항, 대립
•• strong disagreement
The board of directors expressed strong opposition to the plan. 이사회는 그 계획에 강한 반대를 표명했다.

organization
ㅁ|[ɔ̀rgənizéiʃən]
영[ɔ̀gənaizéiʃən]
⊜ organize 조직하다

몡 조직, 기관, 단체
•• a group that has formed for a particular purpose
I'm going overseas to manage the foreign organization.
해외 조직을 관리하러 해외에 갈 예정이다.

originally
[ərídʒənəli]
몡 origin 근원, 기원
⊜ originate 시작되다

閉 원래, 처음에는
•• in the beginning, before other things happened
Profits would be lower than originally expected.
수익은 원래 예상했던 것보다 더 낮을 것이다.

oriental
[ɔ̀:riéntl]
몡 orientation 적응 지도,
오리엔테이션

혱 동양의, 동양적인
•• coming from or associated with eastern Asia
He's interested in oriental thought.
그는 동양 사상에 관심이 있다.

🔍 출제 TIP
oriented ~을 지향하는 / −oriented ~경향의, 위주의
• oriented towards science subjects 과학 과목을 지향하는
• family−oriented society 가족 위주의 사회
oriented는 명사나 부사 뒤에 붙여 쓰여 형용사를 만든다. 별, 형용사별 의미를 구별하는 문제로 출제된다.

outburst
ㅁ|[áutbə:rst] 영[áutbə:st]

몡 폭발, 격발
•• a sudden strong expression of an emotion
He later apologized for his outburst.
그는 나중에 자신이 폭발한 것에 대해 사과했다.

outstanding
[autstǽndiŋ]

혱 미결제된, 미불의
•• not yet done, solved, or paid
You have an outstanding account with us that is overdue.
귀사는 당사에 지불 기한이 넘은 미불금이 있다.

🔍 출제 TIP
outstanding 뛰어난, 두드러진 / outstanding 아직 미지불인, 부채가 미불인
• an outstanding achievement 뛰어난 성과 • outstanding debts 갚지 못한 빚
동일한 단어의 의미 차이를 묻는 문제로 출제되므로 용례로 그 차이를 기억한다.

overall
미[óuvərɔːl] 영[óuvəɔːl]

형 전반적인, 종합적인
•• considering or including everything
If you fix the problems, overall production will rise 20%.
문제를 해결하면 전체 생산량이 20% 증가할 것이다.

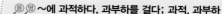 출제 TIP
overall 뒤에 -s가 붙은 overalls는 명사로 '작업 바지, 작업복'을 의미한다.

overcome
미[ouvərkʌm]
영[ouvəkʌm]

동 극복하다, 이겨내다
•• to successfully control a feeling or problem
The company couldn't overcome its financial problems after all. 결국 그 회사는 재정적인 문제를 극복할 수 없었다.

overload
미[ouvərlóud]
영[ouvəlóud]

동 형 ~에 과적하다, 과부하를 걸다; 과적, 과부하
•• to put too many things or people on or into something
Make sure that the truck is not overloaded with cargo.
반드시 트럭을 화물로 과적하지 않도록 하시오.

overly
미[óuvərli] 영[óuvəli]

부 지나치게, 몹시
•• too; excessively
The overly critical manager will be transferred.
지나치게 비판적이던 부장이 전근을 갈 것이다.

perishable
[périʃəbl]
🔵 perish
🔵 imperishable
부패하지 않는

형 썩기 쉬운, 부패하기 쉬운
•• likely to decay quickly
This method enables the storage of highly perishable produce for prolonged periods.
이 방법을 사용하면 대단히 썩기 쉬운 농산물을 장기간 보관할 수 있다.

persuasive
미[pərswéisiv]
영[pəswéisiv]
🔵 persuade 설득하다
🔵 persuasively 설득력 있게

형 설득력 있는
•• able to make other people believe something
The salesman had a very persuasive way of talking.
그 판매원은 매우 설득력 있는 대화술을 가지고 있었다.

petition
[pətíʃən]

명 동 청원(서), 탄원(서); 청원하다, 신청하다
•• a written request signed by a lot of people, asking someone in authority to do something
They wanted me to sign a petition against nuclear weapon.
그들은 내가 핵무기에 반대하는 탄원서에 서명하기를 원했다.

1 2 3 4 5 6 7 8 9 10 11 12 13 14 15 16 17 18 19 20 21 22 23 24 25 26 27 28 29

portable
미[pɔ́:rtəbl] 영[pɔ́:təbl]

[형] 휴대용의, 가지고 다닐 수 있는
•• able to be carried or moved easily
The prices of portable computers keep getting lower.
휴대용 컴퓨터의 가격이 계속해서 내리고 있다.

출제 TIP
portable 휴대용의 / potable 마시기에 적합한
• designed to be easily portable 휴대하기 쉽게 고안된
• potable water 식수(로 적합한 물)
혼동하기 쉬운 어휘들의 의미 차이를 구별하는 문제로 출제된다.

potential
[pəténʃəl]
[부] potentially 잠재적으로
[유] possible

[형] [명] 잠재적인; 잠재력, 가능성
•• likely to develop into a particular type in the future
We offer several ways to attract potential customers.
잠정적인 고객의 관심을 끌 수 있는 몇 가지 방식을 제공한다.

practical
[prǽktikəl]
[부] practically 실제적으로
[반] theoretical 이론상의

[형] 실용적인, 실제적인
•• relating to real situations and events
This is a practical method to improve the quality of the products. 이것은 제품의 품질을 향상시킬 실용적인 방법이다.

presently
[prézntli]
[형] present 현재의

[부] 현재, 지금
•• at the present time
More than 440 nuclear power plants are presently operational in 30 countries.
30개국에서 440개 이상의 핵발전소가 현재 가동 중이다.

presumably
미[prizú:məbli]
영[prizjú:məbli]
[동] presume 추정하다
[유] probably

[부] 아마, 추측하건대
•• used to say that you think something is probably true
They can presumably afford to buy a bigger factory.
그들은 아마 더 큰 공장을 구입할 수 있는 경제적인 여유가 있다.

prevalent
[prévələnt]
[동] prevail 널리 보급되다, 유력하다
[명] prevalence 만연함

[형] 유행하는, 널리 퍼진
•• existing very commonly or happening frequently
Flu is one of the most prevalent diseases among young children.
유행성 감기가 아동들에게 가장 만연한 질병 중의 하나이다.

primary
미[práimeri] 영[práiməri]
[부] primarily 우선적으로, 주로
[유] main

[형] 주요한, 기본적인
•• of chief important; principal
Their primary objective is to increase productivity.
그들의 주요 목표는 생산성을 증가시키는 것이다.

출제 TIP
principle 원칙 / principal 주요한, 교장, 학장
• stick to moral principles 도덕적인 원칙을 고수하다
• the principal reason 주요한 이유 • be appointed as principal 교장으로 임명되다

professional
[prəféʃənl]
🔵 amateur

🔵 전문가의, 전문직의
•• relating to a job needing special education and training
The consultant has a professional ability.
그 컨설턴트에게는 전문적인 능력이 있다.

proficient
[prəfíʃənt]
🔵 proficiency
🔵 skillful

🔵🔵 숙련된, 능숙한; 숙련자
•• able to do something well or skillfully
All of them are proficient at operation the machines.
그들 모두 기계 조작에 능숙했다.

productive
[prədΛktiv]
🔵 productivity 생산성
🔵 produce 생산하다
🔵 unproductive

🔵 생산적인, 생산력이 있는
•• providing a large amount or supply of something
Most workers are more productive in the morning.
대부분의 작업자들은 아침에 더 생산적이다.

properly
미[prápərli] 영[própəli]
🔵 proper
🔵 improperly 부적절하게

🔵 적절하게, 적당하게
•• in a way that is considered right
The fax machine is not working properly.
팩스 기계가 제대로 작동되지 않는다.

promptly
미[prámptli] 영[prómptli]
🔵 prompt 신속한

🔵 즉시, 정확히
•• immediately; without delay; on time
You are supposed to respond to e-mails and messages promptly. 이메일과 메시지에 즉각 답신을 해야 한다.

prone
[proun]

🔵 ~하기 쉬운
•• likely to do something or suffer from something, especially something bad or harmful
New staff is prone to make mistakes.
신입 사원은 실수하기 일쑤이다.

🔸 출제 TIP
• prone to anger 화를 내기 쉬운 • prone to get angry 화를 내기 쉬운
prone은 뒤에 전치사 to와 부정사 to를 둘 다 쓸 수 있다.

prospective
[prəspéktiv]
🔵 prospect 가능성, 전망

🔵 가능성 있는, 유망한
•• likely to happen
Prospective customers expressed an interest in our goods.
수많은 잠재 고객들이 우리의 상품을 구매하는 데에 관심을 표명했다.

🔸 출제 TIP
• prospective 장래의, 유망한 / prosperous 번창하는, 번영한
혼동하기 쉬운 형용사의 의미 차이를 구별하는 문제로 출제된다.

protective
[prətéktiv]

- ② protection 보호
- ⑤ protect 보호하다

⊗ 보호하는
- •• used or intended for protection
- You must wear protective gear at all times.
- 항상 보호 장비를 착용해야 한다.

prudent
[prú:dnt]

- ② prudence 분별, 사려
- ⑳ imprudent 무분별한

⊗ 사려 깊은, 신중한
- •• sensible and careful, especially by trying to avoid unnecessary risks
- It was not prudent to sell all the stocks.
- 주식을 모두 다 매각한 건 신중한 처사가 아니었다.

rating
[réitiŋ]

- ②⑤ rate 비율; 평가하다

⊗ 평가, 등급, 신용도, 시청률
- •• a score or measurement of something
- Our company has a high credibility rating.
- 저희 회사는 신용 등급이 높습니다.

readily
[rédəli]

- ② ready 준비된
- ⑭ willingly 기꺼이

⊗ 쉽게, 즉시
- •• quickly and easily
- The information is readily accessible on the Internet.
- 정보는 인터넷에서 쉽게 얻을 수 있다.

recall
[rikɔ́:l]

⊗⊗ (결함 상품을) 회수하다; 회수
- •• to order the return of products made by a company
- The company recalled 6000 machines to fix a risk associated with batteries.
- 그 회사는 전지와 관련된 위험을 고치기 위하여 6천대의 기계를 회수했다.

recipient
[risípiənt]

- ⑤ receive 받다

⊗ 수취인, 수령인
- •• someone who receives something
- Be sure to get a recipient's signature.
- 반드시 수령인의 서명을 받아야 한다.

reduce
[ridjú:s]

- ⑭ decrease

⊗ 줄이다, 감소시키다
- •• to make something smaller or less
- Small businesses need to reduce costs in order to survive.
- 작은 회사들은 살아남기 위해 경비를 줄여야 할 것이다.

reference
[réfərəns]

- ⑤ refer 조회하다

⊗ 추천서, 신원 증명서
- •• part of something you say or write in which you mention a person or thing
- He promised to write me a very good reference.
- 그는 나에게 아주 훌륭한 추천서를 써 주겠다고 약속했다.

regrettable
[rigrétəbl]

ⓟ regret 후회하다
ⓟ regrettably 유감스럽게

ⓐ 유감스러운, 섭섭한
•• making you feel sad and sorry about something
It was awfully regrettable that Mr. Jones had to resign.
Jones씨가 사임할 수밖에 없었던 게 몹시 유감스러웠다.

출제 TIP
regretful ~을 유감으로 생각하는, 후회하는 / regrettable 유감스러운
• a regretful look 후회하는 표정 • It is highly regrettable that ~은 매우 유감이다

region
[ríːdʒən]

ⓝ 지방, 지역
•• a large area of a country or of the world
The factory is situated at an unpopulated region.
그 공장은 사람이 살지 않는 지방에 위치해 있다.

relatively
[rélətivli]

ⓟ relative 비교상의

ⓐ 비교적, 상대적으로
•• by comparison to something else
The machine is relatively easy to operate.
그 기계는 비교적 작동하기가 쉽다.

reliable
[riláiəbl]

ⓟ reliability 신뢰성, 신빙성
ⓟ rely 의존하다
ⓟ dependable

ⓐ 믿을 수 있는
•• able to be trusted
Is it reliable information that he is reliant on the bank loans?
그가 은행 대출에 의존한다는 것이 믿을만한 정보인가?

출제 TIP
• reliable 믿을 수 있는 • reliant 의존하는 • reliable information 믿을 만한 정보
어근(rely)이 같지만 의미가 다른 파생어를 구별하는 문제로 출제된다.

remarkable
ⓜ[rimάːrkəbl] ⓔ[rimάːkəbl]

ⓟ outstanding 두드러진
ⓟ remarkably 현저하게

ⓐ 주목할 만한, 현저한
•• worthy of attention; striking
They made a remarkable achievement.
그들은 놀랄만한 성과를 달성했다.

remote
[rimóut]

ⓟ isolated

ⓐ 외진, 멀리 떨어진
•• far from towns or other places where people live
They deliver goods even to the remote parts of the world.
그들은 상품을 심지어 전 세계의 외진 곳까지 배달한다.

require
ⓜ[rikwáiər] ⓔ[rikwáiə]

ⓟ required 필수의
ⓟ requirement 요구 조건

ⓥ 요구하다, 필요로 하다
•• to need something
Regulations require that passengers wear life jackets.
규정에 의하면 승객들은 구명 재킷을 착용해야 한다.

resignation
[rèzignéiʃən]

ⓟ resign 사임하다

ⓝ 사직, 사임
•• when you announce that you leave your job
The president didn't accept the director's resignation.
사장은 이사의 사임을 수락하지 않았다.

1
2
3
4
5
6
7
8
9
10
11
12
13
14
15
16
17
18
19
20
21
22
23
24
25
26
27
28
29

resolution
[rèzəlúːʃən]

몡 결의(안), 결심
•• a formal decision or statement agreed on by a group of people, especially after a vote
The board passed a resolution that working conditions should be improved.
이사회는 작업 환경을 개선해야 한다는 결의안을 가결했다.

respective
[rispéktiv]

😊 respectively 따로 따로

혱 각각의, 개개의
•• belonging to each of the individual people or things you have just mentioned
We have our respective roles in carrying out the goals.
우리에게는 목표를 수행하는 데에 있어서 각자의 역할이 있다.

🔖 출제 TIP
• respective 각각의   • respectable 존경할 만한, 훌륭한
• respectful 공손한   • respecting ~에 관한
어근(respect)이 같지만 의미가 다른 파생어들을 구별하는 문제로 출제되므로 이들의 의미 차이를 구별한다.

restore
미[ristóːr] 영[ristóː]

😊 restoration
😊 recover

동 복직시키다, 복구하다, 회복하다
•• to make something return to its former state or condition
The president restored him to his former position.
사장은 그를 원래의 직책에 복직시켰다.

restricted
[ristríktid]

😊 restrict 제한하다

혱 제한된, 한정된
•• limited or controlled, especially by laws or rules
The use of those chemicals is strictly restricted.
그러한 화학제품들은 사용이 엄중히 제한되어 있다.

rightly
[ráitli]

😊 justly
😊 wrongly 그릇되게, 부당하게

분 정확하게, 정당하게, 옳게
•• correctly, or for a good reason
I didn't rightly know which way was the fastest.
나는 어느 쪽이 가장 빠른 길인지 정확하게 알지 못했다.

satisfied
[sǽtisfàid]

😊 satisfy 만족시키다
😊 dissatisfied

혱 만족한, 흡족한
•• pleased because something has happened in the way that you want
They were not satisfied with the report.
그들은 그 보고서에 만족하지 않았다.

scarce
미[skɛərs] 영[skɛəs]

😊 scarcely 간신히,
거의 ~않다

혱 부족한, 모자라는
•• not easy to find or obtain
Raw materials are getting scarce in some areas, and their prices are rising.
일부 지역에서는 원자재가 점점 부족해서 값이 치솟고 있다.

secure
미[sikjúər] 영[sikjúə]

😊 security 보안
😊 securely 안전하게

🔍 **안전하게 하다, 확보하다**
•• to make something safe from being attacked, or lost
What is the best way to secure the company's financial future?
회사의 재정적인 미래를 안전하게 해 줄 가장 좋은 방법은 무엇인가?

second-hand
[sekəndhǽnd]

🔍 **중고품의; 중고로**
•• not new, having been used by someone else
We have thousands of second-hand cars.
저희는 수많은 중고품 자동차가 있습니다.

🔎 출제 TIP
• second-hand 전하여 들은, 간접적인   • second hand 시계의 초침
• first-hand 직접 얻은, 직접 경험한

sensitive
[sénsətiv]

😊 sensitively

🔍 **변동하기 쉬운, 불안정한**
•• easily influenced, changed or damaged
The stock market is highly sensitive.
주식 시장은 매우 변동하기가 쉽다.

🔎 출제 TIP
sensitive 민감한, 예민한 / sensible 현명한, 분별 있는 / sensory 감각의
• sensitive to criticism 비판에 민감한   • sensible advice 현명한 충고
• sensory organs 감각 기관
어근(sense 감지하다)이 같지만 의미가 다른 파생어를 구별하는 문제로 출제된다.

sequence
[síːkwəns]

🔍 **순서, 연속, 결과**
•• an order in which related things follow each other
The recordings are in chronological sequence.
기록들이 연대순대로 되어 있다.

settle
[sétl]

😊 settlement 해결이 남, 조정

🔍 **해결하다, 수습하다**
•• to end an argument or solve a disagreement
It's time to settle the dispute with the union.
노조와의 갈등을 해결할 때이다.

Words Review

A   다음 설명에 해당하는 단어를 고르시오.

require prevalent presently rightly overall professional outburst prospective opposition productive

1 providing a large amount or supply of something
2 considering or including everything
3 existing very commonly or happening frequently
4 at the present time
5 to need something
6 correctly, or for a good reason
7 strong disagreement
8 likely to happen
9 a sudden strong expression of an emotion, especially anger
10 relating to a job that needs special education and training

B   다음 예문의 빈칸에 해당하는 단어를 골라 쓰시오.

prudent persuasive settle remarkable rating protective readily second-hand reference proficient remote promptly presumably originally region

1 The salesman had a very .... way of talking.
2 Our company has a high credibility ....
3 It was not .... to sell all the stocks.
4 It's time to .... the dispute with the union.
5 They made a .... achievement.
6 Profits would be lower than .... expected.
7 They can .... afford to buy a bigger factory.
8 The information is .... accessible on the Internet.
9 The factory is situated at an unpopulated ....
10 We have thousands of .... cars.
11 All of them are .... at operation the machines.
12 You are supposed to respond to emails and messages ....
13 You must wear .... gear at all times.
14 He promised to write me a very good ....
15 They deliver goods even to the .... parts of the world.

Answer

A 1 productive 2 overall 3 prevalent 4 presently 5 require 6 rightly 7 opposition 8 prospective 9 outburst 10 professional

B 1 persuasive 2 rating 3 prudent 4 settle 5 remarkable 6 originally 7 presumably 8 readily 9 region 10 second-hand 11 proficient 12 promptly 13 protective 14 reference 15 remote

오늘 외울 단어 중 자신이 아는 단어를 체크해 보세요.

- [ ] **statement** 계산서, 명세서
- [ ] **stationery** 사무용품, 문구류
- [ ] **strategy** 전략
- [ ] **streamline** (일, 조직, 계획 등을) 능률적으로 하다
- [ ] **strict** 엄격한, 엄한
- [ ] **strike** 파업을 하다; 동맹
- [ ] **struggle** 애쓰다, 고심하다; 노력, 분투
- [ ] **substantial** (양, 크기가) 상당한
- [ ] **successful** 성공적인, 좋은 결과의
- [ ] **sue** 고소하다, 소송을 제기하다
- [ ] **sufficient** 충분한, 족한
- [ ] **superficial** 피상적인, 실질적이 아닌
- [ ] **surpass** ~을 능가하다, 넘어서다
- [ ] **summarize** 요약하다, 간추려 말하다

- [ ] **severe** 심한, 엄격한
- [ ] **shallow** 얕은, 피상적인
- [ ] **shortly** 곧, 바로
- [ ] **shrink** (천이) 줄어들다
- [ ] **significant** 중요한, 의미심장한
- [ ] **simulate** 모의실험을 하다
- [ ] **sincerely** 진심으로, 충심으로
- [ ] **singular** 유일한, 단독의, 유례없는
- [ ] **slowdown** 경기 후퇴, 둔화, 감속
- [ ] **sophisticated** (기계, 기술이) 정교한, 세련된
- [ ] **spacious** 넓은, 거대한
- [ ] **specialize** 전문적으로 하다, 전공하다
- [ ] **species** 종, 종류
- [ ] **spontaneous** 자발적인, 자연 발생적인

- [ ] **surroundings** 주위의 상황, 환경
- [ ] **susceptible** 병에 걸리기 쉬운, 영향 받기 쉬운
- [ ] **switch** 맞바꾸다, 교환하다
- [ ] **sympathetic** 인정 있는, 동정하는
- [ ] **take-off** 이륙
- [ ] **tax exempt** 비과세의, 면세의
- [ ] **technician** 기술자
- [ ] **temperature** 기온, 체온
- [ ] **terminal** 공항의 청사, 터미널, 종점
- [ ] **thaw** 녹다, 해동하다, 누그러지다; 해빙
- [ ] **toast** 축배, 건배; 건배하다
- [ ] **toll** 통행료, 사용료
- [ ] **urge** 권고하다, 촉구하다

- [ ] **valet** 주차 담당원, 시종; 시중들다
- [ ] **valid** 유효한
- [ ] **violation** 위반, 침해
- [ ] **voucher** 상품권, 할인권
- [ ] **weatherman** 기상 예보관
- [ ] **tactic** 방책, 전술, 전략
- [ ] **takeover** 기업 인수, 인계, 경영권 취득
- [ ] **tariff** 관세; 관세를 부과하다
- [ ] **temporary** 일시적인, 잠깐의
- [ ] **thorough** 완전한, 철저한
- [ ] **thrifty** 검소한, 절약하는
- [ ] **transaction** 업무, 거래
- [ ] **typical** 전형적인, 대표적인, 독특한
- [ ] **unanimous** 만장일치의

severe
미[sivíər] 영[sivíə]
🔁 severely 심하게
🔁 strict

🔍 **심한, 엄격한**
•• very bad or very serious
Severe cutbacks in budgets were accompanied by staff reductions.
심한 예산 삭감으로 직원도 감소하게 되었다.

shallow
[ʃǽlou]
🔁 superficial
🔁 deep

🔍 **얕은, 피상적인**
•• measuring only a short distance from the top to the bottom
They were playing in a shallow river.
그들은 얕은 강에서 놀고 있었다.

shortly
미[ʃɔ́:rtli] 영[ʃɔ́:tli]
🔁 short 짧은, 가까운

🔍 **곧, 바로**
•• in a short time; soon
We will start the work shortly after this project.
이 프로젝트가 끝나면 바로 그 업무를 시작할 것이다.

shrink
[ʃrink]
🔁 shrinkage 수축

🔍 **(천이) 줄어들다**
•• to become smaller through the effects of heat or water
This shirt will shrink slightly when you wash it.
이 셔츠는 세탁하면 약간 줄어든다.

significant
[signífikənt]
🔁 significance 중대성
🔁 insignificant 사소한

🔍 **중요한, 의미심장한**
•• having an important effect
There was a significant difference between the two production methods.
두 생산 방법에는 중요한 차이점이 있었다.

simulate
[símjulèit]
🔁 simulation 모의실험

🔍 **모의실험을 하다**
•• to do or make something which looks real but is not real
We are going to simulate the effects of sales decrease.
우리는 판매 감소의 결과를 모의 실험할 것이다.

sincerely
미[sinsíərli] 영[sinsíəli]
🔁 sincere 진심에서 우러난
🔁 truly

🔍 **진심으로, 충심으로**
•• without pretending or lying
We are sincerely grateful for your patience.
여러분들의 인내심에 진심으로 감사하게 생각합니다.

💬 출제 TIP
Yours sincerely(올림, 드림)는 공식적인 서한을 맺을 때 쓰는 표현으로 이름을 서명하기 전에 쓴다.

singular
미[síŋgjulər] 영[síŋgjulə]

🖊 ⑱ 유일한, 단독의, 유례없는
•• referring to just one person or thing
It was an event singular in my life.
그것은 내 인생에서 유례없는 사건이었다.

slowdown
[slóudaun]

🖊 ⑲ 경기 후퇴, 둔화, 감속
•• a reduction in activity or speed
During the economic slowdown, the fast-food industry was
seriously affected.
경기 침체기에 패스트푸드 산업도 크게 영향을 받았다.

sophisticated
[səfístəkèitid]

😊 sophisticate 세련되게 하다
😊 sophistication 세련미

🖊 ⑲ (기계, 기술이) 정교한, 세련된
•• said of machines equipped with new devices
Our sophisticated machinery and skilled people could
enable us to be more successful.
우리의 정교한 기계와 숙련공 덕으로 우리는 보다 더 성공할 수 있을 것이다.

🔖 출제 TIP
• a highly sophisticated technique 매우 정교한 기술
• a sophisticated woman 닳고 닳은 여자
• a naive and unrealistic girl 순진하고 비현실적인 소녀
naive는 '경험, 지식 부족하여 순진해 빠진, 모자랄 정도로 순진한'의 의미로
sophisticated와 반대의 뜻이다.

spacious
[spéiʃəs]

😊 space

🖊 ⑲ 넓은, 거대한
•• large and with a lot of space
The house consists of five spacious and comfortable rooms.
집은 5개의 넓고 편안한 방으로 이루어져 있다.

🔖 출제 TIP
consist는 of 다음에 복수명사가 온다는 것을 기억한다.

specialize
[spéʃəlàiz]

😊 specialist 전문가
😊 specialized 전문의

🖊 ⑲ 전문적으로 하다, 전공하다
•• to spend most of your time doing one type of business
This restaurant specializes in seafood.
이 레스토랑은 해산물 요리를 전문으로 한다.

🔖 출제 TIP
specialize는 전치사 in과 어울려 같이 쓰인다.

species
[spíːʃiːz]

😊 kind, sort, type

🖊 ⑲ 종, 종류
•• any group of related plants or animals that share some
common features
You will enjoy rare plant species from around the world.
저희는 수많은 중고품 자동차가 있습니다.

🔖 출제 TIP
• a species of fish 물고기 종류 • many species of animals 많은 동물의 종
species는 단, 복수의 형태가 같으며 수와 관련된 문제로 출제된다.

spontaneous

미[spantéiniəs]
영[spɔntéiniəs]

ⓟ spontaneously 자발적으로

ⓐ **자발적인, 자연 발생적인**
•• happening or done in a natural, often sudden way, without any planning
They made a spontaneous offer of help.
그들은 자발적인 도움을 제의했다.

statement

[stéitmənt]

ⓝ **계산서, 명세서, 입출금 내역서**
•• a record showing amounts of money paid, received, owed
Don't forget to check your receipts against the statement.
잊지 말고 당신의 영수증을 계산서와 대조하시오.

stationery

미[stéiʃənèri] 영[stéiʃənəri]

ⓝ **사무용품, 문구류**
•• the items such as paper, pens and envelopes
We have a variety of school and office stationery.
저희는 다양한 학용품과 사무용품이 있습니다.

> 출제 TIP
> stationery 문구류, 문방구 / stationary 움직이지 않는, 정지된
> • a stationery store 문방구점   • a stationary vehicle 움직이지 않는 차량
> 혼동하기 쉬운 단어들의 의미 차이를 묻는 문제로 출제된다.

strategy

[strǽtədʒi]

ⓐ strategic 전략적인

ⓝ **전략**
•• a planned series of actions for achieving something
They will soon make a presentation on their business strategy.
그들은 곧 사업 전략에 관한 발표를 할 것이다.

streamline

[strí:mlain]

ⓐ streamlined 간소화된, 합리화된

ⓥ **(일, 조직, 계획 등을) 능률적으로 하다**
•• to make something work more simply and effectively
We want to streamline the manufacturing process.
우리는 제조 과정을 능률적으로 하고 싶다.

strict

[strikt]

ⓟ strictly 엄중하게

ⓐ **엄격한, 엄한**
•• expecting people to obey rules
This company is very strict about punctuality.
이 회사는 시간 엄수에 매우 엄격하다.

> 출제 TIP
> • strictly speaking 엄밀하게 말하자면   • strictly confidential 극비
> • strictly forbidden 절대적으로 금하는
> strictly와 서로 어울려 짝을 이루는 구절들을 기억한다.

strike

[straik]

ⓟ striking 파업 중의

ⓥ/ⓝ **파업을 하다; 파업**
•• to stop working because of an argument with an employer
The workers are striking for a reduction in the working hours.
노동자들이 작업 시간 단축을 요구하는 파업을 하고 있다.

struggle
[strʌgl]

[동][명] **애쓰다, 고심하다; 노력, 분투**
•• to try hard to achieve something
Firms are struggling against a prolonged recession.
상사들이 장기화된 경기 침체에 고군분투하고 있다.

출제 TIP
• firm beliefs 확고한 믿음 • a consulting firm 컨설팅 회사
firm은 비교적 소유모의 회사를 말하고, company는 일반적인 의미의 회사, conglomerate는 여러 계열사를 거느리는 대기업을 말한다.

substantial
[səbstǽnʃəl]
[부] substantially 크게, 충분히
[유] considerable

[형] **(양, 크기가) 상당한**
•• large in amount or number
Professional engineers are enjoying substantial increases in pay.
전문 엔지니어들은 상당한 양의 임금 인상을 누리고 있다.

successful
[səksésfəl]
[동] succeed 성공하다, 계승하다
[명] success 성공

[형] **성공적인, 좋은 결과의**
•• having achieved fame, wealth, or social status
The point is that we should develop a highly successful product.
중요한 것은 우리가 매우 성공적인 제품을 개발해야 한다는 것이다.

출제 TIP
• successful 성공적인, 성공한 – success 성공, 성과
• successive 연속하는, 연이은 – succession 연속, 연쇄
동일한 어근 succeed(성공하다)에서 파생한 품사별 어휘들의 의미 차이를 구별하는 문제로 출제된다.

sue
미[su:] 영[sju:]

[동] **고소하다, 소송을 제기하다**
•• to make a legal claim against someone
An employee is suing the company.
한 직원이 그 회사를 상대로 고소했다.

sufficient
[səfíʃənt]
[명] sufficiency
[부] sufficiently
[반] deficient 불충분한

[형] **충분한, 족한**
•• enough for a particular purpose
We will give you sufficient time to deal with the problem.
우리는 당신에게 그 문제를 처리할 충분한 시간을 주겠다.

superficial
미[sù:pərfíʃəl]
영[sjù:pərfíʃəl]
[부] superficially 피상적으로

[형] **피상적인, 실질적이 아닌**
•• not looking at something carefully
It was based on superficial research without any regard for the particulars surrounding
그건 주변의 상세한 내용을 고려하지 않은 피상적인 조사에 근거한 것이었다.

surpass
미[sərpǽs] 영[sərpɑ́:s]
[유] exceed 초과하다

[형] **~을 능가하다, 넘어서다**
•• to be even better than someone or something else
Auto sales for this year surpassed last year's level.
올해 자동차 판매량은 작년의 수준을 초과했다.

summarize
[sʌ́məràiz]

🅥 **요약하다, 간추려 말하다**
•• to express the most important facts or ideas in a short way
You need to summarize the result in a few words.
결과를 몇 마디로 요약해서 말해야 한다.

surroundings
[səráundiŋz]

🅢 surround 에워싸다,
둘러싸다

🅝 **주위의 상황, 환경**
•• the objects, that are around a person or thing
The company will improve the work surroundings for female workers. 회사는 여성 노동자들을 위한 작업 환경을 개선할 것이다.

💬 출제 TIP
• pleasant surroundings 쾌적한 환경   • the surrounding area 인근의 지역
surrounding은 형용사로서 '인근의, 주변의'의 뜻이고, surroundings는 복수명사로 쓰여 '환경'을 의미한다.

susceptible
[səséptəbl]

🅔 susceptibility
감염되기 쉬움

🅐 **병에 걸리기 쉬운, 영향 받기 쉬운**
•• likely to suffer from a particular illness
Young children are the most susceptible to a cold.
어린 아이들이 감기에 걸리기가 가장 쉽다.

switch
[switʃ]

🅢 trade, exchange

🅥 **맞바꾸다, 교환하다**
•• to replace one thing with another
We have switched the meeting from Monday to Friday.
회의를 월요일에서 금요일로 바꿨다.

sympathetic
[sìmpəθétik]

🅔 sympathy 연민
🅢 sympathize with
~을 동정하다

🅐 **인정 있는, 동정하는**
•• caring and feeling sorry about someone's problems
She spoke in a sympathetic tone.
그녀는 동정하는 어조로 말했다.

take-off
[téikɔ̀(:)f]

🅐 land 착륙

🅝 **이륙**
•• the time when a plane leaves the ground
The plane was being prepared for take-off.
비행기는 이륙하기 위한 준비를 하고 있었다.

tax exempt
[tæks igzémpt]

🅢 duty-free, tax-free

🅐 **비과세의, 면세의**
•• not having to pay tax on savings or income
This tax exempt savings account is available to anybody.
이 비과세 저축 예금은 누구나 들 수 있다.

💬 출제 TIP
• goods exempted from taxes 면세품
• exempted someone from military service 병역을 면제받다
exempt from~(~이 면제되는)은 전치사 from과 어울려 같이 쓰인다.

technician
[tekníʃən]

명 기술자
•• someone whose job is to check equipment or machines
You'd better stop using the machine until a technician can fix it.
기술자가 고칠 때까지 기계사용을 중단하는 것이 좋다.

temperature
미[témpərətʃər]
영[témpərətʃə]

명 기온, 체온
•• the measured amount of heat in a place or in the body
There will be a sudden rise in temperature over the weekend.
주말에 기온이 올라갈 것이다.

terminal
미[tə́:rmənl] 영[tə́:mənl]

파 terminate 종점이 되다

명 공항의 청사, 터미널, 종점
•• a large building at an airport where passengers wait to get on planes
The air terminal is full of people and their luggage.
공항 터미널에는 사람과 짐으로 가득 차 있다.

🔖 출제 TIP
• have terminal lung cancer 폐암 말기이다
• the computer terminals 컴퓨터 단말기
형용사 terminal(질병이 만기인)의 의미도 기억한다.

thaw
[θɔː]

유 melt
반 freeze

동 명 녹다, 해동하다, 누그러지다; 해빙
•• to change from a frozen state to a liquid one
All the snow will soon thaw because of an increase in temperature.
온도가 상승해서 눈은 모두 곧 녹을 것이다.

toast
[toust]

명 동 축배, 건배; 건배하다
•• if you drink a toast to someone, you drink something to thank or wish them luck
We are here to propose a toast to your success.
당신의 성공을 빌기 위해 건배를 하러 왔다.

🔖 출제 TIP
• a toast to ~를 위한 건배
toast 다음에 전치사 to와 어울려 같이 쓰인다.

toll
[toul]

명 통행료, 사용료
•• the money you have to pay to use a particular road or bridge
We have to pay a toll when we use a road.
도로를 이용할 때 통행료를 내야 한다.

urge
미[ə́ːrdʒ] 영[ə́ːdʒ]

유 persuade

동 권고하다, 촉구하다
•• to strongly suggest that someone does something
The lawyer urged me not to sue the company.
변호사가 그 회사에 소송을 제기하지 말라고 권고했다.

1
2
3
4
5
6
7
8
9
10
11
12
13
14
15
16
17
18
19
20
21
22
23
24
25
26
27
28
29
30

valet
미[vǽlei] 영[vǽlit]

명통 주차 담당원, 시종; 시중들다
•• someone at a hotel or restaurant who puts your car in a parking space for you
Valet parking will be $7.
대리 주차는 7달러이다.

valid
[vǽlid]
validate 유효하게 하다

형 유효한
•• legally or officially acceptable
This passport is valid for ten years.
이 여권은 10년 동안 유효하다.

violation
[vàiəléiʃən]
violate

명 위반, 침해
•• an action that breaks a law, agreement, principle
Any vehicle in violation of parking regulations may be towed.
주차 규정을 위반한 차량은 견인될 수 있다.

voucher
미[váutʃər] 영[váutʃə]
coupon

명 상품권, 할인권
•• a ticket that can be used instead of money
The first prize will be a travel voucher.
일등 상품은 여행 상품권이다.

weatherman
미[wéðərmæn]
영[wéðəmæn]
forecaster

명 기상 예보관
•• a man on a television or radio program who gives a weather forecast
The weatherman didn't predict any rain today.
기상 예보관은 오늘 비가 온다고 하지 않았다.

tactic
[tǽktik]

명 방책, 전술, 전략
•• a method that you use to achieve something
Companies are always looking for the best tactic to attract customers.
회사들은 항상 고객을 끌기에 가장 좋은 방책을 찾는다.

takeover
미[téikouvər] 영[téikouvə]

명 기업 인수, 인계, 경영권 취득
•• the act of taking control of a company
He is a great strategist when it comes to business takeovers.
그는 기업 인수에 관한 한 대단한 전략가이다.

출제 TIP
when it comes to (~에 관한 한)의 to는 전치사이므로 다음에 명사나 동명사가 오고, to 뒤의 동사 형태를 묻는 문제로 출제된다.

tariff
미[tǽrif] 영[tɑ́ːrif]

명통 관세; 관세를 부과하다
•• tax on goods coming into or going out of a country
Most countries impose tariffs on imports.
대부분의 나라들은 수입품에 대해 관세를 부과한다.

출제 TIP
tariff는 다음에 전치사 on과 어울려 같이 쓰인다.

temporary
미[témpərèri] 영[témpərəri]
- temporarily 일시적으로, 임시로
- permanent 영구적인

일시적인, 잠깐의
•• continuing for only a limited period of time
They decided to create temporary positions to minimize labor costs.
그들은 인건비를 최소화하기 위하여 임시직을 창출하기로 결정했다.

thorough
미[θə́:rou] 영[θʌ́rə]
- thoroughly 철저하게
- complete

완전한, 철저한
•• including every possible detail
This position requires someone with a thorough knowledge of the products.
이 직책은 그 제품을 완벽하게 알고 있는 사람을 요한다.

출제 TIP
thorough 철저한 / through ~을 통하여 / throughout 도처에, 내내
- a thorough investigation 철두철미한 수사
- through the river 강을 통과하여
- markets throughout the world 전 세계 도처에 있는 시장들
혼동하기 쉬운 어휘들의 의미를 구별하는 문제로 출제된다.

thrifty
[θrífti]
- thrift 검약
- economical 절약하는
- wasteful 낭비하는

검소한, 절약하는
•• using money carefully and wisely
Even thrifty employers provide their employees with decent working conditions.
검약하는 고용주도 직원들에게 괜찮은 작업 조건을 제공한다.

transaction
미[trænsǽkʃən]
영[trænzǽkʃən]
- transact (업무를) 처리하다

업무, 거래
•• a business deal such as buying or selling
The transaction was proved to be against the company.
그 거래는 회사에 도움이 되지 않는 것으로 판명되었다.

출제 TIP
복수형 transactions는 '매매 거래'의 뜻으로 단, 복수의 의미 차이를 기억한다.

typical
[típikəl]
- typically 전형적으로

전형적인, 대표적인, 독특한
•• showing all the characteristics that you would usually expect from a particular group of things
A good deal is one of typical traits of successful entrepreneurs.
거래를 잘 하는 것이 성공한 기업가의 전형적인 특징 중의 하나이다.

unanimous
[juːnǽnəməs]
- unanimously

만장일치의
•• a unanimous decision, vote, agreement etc is one in which all the people involved agree
The decision to develop a new product was almost unanimous.
신제품을 개발하자는 결정은 거의 만장일치였다.

Words Review

A 다음 설명에 해당하는 단어를 고르시오.

tariff thrifty surpass severe tax exempt specialize temporary spontaneous valid urge

1 using money carefully and wisely
2 very bad or very serious
3 a tax on goods coming into a country or going out of a country
4 to be even better or greater than someone or something else
5 to spend most of your time doing one type of business
6 not having to pay tax on savings or income
7 to strongly suggest that someone does something
8 happening or done in a natural, often sudden way, without any planning
9 continuing for only a limited period of time
10 legally or officially acceptable

B 다음 예문의 빈칸에 해당하는 단어를 골라 쓰시오.

simulate successful takeovers spacious suing significant toast toll weatherman sufficient sincerely statement superficial summarize transaction

1 The point is that we should develop a highly .... product.
2 The house consists of five .... and comfortable rooms.
3 He is a great strategist when it comes to business ....
4 The .... didn't predict any rain today.
5 There was a .... difference between the two production methods.
6 An employee is .... the company.
7 We are here to propose a .... to your success.
8 We are .... grateful for your patience.
9 We have to pay a .... when we use a road.
10 We will give you .... time to deal with the problem.
11 Don't forget to check your receipts against the ....
12 You need to .... the result in a few words.
13 The .... was proved to be against the company.
14 We are going to .... the effects of sales decrease.
15 It was based on .... research without any regard for the particulars surrounding

Answer

A 1 thrifty 2 severe 3 tariff 4 surpass 5 specialize 6 tax exempt 7 urge 8 spontaneous 9 temporary 10 valid
B 1 successful 2 spacious 3 takeovers 4 weatherman 5 significant 6 suing 7 toast 8 sincerely 9 toll
10 sufficient 11 statement 12 summarize 13 transaction 14 simulate 15 superficial

Part 6 빈출 어휘

Text Completion
장문 빈칸 채우기

오늘 외울 단어 중 자신이 아는 단어를 체크해 보세요.

- [ ] **abnormal** 비정상적인, 이상한
- [ ] **abrupt** 갑작스러운, 돌연한
- [ ] **abundant** 풍부한, 많은
- [ ] **acceptable** 받아들일 수 있는, 조건에 맞는
- [ ] **accompany** 동반하다, 수행하다
- [ ] **accomplish** 이루다, 성취하다
- [ ] **accordingly** 따라서, 그러므로
- [ ] **acknowledge** 도착 (수령) 통지하다, 알리다
- [ ] **acquire** 습득하다, 얻다
- [ ] **adjacent** 인접한, 근접한
- [ ] **administration** 운영, 행정, 경영진, 집행부
- [ ] **advance** 진보, 전진; 진보하다
- [ ] **affection** 애정, 호의
- [ ] **aggressively** 공격적으로, 적극적으로

- [ ] **allegedly** 전하는 바에 의하면
- [ ] **allocate** 할당하다, 배분하다
- [ ] **allowance** 수당(금), 할당액; ~에게 일정 수당을 지급하다
- [ ] **amend** 수정하다
- [ ] **amount** 액수, 양; 총계가 ~에 이르다
- [ ] **annex** 별관, 부속 건물
- [ ] **apparent** 분명한, 명백한
- [ ] **assume** (임무, 책임 등) 인수하다, (남의 채무를) 떠맡다
- [ ] **authorities** 당국, 관청
- [ ] **automotive** 자동차의
- [ ] **await** 기다리다, 고대하다
- [ ] **aware** 알고 있는, 인식하고 있는
- [ ] **banking** 은행 업무

- [ ] **censorship** 검열
- [ ] **characteristic** 특징이 있는, 특유한; 특색
- [ ] **cite** 언급하다, 인용하다, 예로 들다
- [ ] **classification** 분류, 구분
- [ ] **close down** 폐쇄하다, 폐업하다
- [ ] **code** 규범, 관례, 암호
- [ ] **collaborate** ~와 합작하다, 협력하다
- [ ] **collapse** (가격이) 폭락하다, (교섭이) 결렬되다; 붕괴, 폭락
- [ ] **commitment** 공약, 약속
- [ ] **commodity** 상품, 일용품, 필수품
- [ ] **communicate** 전달하다, 통신하다
- [ ] **complacent** 자기만족의, 안주하는
- [ ] **complaint** 불평, 불만
- [ ] **compromise** 타협, 절충안; 타협하다
- [ ] **concerning** ~에 관한

- [ ] **bargain** 거래, 매매, 싸게 산 물건; 흥정하다
- [ ] **bear** ~을 몸에 지니다
- [ ] **bilingual** 두 나라 말을 하는
- [ ] **bilateral** 쌍방의, 양자의
- [ ] **blemish** 흠, 결점; ~에 흠을 내다
- [ ] **blend** 섞다, 혼합하다; 혼합
- [ ] **built-in** 내장된
- [ ] **boost** 경기를 부양하다, 상승시키다; 인상, 부추김
- [ ] **boycott** 불매 운동을 하다, 참석을 거부하다; 불매 운동
- [ ] **cancellation** 취소
- [ ] **capability** 능력, 역량, 수용력
- [ ] **cardholder** 카드 소지자
- [ ] **casual** 우연한, 무심결의

abnormal
[æbnɔ́ːrməl]

- abnormality 이상, 변칙
- abnormally
- normal 정상적인

🔊 비정상적인, 이상한
- •• very different from usual

Standards of normal and abnormal behavior differ from society to society.
정상적인 태도와 비정상적인 태도에 대한 기준은 사회마다 다르다.

abrupt
[əbrʌ́pt]

- abruptly 갑자기

🔊 갑작스러운, 돌연한
- •• sudden and unexpected

High interest rates could cause an abrupt change in consumer behavior.
높은 이자율은 소비자의 행동에 갑작스런 변화를 일으킬 수 있다.

abundant
[əbʌ́ndənt]

- abundance 많음
- abundantly 풍부하게
- plentiful

🔊 풍부한, 많은
- •• more than enough

Those attending the convention will have abundant opportunities to broaden their knowledge and skill.
회의에 참석하는 사람들은 지식 및 기술을 넓힐 수 있는 풍부한 기회를 지니게 될 것이다.

acceptable
[æksɛ́ptəbl]

🔊 받아들일 수 있는, 조건에 맞는
- •• able to say 'yes' to an offer or invitation

The proposal wouldn't be acceptable to the committee.
위원회는 그 안건을 수락하지 않을 것이다.

🔊 출제 TIP
acceptable은 주로 앞에 completely, fully, mutually와 같이 어울려서 쓰인다.

accompany
[əkʌ́mpəni]

🔊 동반하다, 수행하다
- •• to go with someone or exist at the same time as something

Recession is almost always accompanied by unemployment.
경기 침체는 거의 항상 실업을 동반한다.

🔊 출제 TIP
• accompany to ~까지 동행하다, 전송하다 • accompany on ~으로 반주하다
• be accompanied by/with ~을 동반하다
accompany 뒤에 오는 전치사와 그에 따른 의미 차이를 구별하여 기억한다.

accomplish
미[əkámpliʃ] 영[əkʌ́mpliʃ]

- accomplishment 완성
- achieve 달성하다

🔊 이루다, 성취하다
- •• to succeed in doing something, especially after trying very hard

It was not possible to accomplish the task within a week.
일주일 안에 그 업무를 달성하기는 불가능했다.

accordingly
미[əkɔ́:rdinli] 영[əkɔ́:dinli]

📖 따라서, 그러므로
•• in a way that is suitable or right for the situation
Changing requirements are welcomed and acted upon accordingly.
마음대로 요구 사항을 바꿀 수 있으나 그에 따라서 행동해야 한다.

📌 출제 TIP
• according to the record 기록에 의하면
• according as it is on the contract 계약에 따라서
according 뒤에 오는 to는 전치사이며, as는 접속사이므로 그 차이를 구별하여 기억한다.

---

acknowledge
미[æknálidʒ] 영[æknɔ́lidʒ]

🔵 acknowledgement
수령 통지

📖 도착 (수령)을 통지하다, 알리다
•• to let someone know that you have received something from them
I would be grateful if you would acknowledge receipt of this letter.
이 편지를 받았다고 알려 주시면 고맙겠습니다.

📌 출제 TIP
acknowledge 인정하다, 알은 척을 하다 / knowledge 지식
• acknowledge the need 필요성을 인정하다
• acknowledge someone ~를 안다는 표시를 하다
• knowledge of paintings 그림에 대한 지식
acknowledge와 knowledge의 의미 차이를 구별하는 문제로 출제된다.

---

acquire
미[əkwáiər] 영[əkwáiə]

🔵 obtain 얻다

📖 습득하다, 얻다
•• to get or gain something
The company acquired a reputation for high quality products.
그 회사는 품질이 아주 뛰어난 제품으로 명성을 얻었다.

---

adjacent
[ədʒéisnt]

🔵 adjoining 근처의

📖 인접한, 근접한
•• very near, next to, or touching
The decision to acquire the property adjacent to their main branch was a good one.
본사에 인접한 부지를 구입하고자 한 결정은 훌륭한 것이었다.

---

administration
[ədmìnistréiʃən]

🔵 administer 관리하다, 운영하다

📖 운영, 행정, 경영진, 집행부
•• the activities involved in managing the work of a company
We're looking for someone with experience in administration.
저희는 관리 경험이 있는 분을 찾고 있습니다.

---

advance
미[ædvǽns] 영[ədvá:ns]

🔵 advanced 진보한

📖 진보, 전진; 진보하다
•• a move forward
It is essential that we keep up with technological advances.
기술적인 발전을 따라잡는 일이 매우 중요하다.

affection
[əfékʃən]
ⓨ fondness

ⓝ 애정, 호의
•• a feeling of liking or love and caring
He had a deep affection for his company.
그는 자기 회사에 깊은 애정을 갖고 있었다.

🔖 출제 TIP
• an affected smile 억지로 지은 미소   • an affecting speech 감동적인 연설
어근 affect(영향을 미치다)에서 파생된 형용사들을 구별하는 문제로 출제된다.

aggressively
[əgrésivli]
ⓐ aggressive 적극적인
ⓐ passively 수동적으로

ⓐ 공격적으로, 적극적으로
•• in a way that is always ready to attack
The company has aggressively expanded its business since last year.
그 회사는 작년 이후로 사업을 공격적으로 확장해 왔다.

allegedly
[əlédʒidli]
ⓥ allege (증거 없이) 주장하다

ⓐ 전하는 바에 의하면
•• used when reporting something that people say is true, although it has not been proved
The president was allegedly involved in corruption scandal.
전하는 바에 의하면 사장은 부정행위에 연루된 것으로 알려졌다.

allocate
[ǽləkèit]
ⓨ assign

ⓥ 할당하다, 배분하다
•• to give something to someone for some particular purpose
We must allocate more money into the development of new techniques.
우리는 신기술 개발에 보다 더 많은 돈을 배분해야 한다.

allowance
[əláuəns]
ⓥ allow 허용하다

ⓝⓥ 수당(금), 할당액, 지급금; ~에게 일정 수당을 지급하다
•• an amount of money that you are given regularly
You will be paid overtime allowance.
당신은 시간외 근무 수당을 받게 된다.

amend
[əménd]
ⓝ amendment
ⓐ amendable
ⓨ modify, revise

ⓥ 수정하다
•• to make small changes to something
The decision was made to amend the proposal.
제안서를 수정하자는 결정이 내려졌다.

🔖 출제 TIP
• amend the evil law 악법을 개정하다
• make amends to somebody ~에게 보상하다
－s가 붙은 amends는 명사형으로 '불친절, 손해에 대한 배상, 보상'를 의미한다.

amount
[əmáunt]

ⓝⓥ 액수, 양; 총계가 ~에 이르다
•• a quantity of something such as time, money, or a substance
We have spent considerable amount of cost and time developing a new product.
우리는 신상품 개발에 상당한 양의 경비와 시간을 들였다.

annex
[ənéks]

별관, 부속 건물
•• a separate building that has been added to a larger one
The rooms are situated in the annex at 150 meters away from the hotel.
그 객실들은 호텔에서 150미터 떨어진 별관에 위치해 있다.

apparent
[əpǽrənt]
🔁 apparently 보기에
🔁 obvious

분명한, 명백한
•• easy to notice
It became apparent that this issue was more serious than just the accident.
이 문제가 그 사고보다 더 심각하다는 것이 명백해졌다.

assume
미[əsúːm] 영[əsjúːm]
🔁 assumption 인수, 떠맡기

(임무, 책임 등을) 인수하다, (남의 채무를) 떠맡다
•• to have control or responsibility
Who will assume the responsibility?
누가 책임을 질 것인가?

🔍 출제 TIP
• assume that ~이라 가정/추정하다　• assume an air of concern 걱정하는 척하다
• assume airs 뽐내다
assume과 어울려 짝을 이루는 구절을 기억하고, air(느낌, 태도)와 airs(으스대는 태도)의 수에 따른 의미 차이도 같이 기억한다.

authorities
미[əθɔ́ːrətiz] 영[əθɑ́rətiz]

당국, 관청
•• a person or organization having political or administrative power and control
This protocol aims to clarify the responsibilities and actions to be taken by local authorities.
이 의정서는 지역 당국이 져야 할 책임과 조치를 명백히 할 것을 목표로 한다.

🔍 출제 TIP
단수형 authority는 '권한, 권력'의 뜻이므로 복수형 authorities와 구별하여 기억한다.

automotive
[ɔ̀ːtəmóutiv]

자동차의
•• relating to cars
The production capacity of China's automotive industry is growing fast.
중국의 자동차 산업의 생산 능력이 빠르게 증가하고 있다.

await
[əwéit]

기다리다, 고대하다
•• to wait for something
He's awaiting his interview result.
그는 면접 결과를 기다리고 있다.

🔍 출제 TIP
await는 wait for와 같은 뜻으로 보다 문어적인 표현이며, 타동사이므로 전치사를 수반하지 않고 바로 목적어가 온다는 점을 기억한다.

aware
미[əwéər] 영[əwéə]
📚 awareness 자각, 인식

📖 **알고 있는, 인식하고 있는**
•• knowing that something exists
He was well aware of the difficulties he faced.
그는 자신이 직면한 어려움을 잘 알고 있었다.

banking
[bǽŋkiŋ]

📖 **은행 업무**
•• the business of a bank
Most banks offer on-line banking services.
대부분의 은행들은 온라인 은행 업무를 제공한다.

bargain
미[báːrgən] 영[báːgən]

📖📖 **거래, 매매, 싸게 산 물건; 흥정하다**
•• an agreement made between people buying and selling things
He made a successful bargain with the company.
그는 그 회사에 성공적인 거래를 하였다.

bear
미[bɛər] 영[bɛə]

📖 **~을 몸에 지니다**
•• to carry someone or something
The police have the right to bear arms.
경찰은 무기를 소지할 권리가 있다.

bilingual
[bailíŋgwəl]

📖 **두 나라 말을 하는**
•• able to speak two languages equally well
She is bilingual in English and Chinese.
그녀는 영어와 중국어 2개 국어를 말한다.

🔖 출제 TIP
• a bilingual dictionary 이중 언어 사전
• a multi-lingual country 여러 언어를 사용하는 나라
• a linguistic barrier/ability 언어 장벽/능력
lingual(혀의, 언어의)과 linguistic(언어의, 언어학의)의 의미 차이를 용례로 기억한다.

blemish
[blémiʃ]

📖📖 **흠, 결점; ~에 흠을 내다**
•• a small mark, especially a mark on someone's skin or on the surface of an object
The CD has a minor blemish at the front but one can hardly see it.
CD 전면에 사소한 흠이 있으나 쉽게 눈에 띄지는 않는다.

blend
[blend]

📖📖 **섞다, 혼합하다; 혼합**
•• to mix or combine together
These animals have cryptic coloring that enables them to blend in with their environment.
이 동물들에게는 주변 환경과 뒤섞이게 해 주는 보호색이 있다.

built-in
[bíːtin]

내장된
- forming a part of something that cannot be separated from it

All office buildings will have built-in high-speed Internet connections.
모든 사무실 건물에 초고속 인터넷 전용선이 깔릴 것이다.

boost
[buːst]

경기를 부양하다, 상승시키다; 인상, 부추김
- to improve something and make it more successful

The company will try to boost sales by lowering their prices.
그 회사는 가격 인하를 통한 매출 증대를 시도할 것이다.

boycott
미[bóikat] 영[bóikɔt]

불매 운동을 하다, 참석을 거부하다; 불매 운동
- to refuse to buy or handle goods as a punishment or protest

They urged the public to boycott the company's products.
그들은 일반인들에게 그 회사의 제품을 구매하지 말라고 강요했다.

cancellation
[kæ̀nsəléiʃən]
cancel 취소하다

취소
- decision that an event that was planned will not happen

Bad weather led to the cancellation of many events.
날씨가 나빠 여러 행사를 취소하기에 이르렀다.

capability
[kèipəbíləti]
capable ~을 할 수 있는
ability

능력, 역량, 수용력
- a power or ability that has not yet been made use of

The new machines will help to expand the company's manufacturing capabilities.
새로운 기계 덕으로 그 회사의 제조 능력이 향상되는 데에 도움이 될 것이다.

cardholder
미[kaːrdhóuldər]
영[kaːdhóuldə]

카드 소지자
- someone who has a credit card

It is necessary for every credit cardholder to sign for the bill in person.
모든 신용 카드 소지자는 직접 계산서에 서명할 필요가 있다.

casual
[kǽʒuəl]
casually 문득

우연한, 무심결의
- without any serious interest or attention

My casual words had hurt her.
내가 우연히 한 말에 그녀는 상처를 받았다.

censorship
미[sénsərʃip] 영[sénsəʃip]
censor 검열하다; 검열관

검열
- the practice or system of censoring something

Official censorship is enforced by undemocratic governments.
비민주적인 정부는 공식적인 검열을 실시한다.

characteristic
[kæriktərístik]

characterize
~의 특성을 나타내다

특징이 있는, 특유한; 특색
- very typical of a person or thing

An important characteristic feature of this product is its durability.
이 제품의 중요한 특징적인 성질은 그것의 내구성이다.

cite
[sait]

citation 언급, 인용

언급하다, 인용하다, 예로 들다
- to mention something as an example

He cited the high unemployment figures as evidence of the failure of government policy.
그는 정부 정책이 실패한 증거로 높은 실업 수치를 언급했다.

classification
[klæsəfikéiʃən]

classify 분류하다

분류, 구분
- a process in which you put something into the group

Do you understand the system about the classification of the documents used in this office?
이 사무실에서 사용하는 서류 분류 시스템을 이해하는가?

close down
[klóuzdaun]

closedown 공장 폐지,
작업 정지
shut down

폐쇄하다, 폐업하다
- a situation in which work in a company, factory etc stops

The president announced that he would close down the factory for a while.
사장은 당분간 공장을 폐쇄할 것이라고 발표했다.

code
[koud]

규범, 관례, 암호
- a set of rules, laws that tell people how to behave

They planned to introduce a dress code for the employees.
그들은 사원들을 위한 복장 규정을 도입할 계획을 세웠다.

collaborate
[kəlǽbərèit]

collaborative 협력하는,
협조적인
collaboration

~와 합작하다, 협력하다
- to work together with a person or group

The two companies are collaborating on several projects.
그 두 회사는 몇 가지 프로젝트에 대해 협력하고 있다.

> 출제 TIP
> • collaborate in/on ~에 대해 협동하다   • collaborate with ~와 협동하다
> • collaborate 뒤에 오는 전치사를 기억한다.

collapse
[kəlǽps]

(가격이) 폭락하다, (교섭이) 결렬되다; 붕괴, 폭락
- if prices, levels collapse, they suddenly become much lower

There were widespread fears that share prices would collapse.
주가가 폭락할 것이라는 만연한 두려움이 있었다.

commitment
[kəmítmənt]

[동] commit ~을 행하다, 약속하다

[명] **공약, 약속**

•• a promise to do something

They decided not to make a commitment until their objects would be attained.
그들은 자신들의 목적이 관철될 때까지 공약을 하지 않기로 결정했다.

출제 TIP
• commitment to + 사람/사물 ~에 대한 약속, 전념, 헌신
commitment는 뒤에 전치사 to와 같이 쓰인다는 점을 기억한다.

commodity
미|kəmάdəti] 영[kəmɔ́dəti]

[명] **상품, 일용품, 필수품**

•• a product that is bought and sold

A market is a place where commodities are bought and sold.
시장은 상품을 사고 파는 곳이다.

출제 TIP
• household commodities 가정용품 • staple commodities 주요 상품
• prices of commodities 물가
commodity는 주로 복수형 commodities로 자주 쓰인다.

communicate
[kəmjú:nəkèit]

[명] communication 통신
[형] communicative 통신의

[동] **전달하다, 통신하다**

•• to exchange information or conversation with other people

People communicate mostly by smart phones now.
이제 사람들은 주로 스마트폰으로 통신한다.

complacent
[kəmpléisnt]

[명] complacency
[부] complacently 만족스러운 듯이

[형] **자기만족의, 안주하는**

•• feeling so satisfied with your own abilities

We shouldn't become complacent about our products.
우리 자사 제품에 대해 안주해서는 안 된다.

complaint
[kəmpléint]

[동] complain 불평하다

[명] **불평, 불만**

•• an expression of dissatisfaction

Companies are supposed to listen to their employees' complaints.
회사는 직원들의 불평에 귀를 기울여야 한다.

compromise
미|[kάmprəmàiz]
영[kɔ́mprəmàiz]

[명][동] **타협, 절충안; 타협하다**

•• an agreement in an argument in which the people involved change their opinion in order to agree

Compromise and adjustment might be what we all need to consider. 타협과 조정은 우리 모두가 고려해 볼 필요가 있는 것일지도 모른다.

concerning
미|[kənsə́:rniŋ] 영[kənsə́:niŋ]

[동] concern ~에 관한 것이다
[유] regarding

[형] **~에 관한**

•• about or relating to

The topic is about the issue concerning the safety in the factory. 주제는 공장의 안전한 관한 문제이다.

Words Review

A 다음 설명에 해당하는 단어를 고르시오.

acknowledge blend censorship administration accompany advance code bear abrupt capability

1 sudden and unexpected
2 to go with someone or to be provided or exist at the same time as something
3 to let someone know that you have received something from them
4 the activities involved in managing the work of a company
5 a move forward
6 to carry someone or something, especially something important
7 to mix or combine together
8 a power or ability, often one that has not yet been made full use of
9 the practice or system of censoring something
10 a set of rules, laws, or principles that tell people how to behave

B 다음 예문의 빈칸에 해당하는 단어를 골라 쓰시오.

casual accomplish aware awaiting allegedly collapse collaborating complacent classification Compromise characteristic bilateral annex Commodity complaints

1 The two companies are .... on several projects.
2 It was not possible to .... the task within a week.
3 The president was .... involved in corruption scandal.
4 He was well .... of the difficulties he faced.
5 He's .... his interview result.
6 Do you understand the system about the .... of the documents used in this office?
7 There were widespread fears that share prices would ....
8 We shouldn't become .... about our products.
9 .... and adjustment might be what we all need to consider.
10 My .... words had hurt her.
11 The two nations have signed a .... agreement to help prevent drug smuggling.
12 An important .... feature of this product is its durability.
13 A market is a place where .... are bought and sold.
14 Companies are supposed to listen to their employees' ....
15 The rooms are situated in the .... at 150 meters away from the hotel.

Answer

Ⓐ 1 abrupt 2 accompany 3 acknowledge 4 administration 5 advance 6 bear 7 blend 8 capability 9 censorship 10 code

Ⓑ 1 collaborating 2 accomplish 3 allegedly 4 aware 5 awaiting 6 classification 7 collapse 8 complacent 9 Compromise 10 casual 11 bilateral 12 characteristic 13 commodities 14 complaints 15 annex

오늘 외울 단어 중 자신이 아는 단어를 체크해 보세요.

- [ ] **cutback** (인원, 생산 등의) 축소, 삭감
- [ ] **dedicate** 전념하다, 바치다
- [ ] **deficient** 부족한, 불충분한
- [ ] **deflate** 수축시키다, 물가가 내리다
- [ ] **defy** 공공연히 반항하다, 무시하다
- [ ] **degrade** 좌천시키다, 지위를 낮추다
- [ ] **delegation** 대표단, 파견단
- [ ] **dense** 밀집한, 빽빽한
- [ ] **depend** ~에 따라 결정되다, ~에 달려 있다
- [ ] **designate** 지명하다, 임명하다; 지명을 받은
- [ ] **despise** 경멸하다, 멸시하다
- [ ] **detach** 떼다, 분리하다
- [ ] **disappoint** 실망시키다, 기대에 어긋나다
- [ ] **discard** 버리다, 폐기 처분하다, 해고하다; 포기

- [ ] **condense** 농축시키다, 응축하다, 요약하다
- [ ] **conduct** 실시하다, 수행하다; 실행
- [ ] **confront** ~에 직면하다, 봉착하다
- [ ] **confusion** 혼란, 혼동
- [ ] **consensus** 합의, 여론
- [ ] **consent** 동의, 승낙; 동의하다
- [ ] **considering** ~을 고려하면
- [ ] **convene** (회원이) 모이다, (회의가) 개최되다
- [ ] **coordination** 조정, 통합
- [ ] **cordially** 진심으로
- [ ] **correspondence** 편지, 통신문
- [ ] **count on** 기대하다 의존하다
- [ ] **coverage** (보험의) 보상, 적용 범위, 보도, 취재
- [ ] **culminate** 절정에 이르다, 결과로서 ~으로 끝나다

- [ ] **disclose** 드러내다, 폭로하다
- [ ] **district** 지구, 지역
- [ ] **dividend** 배당금, 분배금
- [ ] **dread** ~을 매우 두려워하다; 공포, 걱정, 불안
- [ ] **dubious** 의심스러운, 수상한
- [ ] **emission** 방출, 배출 가스
- [ ] **emphatic** 강조하는, 단호한
- [ ] **enclose** 동봉하다
- [ ] **encouraging** 고무적인, 용기를 북돋워주는
- [ ] **enlightening** 계몽적인, 가르침을 주는
- [ ] **expectation** 기대, 예상, 가능성
- [ ] **feasible** 실행 가능한, 가능성 있는
- [ ] **flavor** 맛, 풍미

- [ ] **formula** 방식, 공식
- [ ] **freeze** (물가, 임금을) 동결시키다; 동결
- [ ] **guarantee** 보장하다; 보증
- [ ] **habitat** 서식지
- [ ] **handicapped** 장애가 있는; 장애자
- [ ] **hostile** 적의가 있는, 적대하는
- [ ] **hygiene** 위생, 위생학
- [ ] **implicate** 관계시키다, 연루시키다
- [ ] **inform** 알리다, 통지하다
- [ ] **ignorant** 무지한, ~을 모르는
- [ ] **immense** 막대한, 무한한
- [ ] **inclination** 경향, 기질
- [ ] **innate** 타고난, 선천적인
- [ ] **innovative** 혁신적인

condense
[kəndéns]
🄝condensation 응축, 농축

🄥농축시키다, 응축하다, 요약하다
•• to make a liquid thicker by removing some of the water
You need to condense a long report into a brief summary.
당신은 긴 보고서를 간결한 요약문으로 압축해야 한다.

conduct
미[kándʌkt] 영[kándʌkt]

🄥실시하다, 수행하다
•• to carry out a particular activity or process
We will conduct a market research towards the products.
우리는 그 제품에 대한 시장 조사를 실시할 것이다.

🔖 출제 TIP
• conduct a survey/an audit 조사/감사를 실시하다
• conduct oneself well 훌륭하게 처신하다 • honorable conduct 훌륭한 행위
conduct의 품사별 의미 차이를 구별하여 기억한다.

confront
[kənfrʌ́nt]
🄦face

🄥~에 직면하다, 봉착하다
•• to meet or deal with a difficult situation or person
The problems confronting the company were very serious.
회사가 당면한 문제들은 아주 심각하다.

confusion
[kənfjúːʒən]
🄢confuse 혼란시키다
🄐confused 어리둥절한

🄝혼란, 혼동
•• when you do not understand what is happening
To avoid confusion, please check before booking.
혼선을 피하려면 예약하기 전에 확인하시오.

consensus
[kənsénsəs]

🄝합의, 여론
•• a generally accepted opinion or decision
They couldn't reach a consensus on the matter.
그들은 그 문제에 대해 합의점에 다다르지 못했다.

consent
[kənsént]
🄩dissent 이의를 제기하다

🄝🄥동의, 승낙; 동의하다
•• permission to do something
We object to the information being disclosed publicly without our prior consent.
우리는 우리의 사전 동의 없이 정보를 공공연히 공개하는 것을 반대한다.

considering
[kənsídəriŋ]
🔵 consider 고려하다

~을 고려하면
•• used to say that you are thinking about a particular fact
Considering the weather, our trip to London was very great.
날씨에 비해 런던으로의 우리의 여행은 아주 훌륭했다.

출제 TIP
• considering one's age ~의 나이를 고려하면
• considering (that) he's young 그가 어리다는 점을 감안하면
considering은 전치사와 접속사의 기능을 모두 가지고 있다.

convene
[kənvíːn]
🔵 convention 집회, 회의

(회원이) 모이다, (회의가) 개최되다
•• to come together, especially for a formal meeting
They were asked to convene an international conference on food marketing.
우리는 식품 마케팅에 관한 국제회의를 소집하라는 요청을 받았다.

coordination
[kouɔ̀ːrdənéiʃən]
🔵 coordinate 조정하다

조정, 통합
•• the act of making all the people involved in a plan or activity work together in an organized way
There will be perfect coordination between the different groups.

cordially
미[kɔ́ːrdʒəli] 영[kɔ́ːdiəli]
🔵 cordial 진심에서 우러나는

진심으로
•• in a friendly but polite and formal way
We were cordially welcomed by his family.
그의 가족은 우리를 진심으로 환영하였다.

correspondence
미[kɔ̀ːrəspándəns]
영[kɔ̀ːrəspóndəns]

편지, 통신문
•• the official or business letters
Please send all correspondence to this address.
모든 편지를 이 주소로 보내시기 바랍니다.

출제 TIP
correspondence는 집합명사이므로 복수를 나타내는 -s를 붙이지 않는다.

count on
[káuntən]
🔵 rely on

기대하다, 의존하다
•• to expect something; to depend on someone or something
Don't count on a salary increase this year.
올해는 임금 인상을 기대하지 마시오.

coverage
[kʌ́vəridʒ]

(보험의) 보상, 적용 범위, 보도, 취재
•• the amount of protection given by an insurance policy
You can get coverage for accidental damage.
우발적으로 일어나는 손해에 대해 보상을 받을 수 있다.

culminate
[kΛlmənèit]

🄥 절정에 이르다, 결과로서 ~으로 끝나다
- •• to reach a climax or point of highest development

My arguments with the boss got worse and worse, and it all culminated in my deciding to quit the job.
상사와의 언쟁이 갈수록 악화되어 마침내 나는 직장을 그만 두는 결정을 내리게 되었다.

cutback
[kΛtbæk]

🄝 (인원, 생산 등의) 축소, 삭감
- •• a reduction in something, made in order to save money

It was inevitable to make a cutback in the workforce to reduce costs.
경비를 절감하기 위하여 종업원을 축소하기로 한 것은 불가피한 일이었다.

dedicate
[dédikèit]

🄥 devote 헌신하다
🄝 dedicated 헌신적인

🄥 전념하다, 바치다
- •• to give all your attention and effort to one particular thing

I would dedicate myself to working for your company.
귀사에서 일하는 것에 전념을 하겠습니다.

🔖 출제 TIP
dedicate oneself to+동명사(~에 전념하다)에서 to는 부정사가 아니라 전치사임에 주의하고 to 다음에 오는 동사의 형태를 묻는 문제로 출제된다.

deficient
[difíʃənt]

🄝 deficiency 부족
🄪 sufficient 충분한

🄝 부족한, 불충분한
- •• not containing or having enough of something

Nearly 60 percent of patients at the hospital was deficient in vitamin D.
그 병원에 있는 거의 60%의 환자들이 비타민 D가 부족했다.

deflate
[difléit]

🄝 deflation
🄪 inflate 팽창시키다

🄥 수축시키다, 물가가 내리다
- •• to reduce the supply of money in an economy

The object of deflating the economy is to reduce the rate at which prices are increasing.
경제를 긴축하는 목적은 물가가 오르는 비율을 줄이는 것이다.

🔖 출제 TIP
deflate 가격, 통화를 수축시키다 / deflect ~을 빗나가게 하다, 편향시키다
• deflate the economy 경제를 긴축시키다
• deflect someone from reaching one's goal ~의 목표 달성을 빗나가게 하다
헷갈리기 쉬운 어휘들의 의미를 구별하는 문제로 출제된다.

defy
[difái]

🄥 공공연히 반항하다, 무시하다
- •• to refuse to do what someone in authority tells you to do

A few workers have defied the majority decision.
몇 명의 작업자가 다수의 결정을 무시했다.

degrade
[digréid]

[동] 좌천시키다, 지위를 낮추다
•• to reduce someone or something in rank, status
The director was degraded to the manager for corruption scandal.
그 이사는 부정행위 때문에 부장으로 강등되었다.

delegation
[dèligéiʃən]
[동] delegate 권한을 위임하다

[명] 대표단, 파견단
•• a group of people who represent a company, organization
The management refused to meet the union delegation.
경영진은 노조 대표단을 만나기를 거절했다.

dense
[dens]
[부] densely 빽빽하게
[유] thick

[형] 밀집한, 빽빽한
•• containing a lot of things or people that are very close together
There are numerous animals and plants living in a dense forest.
밀림에 사는 동물들과 식물들은 무수히 많다.

depend
[dipénd]
[형] dependent 의존하는

[동] ~에 따라 결정되다, ~에 달려 있다
•• to be decided according to something else
How much is produced depends on how hard we work.
얼마나 생산되느냐는 우리가 얼마나 열심히 일하느냐에 달려 있다.

designate
[dézignèit]
[형] designated 지정된
[유] appoint

[동][형] 지명하다, 임명하다; 지명을 받은
•• to choose someone or something for a particular job or purpose
She was designated to take over the position of personnel manager.
그녀는 인사 부장 직책을 인계 받으라는 임명을 받았다.

despise
[dispáiz]

[동] 경멸하다, 멸시하다
•• to feel a strong dislike for someone or something because you think they are bad or worthless
Lazy workers are often despised by their fellow workers.
게으른 작업자들은 흔히 자신들의 동료로부터 멸시 당한다.

detach
[ditǽtʃ]
[형] detachable
[반] attach 붙이다

[동] 떼다, 분리하다
•• to become separated from something
Please detach and fill out the application form.
지원서를 떼어서 작성하시오.

disappoint
[dìsəpɔ́int]
[명] disappointment

[동] 실망시키다, 기대에 어긋나다
•• to make someone feel unhappy because something they hoped for did not happen
Bad reaction to the new product has disappointed us all.
신제품에 대한 형편없는 반응은 우리 모두를 실망시켰다.

1 2 3 4 5 6 7 8 9 10 11 12 13 14 15 16 17 18 19 20 21 22 23 24 25 26 27 28 29

discard
미[diskáːrd] 영[diskáːd]
🔄 throw away

🔄📝 버리다, 폐기 처분하다, 해고하다; 포기
•• to get rid of something
Please do not discard any original packing material or the cartons.
원래의 포장지나 곽(상자) 등을 버리지 마시오.

disclose
[disklóuz]
🔄 disclosure 폭로
🔄 reveal

📝 드러내다, 폭로하다
•• to make something publicly known, especially after it has been kept secret
The company refused to disclose similar information about the plan.
회사는 그 계획에 대한 유사한 정보를 드러내기를 거부했다.

district
[dístrikt]

📝 지구, 지역
•• an area of a town or the countryside
The fashion district is one of the busiest places in town.
패션가는 시내에서 가장 번화한 곳 중의 하나이다.

🔍 출제 TIP
• business district 상업 지구   • financial district 금융 지구
• urban/rural district 도시 / 농촌 지역

dividend
[dívədènd]
🔄 divide 나누다

📝 배당금, 분배금
•• the profit of a company that is paid to the people who own shares in it
Shareholders will receive their dividends next Monday.
주주들은 다음 주 월요일에 자신들의 배당금을 받을 것이다.

dread
[dred]
🔄 dreadful 무서운

🔄📝 ~을 매우 두려워하다; 공포, 걱정, 불안
•• to feel anxious or worried about something that is going to happen
We all dread that they will close the factory.
우리는 모두 그들이 공장을 폐쇄할까봐 매우 두려워하고 있다.

dubious
[djúːbiəs]
🔄 doubtful

📝 의심스러운, 수상한
•• not sure whether something is good or true
He kept asking me question after question with a dubious look.
그는 의심스러운 표정을 지으며 계속해서 나에게 질문을 퍼부었다.

emission
[imíʃən]
🔄 emit 배출하다

📝 방출, 배출 가스
•• gas or other substance that is sent into the air
The report indicates that this project could reduce emissions of carbon dioxide.
보고서에 의하면 이 프로젝트가 이산화탄소의 방출을 줄일 수 있다는 것을 보여준다.

emphatic
[imfǽtik]

🔊 emphasize 강조하다
🔊 emphasis 강조

📖 강조하는, 단호한
•• done or said in a strong way and without any doubt
My boss was emphatic that everybody should be punctual.
모두 다 시간을 엄수하라고 우리 상사가 강조했다.

💬 출제 TIP
emphasis는 단수형이고, 복수형은 emphases로 뒤에 전치사 on/upon을 쓴다.

enclose
[inklóuz]

🔊 enclosed 동봉한

📖 동봉하다
•• to put something inside an envelope as well as a letter
We have enclosed a copy of the contract.
계약서 사본을 동봉합니다.

encouraging
[inkə́:ridʒiŋ]

🔊 encourage 격려하다
🔊 encouragement

📖 고무적인, 용기를 북돋워주는
•• giving you hope and confidence
There was a positive feedback about the product, which is very encouraging.
그 제품에 대한 긍정적인 반응이 있었는데, 이는 매우 고무적인 일이다.

enlightening
[inláitniŋ]

🔊 enlighten

📖 계몽적인, 가르침을 주는
•• giving you more information and understanding of something
All the comments were very enlightening.
논평들은 매우 계몽적이었다.

expectation
[èkspektéiʃən]

🔊 expect

📖 기대, 예상, 가능성
•• what you think or hope will happen
Profits are below expectations.
수익이 기대 이하이다.

feasible
[fí:zəbl]

🔊 feasibility 실현 가능성

📖 실행 가능한, 가능성 있는
•• possible and practical to do easily or conveniently
We present a feasible plan to implement the sales operation.
우리는 판매 전략을 수행하기 위한 실행 가능한 계획을 제공한다.

flavor
미[fléivər] 영[fléivə]

📖 맛, 풍미
•• the particular taste of a food or drink
The company is famous for making unusual flavors of candy.
그 회사는 색다른 맛의 사탕을 만드는 것으로 유명하다.

formula
미[fɔ́ːrmjulə] 영[fɔ́ːmjulə]

명 방식, 공식
•• a method or set of principles that you use to solve a problem

They're trying to work out a peace formula.
그들은 평화 방식을 이루기 위해 노력하고 있다.

🔍 출제 TIP
• a formula for ~의 공식
formula의 복수형은 formulas와 formulae의 두 가지 형태가 있는데, formulae는 특히 과학 분야에서 주로 쓰인다.

---

freeze
[friːz]

통명 (물가, 임금을) 동결시키다; 동결
•• to hold at a fixed level or in a fixed state for a period of time

They made a decision to freeze wages.
그들은 임금을 동결시키기로 결정했다.

---

guarantee
[gærəntíː]

🔄 warrant 보증하다

통명 보장하다; 보증
•• to promise that something will happen

We guarantee that all food products will be delivered promptly.
모든 식품을 즉시 배달할 것을 보장합니다.

---

habitat
[hǽbitæt]

🔄 habitation 거주
🔄 habitant 주민

명 서식지
•• the natural surroundings in which an animal or plant usually lives

A lot of wildlife is losing its natural habitat.
많은 야생들이 자연의 서식지를 잃고 있다.

---

handicapped
[hǽndikæpt]

🔄 handicap 장애

형명 장애가 있는; 장애자
•• physically or mentally disables

The club was formed to encourage the handicapped with disabilities.
그 클럽은 장애가 있는 장애자들을 격려하기 위해서 형성되었다.

---

hostile
미[hástl] 영[hóstail]

🔄 hostility 적대심

형 적의가 있는, 적대하는
•• angry and deliberately unfriendly towards someone and ready to argue with them

His attitude toward the company was very hostile.
그 회사에 대한 그의 태도는 매우 적대적이었다.

---

hygiene
[háidʒiːn]

명 위생, 위생학
•• the practice of keeping yourself and the things around you clean in order to prevent diseases

He always lays emphasis on the importance of personal hygiene.
그는 항상 개인위생의 중요성에 대해 강조한다.

implicate
[ímplikèit]
명 implication

관계시키다, 연루시키다
•• to show or suggest that someone is involved in a crime or dishonest act
At least three employees are implicated in embezzlement of company funds.
적어도 직원 3명이 회사 자금 횡령에 연루되어 있다.

🔍 출제 TIP
• embezzle 횡령하다　• embezzlement 도용, 횡령, 착복

---

inform
미[infɔ́:rm] **영**[infɔ́:m]
명 information 정보
유 advise

알리다, 통지하다
•• to officially tell someone about something
We will inform you of the result as soon as possible.
가능한 한 빨리 결과를 알려 드리겠습니다.

🔍 출제 TIP
• inform A of B　A에게 B를 통지하다　• be informed of ~을 잘 알다
• be informed that ~을 통지받다
be informed 뒤에 of나 that을 쓸 때 달라지는 의미 차이를 기억한다.

---

ignorant
[ígnərənt]

무지한, ~을 모르는
•• not knowing facts or information that you ought to know
He was ignorant about any events outside his own world.
그는 자신의 세계 밖에서 일어나는 일에 대해서는 무지했다.

---

immense
[iméns]
부 immensely 거대하게
유 enormous

막대한, 무한한
•• extremely large in size or degree
We spent an immense amount of money developing a new product.
우리는 신제품을 개발하는 데에 막대한 돈을 들였다.

---

inclination
[inklənéiʃən]
동 incline 내키게 하다

경향, 기질
•• a tendency to think or behave in a particular way
He had no inclination to become a businessman.
그에게는 사업가가 될 기질이 없었다.

---

innate
[inéit]
유 inborn
반 acquired 후천적인

타고난, 선천적인
•• an innate or ability is something you are born with
The sales manager has an innate sense of what consumers want to buy.
그 영업 부장은 소비자가 무엇을 사고 싶어 하는 것에 대해 선천적인 감각이 있다.

---

innovative
미[ínəvèitiv] **영**[ínəvətiv]
동 innovate 쇄신하다
명 innovation

혁신적인
•• using new methods or ideas
Innovative ideas will be needed to survive sharp competition.
치열한 경쟁에서 살아남으려면 혁신적인 생각이 필요할 것이다.

Words Review

A 다음 설명에 해당하는 단어를 고르시오.

defy dividend feasible delegation inform deficient emission enlightening district detach

1 not containing or having enough of something
2 to refuse to do what someone in authority tells you to do
3 a group of people who represent a company, organization etc
4 to become separated from something
5 the profit of a company that is paid to the people who own shares in it
6 a gas or other substance that is sent into the air
7 giving you more information and understanding of something
8 a plan, idea, or method that is feasible is possible and is likely to work
9 an area of a town or the countryside
10 to officially tell someone about something

B 다음 예문의 빈칸에 해당하는 단어를 골라 쓰시오.

guarantee expectations habitat flavors implicated confusion confronting
emphatic coordination degraded freeze disclose immense ignorant correspondence

1 Profits are below ....
2 The company is famous for making unusual .... of candy.
3 We .... that all food products will be delivered promptly.
4 At least three employees are .... in embezzlement of company funds.
5 We spent an .... amount of money developing a new product.
6 The problems .... the company were very serious.
7 To avoid .... , please check before booking.
8 There will be perfect .... between the different groups.
9 Please send all .... to this address.
10 The director was .... to the manager for corruption scandal.
11 The company refused to .... similar information about the plan.
12 My boss was .... that everybody should be punctual.
13 They made a decision to .... wages.
14 He was .... about any events outside his own company.
15 A lot of wildlife is losing its natural ....

Answer

Ⓐ 1 deficient 2 defy 3 delegation 4 detach 5 dividend 6 emission 7 enlightening 8 feasible 9 district
10 inform

Ⓑ 1 expectations 2 flavors 3 guarantee 4 implicated 5 immense 6 confronting 7 confusion 8 coordination
9 correspondence 10 degraded 11 disclose 12 emphatic 13 freeze 14 ignorant 15 habitat

오늘 외울 단어 중 자신이 아는 단어를 체크해 보세요.

☐ **lineman** (전신, 전화의) 가선공
☐ **liquidate** 회사를 정리하다, 부채를 청산하다
☐ **logic** 논리, 조리
☐ **long** 간절히 바라다, 열망하다
☐ **loosen** 완화하다, 느슨하게 하다
☐ **lounge** 빈둥거리다, 하는 일 없이 보내다
☐ **lower** 낮추다, 내리게 하다; 낮은
☐ **manifold** 다양한, 여러 가지의; 다양한 것
☐ **marginal** 최저한의
☐ **markup** 가격 인상, 이윤의 차이
☐ **mastermind** 주모자, 입안자; 배후에서 조종하다
☐ **meddle** 쓸데없이 참견하다, 간섭하다
☐ **meditate** 숙고하다, 깊이 생각하다
☐ **medium** 매체, 매개; 중간의

☐ **inquiry** 문의, 조회, 조사
☐ **intentional** 고의의, 의도적인
☐ **involved** 관계된, 연루된
☐ **irrelevant** 관계가 없는, 무관한
☐ **jealous** 질투심이 많은, 시샘하는
☐ **justify** 정당화하다, 옳다고 주장하다
☐ **languid** 활기 없는, 불경기의
☐ **lax** 느슨한, 엄하지 않는
☐ **lease** 빌리다, 임대하다; 계약, 임대차
☐ **legacy** 유산, 유물
☐ **legitimate** 합법적인, 적법한; 합법화하다
☐ **liability** 책임, 의무
☐ **liberal arts** 교양 과목
☐ **liberate** 자유롭게 하다

☐ **memorial** 기념의, 추도의; 기념비
☐ **merchant** 상인, 공급자
☐ **mighty** 강력한, 대단한
☐ **mining** 채굴, 채광
☐ **minute** 사소한, 미미한
☐ **misadventure** 불운, 재난
☐ **misapprehend** 오해하다, 잘못 생각하다
☐ **misbehave** 무례하게 굴다, 버릇없는 짓을 하다
☐ **miscellaneous** 종류가 잡다한, 갖가지의
☐ **misconduct** 부정행위, 직권 남용, 방만한 경영
☐ **mistrust** 불신, 의혹; ~를 믿지 않다
☐ **multiply** 배가하다, 증식하다
☐ **monopoly** 독점(권), 전매(권), 시장 독점

☐ **newcomer** 새로 온 사람, 신참자, 신입 사원
☐ **noted** 저명한, 유명한
☐ **notice** 통지, 통보; 통고하다
☐ **novel** 새로운, 기발한
☐ **obligatory** 의무적인, 필수적인
☐ **offset** 상쇄하다, 벌충하다; 차감 계산
☐ **omission** 생략, 탈락
☐ **on-site** 현장에서, 현지의
☐ **opponent** 반대자, 적수; 반대의
☐ **opposite** ~의 맞은편에; 맞은편의
☐ **oppress** (권력, 세금으로) 압박하다
☐ **opt** 선택하다, 고르다; 선택권, 옵션
☐ **ordinance** 법령, 명령
☐ **outlaw** 법적 효력을 잃게 하다, 금지하다

inquiry
[inkwáiəri]
⊜ inquire 묻다, 알아보다

🔍 📖 문의, 조회, 조사
•• a question you ask in order to get information
They will make a credit inquiry about you.
그들이 당신에 대한 신용 조회를 할 것이다.

📌 출제 TIP
• make inquiries about ~에 관해 문의하다
• make confidential inquiries 은밀히 조사하다
inquiries와 어울려 같이 쓰이는 구절을 기억한다.

intentional
[inténʃənl]
⊜ intend ~할 작정이다
⊜ intention 의도, 의지

🔍 고의의, 의도적인
•• done deliberately and usually intended to cause harm
Did you leave his name out by accident or was it intentional?
그의 이름을 우연히 빠트렸나요? 아니면 고의로 그랬나요?

involved
미[inválvd] 영[invɔ́lvd]
⊜ involve 관계시키다
⊜ involvement 연루

🔍 관계된, 연루된
•• connected with an activity in some way
I'm afraid your president was involved in the case.
안됐지만 당신의 사장이 그 사건에 연루되었어요.

irrelevant
[iréləvənt]
⊜ relevant 관련된

🔍 관계가 없는, 무관한
•• not relating to a particular situation, and therefore not important
They are spending too much time on irrelevant details.
그들은 관계없는 사항에 지나치게 시간을 허비하고 있다.

jealous
[dʒéləs]
⊜ jealousy 질투
⊜ envious

🔍 질투심이 많은, 시샘하는
•• feeling unhappy because someone has something that you wish you had
Her colleagues are jealous of her success.
그녀의 동료들은 그녀의 성공을 질투한다.

justify
[dʒʌ́stəfài]
⊜ justification 정당화, 변명
⊜ justifiable 정당화되는

🔍 정당화하다, 옳다고 주장하다
•• to give or to be a good reason for
How would you justify the sudden jump in prices?
갑작스런 가격 상승을 어떻게 정당화 하겠는가?

languid
[læŋgwid]

형 활기 없는, 불경기의
•• slow or lazy and involving very little energy or activity
They are thinking about tax cuts as an effective way to boost the languid economy.
그들은 침체된 경기를 활성화하기 위한 효과적인 방법으로 세금 감면을 고려중이다.

lax
[læks]

ⓢ slack
ⓐ tense

형 느슨한, 엄하지 않는
•• not strict about standards of behavior, work, safety
If anyone is being lax in their duties, their supervisor needs to take appropriate action against them.
누구라도 직무를 소홀히 하면 감독관이 그들에 대한 적절한 조치를 취해야 한다.

lease
[li:s]

동 명 빌리다, 임대하다; 임대차 계약
•• to make a legal agreement by which money is paid in order to use land, a building or a vehicle
How much does it cost to lease the equipment?
그 장비를 빌리는데 얼마나 드나요?

legacy
[légəsi]

ⓢ inheritance

명 유산, 유물
•• money or property that you receive after someone dies
He received a big legacy from his grandfather.
그는 자신의 조부에게서 큰 유산을 받았다.

출제 TIP
inherit 유산으로 물려받다, 상속받다 / inherent 고유의, 타고난
• inherit a fortune from parents 부모님으로부터 재산을 상속받다
• an inherent weakness 타고난 약점
legacy 죽은 사람이 남긴 재산을 의미하고, heritage는 앞 세대가 물려준 문화적인 유산을 의미하며, inheritance는 이 두 가지의 의미를 모두 지니고 있다.

legitimate
[lidʒítəmət]

ⓢ lawful 합법의
ⓐ illegitimate 불법의

형 동 합법적인, 적법한; 합법화하다
•• acceptable or allowed by law
It was proved that their business operation was not legitimate.
그들의 사업 운영이 적법하지 않은 것으로 드러났다.

liability
[làiəbíləti]

명 책임, 의무
•• legal responsibility for something
The company had no liability to pay any refund.
그 회사는 어떠한 환불도 할 책임이 없었다.

출제 TIP
복수형 liabilities는 '부채, 채무'의 뜻으로 수에 따라 달라지는 의미 차이에 주의한다.

liberal arts
미[líbərəl áːrts]
영[líbərəl áːts]

📖 교양 과목
•• the areas of learning which develop someone's ability to think and increase their general knowledge
The scope of the liberal arts has changed with society.
교양 과목의 범위는 사회와 더불어 변화해 왔다.

🔊 출제 TIP
• liberal opinions 자유 민주적인 의견　• liberal with money 돈을 아끼지 않는
• a liberal education 교양 교육
liberal의 형용사(자유 민주적인, ~을 아끼지 않는, 교양의)와 명사(자유주의자, 진보주의자, 자유당원)의 의미도 기억한다.

liberate
[líbərèit]
🔊 liberty

📖 자유롭게 하다
•• to free someone from feelings or conditions that make their life unhappy or difficult
Don't forget that our job is to liberate you from anxiety.
우리가 하는 일이 당신의 근심을 없애는 것임을 잊지 마시오.

lineman
[láinmən]

📖 (전신, 전화의) 가선공
•• someone whose job is to take care of railway lines or telephone wires
A lineman will be there in a minute to install your telephone.
가선공이 잠시 후에 전화를 설치하러 그곳에 도착할 것이다.

liquidate
[líkwidèit]
🔊 liquidation 파산

📖 회사를 정리하다, 부채를 청산하다
•• to close a business or company to pay a debt
The company was proposed to liquidate its subsidiary.
그 회사는 자회사를 정리하자는 제안을 받았다.

logic
미[ládʒik] 영[lɔ́dʒik]
🔊 logical 논리적인

📖 논리, 조리
•• a way of thinking about something that seems correct
They try to solve economic logic through political logic.
그들은 정치적인 논리로 경제적인 논리를 풀려고 한다.

long
[lɔŋ]

📖 간절히 바라다, 열망하다
•• to want something very much
He longed for the chance to get the job.
그는 그 일자리를 얻을 기회를 간절히 바랐다.

🔊 출제 TIP
• long for+사람/사물 ~을 간절히 바라다
long과 어울리는 전치사 for를 기억하고, 형용사 long(긴)과 동사 long의 의미 차이도 주의한다.

loosen
[lúːsn]

loose 느슨한
tighten 강화하다

완화하다, 느슨하게 하다
•• to make laws, rules etc less strict
Congress has loosened the restrictions on immigration.
의회가 이민에 대한 제한 규정을 완화했다.

lounge
[laundʒ]

relax, loiter

빈둥거리다, 느긋하게 있다
•• to stand, sit, or lie in a lazy or relaxed way
He did nothing but lounge around the factory.
그는 공장을 어슬렁거리는 것 말고는 한 것이 없었다.

출제 TIP
• lounge around ~를 어슬렁거리다 • the hotel lounge 호텔 라운지

lower
미[lóuər] 영[lóuə]

reduce, cut down

낮추다, 내리게 하다; 낮은
•• to reduce something in amount, degree or strength
They made a decision to lower prices of the products.
그들은 제품 값을 내리기로 결정했다.

manifold
미[mǽnəfòuld]
영[mǽnifòuld]

numerous

다양한, 여러 가지의; 다양한 것
•• many and of different kinds
Nobody wants to suffer from manifold duties.
아무도 잡무에 시달리고 싶어 하지는 않는다.

marginal
미[máːrdʒinl] 영[máːdʒinl]

marginally 근소하게

최저한의, 미미한
•• small or not very important
The business showed only a marginal improvement in profits.
그 사업은 이윤에서 고작 최저한의 향상만을 보았다.

출제 TIP
• the margin of a book 책의 여백
• win by a narrow margin 근소한 차이로 이기다
• the highest profit margin 가장 큰 이윤 폭
• the margin of the lake 호수의 가장자리
명사형 margin의 '여백, 차이, 마진, 가장자리'의 뜻도 기억한다.

markup
미[máːrkʌp] 영[máːkʌp]

markdown 가격인하

가격 인상, 이윤의 차이
•• an increase in the price of something
Their markup on merchandise was small.
상품에 대한 그들의 가격 인상폭은 작았다.

mastermind
미[mǽstərmaind]
영[máːstəmaind]

주모자, 입안자; 배후에서 조종하다
•• someone who plans and organizes a complicated operation
He was believed to be the mastermind behind the bombings.
그가 폭격의 배후 인물로 여겨진다.

meddle
[medl]
ⓝ meddling 참견
ⓐ meddlesome 간섭하기, 좋아하는

🔑ⓥ 쓸데없이 참견하다, 간섭하다
•• to deliberately try to influence or change a situation that does not concern you
Be sure not to meddle with others.
남에게 쓸데없는 참견을 하지 마시오.

meditate
[médətèit]
ⓝ meditation 고찰
ⓐ meditative 묵상의

🔑ⓥ 숙고하다, 깊이 생각하다
•• to think seriously and deeply about something
They have meditated on the matter for a month.
그들은 한 달 동안 그 문제에 대해서 숙고하였다.

medium
[míːdiəm]

🔑ⓝⓐ 매체, 매개; 중간의
•• a way of communicating information and news to people, such as newspapers, television etc.
Advertising is a powerful medium.
광고는 강력한 매체이다.

memorial
[məmóːriəl]
ⓥ memorialize 기념하다

🔑ⓐⓝ 기념의, 추도의; 기념비
•• remembering a person or people who have died
The memorial service will be held at 10 in the morning.
기념식은 오전 10시에 거행될 것이다.

📌 출제 TIP
memorial 기념의, 추도의 / memorable ~로 기억할 만한, 잊히지 않는
• hold a memorial festival 기념 축제를 열다
• memorable for its beautiful scenery 아름다운 경치로 기억에 남을 만한
혼동하기 쉬운 파생어들의 의미 차이를 묻는 문제로 출제된다.

merchant
미[méːrtʃənt]
영[méːtʃənt]

🔑ⓝ 상인, 공급자
•• someone who buys and sells goods
The merchant asked me a pound of flesh.
그 상인이 나에게 터무니없는 요구를 했다.

📌 출제 TIP
a pound of flesh는 '빚을 받아내기 위한 가혹한 터무니없는 요구'를 뜻한다.

mighty
[máiti]
ⓝ might 세력, 힘
ⓟ power

🔑ⓐ 강력한, 대단한
•• very strong and powerful
Korea was invaded several times by two mighty nations, China and Japan.
한국은 두 강대국 중국과 일본에 의해 수차례 침략 당했다.

mining
[máiniŋ]
ⓥⓝ mine 채굴하다; 광산

🔑ⓝ 채굴, 채광
•• the work or industry of getting gold, coal etc out of the earth
Mining has played an important role in the development of the world.
채굴은 세계의 발전에 있어서 중요한 역할을 해왔다.

minute
[mainjúːt]
🔊 minutely 세세하게

📖 **사소한, 미미한**
•• extremely small
A minute amount of nerve gas has been found in a container.
소량의 신경가스가 컨테이너에서 발견되었다.

💬 출제 TIP
'분, 잠시'의 뜻인 명사형 minute[mínit]과 혼동하기 쉬우니 주의한다.

misadventure
미[mìsædvéntʃər]
영[mìsədvéntʃə]

📖 **불운, 재난**
•• bad luck or an accident
We could travel on without any further misadventure.
우리는 더 이상의 불운 없이 계속해서 여행할 수 있었다.

misapprehend
[mìsæprihénd]
😊 misapprehension
🔊 misunderstand

📖 **오해하다, 잘못 생각하다**
•• to understand something in the wrong sense
I do not think that I misapprehend your meaning.
내가 당신의 의도를 오해한 것 같지는 않다.

misbehave
[mìsbihéiv]
😊 misbehaved 행실이 나쁜
😊 misbehavior 무례
🔊 behave 처신을 잘하다

📖 **무례하게 굴다, 버릇없는 짓을 하다**
•• to behave badly
I used to misbehave and talk back to my father.
나는 무례하게 굴면서 아버지에게 말대꾸하곤 했다.

miscellaneous
[mìsəléiniəs]

📖 **종류가 잡다한, 갖가지의**
•• consisting of a mixture of various things which are not usually connected with each other
Receipts for miscellaneous expenses over $50 are required.
50달러를 초과하는 잡비의 영수증은 필요하다.

misconduct
[miskándʌkt]

📖 **부정행위, 직권 남용, 방만한 경영**
•• bad or dishonest behavior by someone in a position of authority or trust
He was fired for serious misconduct.
그는 중대한 부정행위로 해고되었다.

multiply
[mʌ́ltəplài]
🔊 increase

📖 **배가하다, 증식하다**
•• to increase greatly in number
The amount of information available has multiplied rapidly.
얻을 수 있는 정보 양이 빠르게 늘어났다.

💬 출제 TIP
• multiply rapidly 급속히 번식하다
• have multiple meanings 다양한 의미를 지니다
• the multiplication sign 곱셈 부호
multiple(다수의)의 부사형 multiply는 '다양하게, 복합적으로'의 뜻이다.

1
2
3
4
5
6
7
8
9
10
11
12
13
14
15
16
17
18
19
20
21
22
23
24
25
26
27
28
29
30

mistrust
[mistrʌst]

[형] mistrustful 신용하지 않는
[유] distrust, suspicion

[명][동] 불신, 의혹; ~를 믿지 않다
•• the feeling that you cannot trust someone
I personally have a deep mistrust of the company.
나는 개인적으로 그 회사에 대해 깊은 불신을 갖고 있다.

monopoly
미[mənάpəli] 영[mənɔ́pəli]

[동] monopolize 독점하다

[명] 독점(권), 전매(권), 시장 독점
•• having complete control of a business
The company held a monopoly of salt.
그 회사가 소금의 전매권을 갖고 있다.

newcomer
미[njúːkʌmər]
영[njúːkʌmə]

[형] newcome 새로 온

[명] 새로 온 사람, 신참자, 신입 사원
•• someone who has only recently arrived somewhere
Newcomers need to work for a month fixing up one of the machines.
신참자들은 기계를 수선하는 일을 한 달 동안 해야 한다.

noted
[nóutid]

[유] well-known, famous

[형] 저명한, 유명한
•• well known or famous
The city is noted for its gothic architecture.
그 도시는 고딕 풍의 건물로 유명하다.

notice
[nóutis]

[명][동] 통지, 통보; 통고하다
•• information about something that is going to happen
An employer cannot fire an employee without notice.
고용주는 고용인을 통보 없이 해고할 수 없다.

novel
미[nάvəl] 영[nɔ́vəl]

[명] novelty 새로운 것
[유] new

[형] 새로운, 기발한
•• not like anything known before
Novel ideas are always welcomed in this office.
사무실에서는 항상 기발한 아이디어를 반긴다.

obligatory
미[əblígətɔ̀ːri] 영[ɔblígətəri]

[동] obligate 의무를 지우다
[유] compulsory, mandatory

[형] 의무적인, 필수적인
•• something that is obligatory must be done
It is obligatory to have insurance cover for your car to drive it.
차를 운전하려면 자동차 보험을 드는 것이 의무적이다.

offset
[ɔ́ːfsèt]

[동][명] 상쇄하다, 벌충하다; 차감 계산
•• to counter-balance or compensate for something
Price rises have offset by tax cuts.
가격 상승은 세면 삭감으로 상쇄되었다.

omission
[oumíʃən]

[동] omit 빠트리다

[명] 생략, 탈락
•• when you do not include or do not do something
Everything must be done without any omission.
하나도 빠트리지 말고 모두 다 해야 한다.

on-site
[ənsáit]

웹 off-site 부지 밖의

웹웹 현장에서; 현지의
•• at the place of land that you are talking about
We're meeting the builders on-site tomorrow.
우리는 내일 현장에서 건설업자들을 만날 것이다.

출제 TIP
• make an on-site inspection 현장을 시찰하다
• on-site service 출장 수리 서비스

opponent
[əpóunənt]

반 oppose 반대하다

웹 반대자, 적수
•• someone who you try to defeat in a competition
She was the only opponent in his office.
그녀가 그의 사무실에서 유일한 적수였다.

출제 TIP
opponent 상대, 반대자 / opposing 서로 겨누는, 대립하는, 반대하는
• a dangerous opponent 위험한 상대
• opposing opinions 대립하는 견해들
어근(oppose)이 같아서 서로 혼동하기 쉬운 파생어를 묻는 문제로 출제된다.

opposite
미[ápəzit] 영[ɔ́pəzit]

웹웹 ~의 맞은편에; 맞은편의
•• facing each other
There's a parking lot opposite the hotel.
호텔 맞은편에 주차장이 있다.

출제 TIP
opposite 다음에 전치사 to나 of를 쓰지 않도록 주의한다.

oppress
[əprés]

웹 oppression 압박
웹 oppressive 압제하는

웹 (권력, 세금으로) 압박하다
•• to govern people in an unfair and cruel way
The people in the country are oppressed by oppressive taxes.
그 나라의 국민들은 가혹한 과세에 시달리고 있다.

opt
미[apt] 영[ɔpt]

웹 option 선택권

웹 선택하다, 고르다
•• to choose one thing or do one thing instead of another
He opted for early retirement.
그는 조기 퇴직을 선택했다.

ordinance
미[ɔ́:rdənəns] 영[ɔ́:dənəns]

웹 law

웹 법령, 명령
•• an order given by a ruler or governing organization
Most cities have ordinances forbidding the use of drugs.
대부분의 도시는 마약 사용을 금하는 법령을 시행한다.

outlaw
[áutlɔː]

웹 법적 효력을 잃게 하다, 금지하다
•• to completely stop something by making it illegal
The new law will outlaw smoking in public places.
새로운 법으로 공공장소에서의 흡연이 금지될 것이다.

출제 TIP
outlaw가 명사형으로 쓰일 경우 '범법자, 법률상 보호를 박탈당한 사람'을 뜻한다.

1
2
3
4
5
6
7
8
9
10
11
12
13
14
15
16
17
18
19
20
21
22
23
24
25
26
27
28
29
30

Words Review

A 다음 설명에 해당하는 단어를 고르시오.

omission mistrust notice misbehave mining involved opt logic meddle lounge

1 to behave badly
2 the feeling that you cannot trust someone
3 information or a warning about something that is going to happen
4 when you do not include or do not do something
5 to choose one thing or do one thing instead of another
6 connected with an activity in some way
7 a way of thinking about something that seems correct and reasonable
8 to stand, sit, or lie in a lazy or relaxed way
9 to deliberately try to influence or change a situation that does not concern you
10 the work or industry of getting gold, coal etc out of the earth

B 다음 예문의 빈칸에 해당하는 단어를 골라 쓰시오.

monopoly miscellaneous on-site ordinances liberal arts lax liberate misadventure
mastermind lease medium multiplied jealous obligatory irrelevant

1 Receipts for .... expenses over $50 are required.
2 The company held a .... of salt.
3 We're meeting the builders .... tomorrow.
4 How much does it cost to .... the equipment?
5 Most cities have .... forbidding the use of drugs.
6 They are spending too much time on .... details.
7 The scope of the .... has changed with society.
8 Don't forget that our job is to .... you from anxiety.
9 He was believed the .... behind the bombings.
10 Advertising is a powerful ....
11 We could travel on without any further ....
12 The amount of information available has .... rapidly.
13 It is .... to have insurance cover for your car to drive it.
14 Her colleagues are .... of her success.
15 If anyone is being .... in their duties, their supervisor needs to
  take appropriate action against them.

Answer

Ⓐ 1 misbehave 2 mistrust 3 notice 4 omission 5 opt 6 involved 7 logic 8 lounge 9 meddle 10 mining
Ⓑ 1 miscellaneous 2 monopoly 3 on-site 4 lease 5 ordinances 6 irrelevant 7 liberal arts 8 liberate
  9 mastermind 10 medium 11 misadventure 12 multiplied 13 obligatory 14 jealous 15 lax

오늘 외울 단어 중 자신이 아는 단어를 체크해 보세요.

☐ **pause** 중지, 중단; 잠시 멈추다
☐ **peculiar** 독특한, 특유한
☐ **pension** 연금
☐ **perceive** 지각하다, 감지하다
☐ **periodic** 주기적인, 정기적인
☐ **perplex** 당혹하게 하다, 난처해하다
☐ **persistent** 집요한, 고집하는, 완고한
☐ **perspective** 관점, 전망, 시각, 원근
☐ **pervade** ~에 널리 퍼지다, 보급하다
☐ **pessimistic** 비관적인
☐ **pest** 골칫거리, 해충, 유해물
☐ **petty** 사소한, 시시한
☐ **phase** 단계, 국면
☐ **phenomenon** 현상

☐ **outweigh** 능가하다, ~보다 중요하다
☐ **overwork** 과로하다, 과도하게 일시키다; 과로
☐ **overwhelming** 압도적인
☐ **overestimate** 과대평가하다
☐ **ownership** 소유권
☐ **pacific** 평화로운, 화해적인
☐ **painful** 괴로운, 아픈
☐ **painstaking** 수고를 아끼지 않는, 애쓰는
☐ **paperwork** 문서 업무, 서류작업
☐ **paralysis** 마비, 무기력
☐ **partial** 부분적인, 편파적인
☐ **passive** 수동적인, 활기 없는
☐ **patrol** 순찰, 정찰; 순찰하다
☐ **pattern** 귀감, 모범, 본보기; 모방하다

☐ **pioneer** 개척자, 선구자; 초기의; 개척하다
☐ **pious** 신앙심이 깊은, 경건한
☐ **piracy** 표절, 저작권(특허권) 침해, 해적 행위
☐ **plain** 명백한, 분명한
☐ **pledge** 서약하다; 맹세, 약속
☐ **plenty** 많음, 풍부
☐ **poisonous** 유독한, 악의적인, 불쾌한
☐ **pollute** 오염시키다
☐ **portfolio** 투자 자산 구성
☐ **practice** 관행, 관례; ~을 늘 습관적으로 행하다
☐ **precaution** 예방책, 사전 대책
☐ **precisely** 정확히
☐ **predecessor** 전임자, 선배

☐ **pressure** 압력, 압박
☐ **principal** 주요한
☐ **probable** 있음직한, 가망성 있는
☐ **process** 가공 처리하다; 과정, 절차
☐ **profession** 전문직, 직업
☐ **proficiency** 숙달, 능숙
☐ **proceedings** 소송 절차
☐ **precious** 귀중한, 가치 있는
☐ **prolonged** 장기의, 오래 끄는
☐ **prominently** 두드러지게, 눈에 잘 띄게
☐ **proportion** 부분, 몫; 할당하다, 배당하다
☐ **provided** 만약 ~라면
☐ **protest** ~에 항의하다; 항의, 이의 신청
☐ **purify** 정화시키다

outweigh
[autwéi]

🔎 **능가하다, ~보다 중요하다**
•• to be more important or valuable than something else
The disadvantages are outweighed by the benefits.
불리한 점보다 이점이 크다.

overwork
미[òuvərwé:rk]
영[òuvəwə́:k]

🔎 **과로하다, 과도하게 일시키다; 과로**
•• to work too much or to make someone work too much
Stress may be caused by overworking.
스트레스는 과로로 인해 유발될 수 있다.

🔎 **출제 TIP**
outwork은 '~보다 일을 잘 하다'의 뜻이므로 접두사에 따른 의미 차이를 구별한다.

overwhelming
미[òuvərhwélmiŋ]
영[òuvəwélmiŋ]
😊 overwhelmingly 압도적으로
😊 overwhelm 압도하다

🔎 **압도적인**
•• difficult to fight against
The evidence against the company was overwhelming.
회사에 대한 불리한 증거가 압도적이었다.

overestimate
미[òuvəréstəmèit]
영[òuvəéstəmèit]
😊 underestimate
과소평가하다

🔎 **과대평가하다**
•• to think something is better, more important etc than it really is
People generally overestimate their abilities and knowledge.
사람들은 일반적으로 자신의 능력과 지식을 과대평가한다.

ownership
미[óunərʃip] 영[óunəʃip]

🔎 **소유권**
•• the fact of owning something
You may need to transfer part of your ownership of a business to somebody.
당신은 사업 소유권의 일부를 누군가에게 이전해야 할 수도 있다.

pacific
[pəsífik]
😊 pacification 화해, 조정
😊 peaceful

🔎 **평화로운, 화해적인**
•• loving or wanting peace
We are looking for a pacific solution.
우리는 평화적인 해결책을 찾고 있다.

painful
[péinfəl]
😊 painless

🔎 **괴로운, 아픈**
•• making you feel very upset, or very difficult and unpleasant for you
This work can be a long and painful process.
이 일은 길고도 괴로운 과정이 될 수도 있다.

painstaking
[péinzteikiŋ]
🔊 painstakingly
힘들여, 공들여

🔑 ⑱ 수고를 아끼지 않는, 애쓰는
•• using a lot of effort
This is the result of months of painstaking research.
이것은 여러 달에 걸쳐 공을 들인 조사의 결과이다.

paperwork
미[péipərwə:rk]
영[péipəwə:k]

🔑 ⑲ 문서 업무, 서류작업
•• work such as writing letters or reports, which must be done but is not very interesting
The system was designed to streamline the paperwork.
이 시스템은 서류 업무를 간소화하기 위하여 고안되었다.

paralysis
[pərǽləsis]
🔊 paralyze 마비시키다

🔑 ⑲ 마비, 무기력
•• a state of being unable to take action, make decisions, or operate normally
Paralysis of the economic activities can be fatal to this country.
경제 활동의 마비는 이 나라에 치명적일 수 있다.

partial
[pá:rʃəl]
🔊 impartial
🔊 partially 부분적으로

🔑 ⑲ 부분적인, 편파적인
•• not complete; unfair
On the first day of the strike they achieved at least a partial success.
파업 첫째 날에 그들은 적어도 부분적인 성공은 거두었다.

🔖 출제 TIP
partial 일부분의, 부분적인, 불완전한 / particle 극소량, 미량, 입자
• a partial success 부분적인 성공   • dust particles 먼지 입자들
헷갈리기 쉬운 파생어들의 의미 차이를 구별하는 문제로 출제된다.

passive
[pǽsiv]
🔊 active 활동적인

🔑 ⑱ 수동적인, 활기 없는
•• not acting to influence or change a situation
The company took a passive action.
그 회사는 수동적인 조치를 취했다.

patrol
[pətróul]

🔑 ⑲⑤ 순찰, 정찰; 순찰하다
•• to go around an area to see if there is any trouble
Security guards make patrols regularly the company.
보안 요원들이 규칙적으로 회사를 순찰한다.

🔖 출제 TIP
petrol[pétrəl 가솔린, 정유]과 의미 차이를 구별하는 문제로 출제된다.

pattern
미[pǽtərn] 영[pǽtən]

🔑 ⑲⑤ 귀감, 모범, 본보기; 모방하다
•• a thing, idea, or person that is an example to copy
My boss is a pattern of diligence.
우리 상사는 근면함의 귀감이다.

1
2
3
4
5
6
7
8
9
10
11
12
13
14
15
16
17
18
19
20
21
22
23
24
25
26
27
28
29

pause
[pɔːz]

명동중지, 중단; 잠시 멈추다
•• a short time during which someone stops speaking or doing something before starting again
They worked hard without a pause.
그들은 쉬지 않고 열심히 일했다.

peculiar
미[pikjúːljər] 영[pikjúːljə]
😊 peculiarity 기묘
😊 peculiarly 특히, 기묘하게

형독특한, 특유한
•• only belonging to a particular person or only exists in the particular situation
Each process has its own peculiar way.
각 과정에는 저마다의 독특한 방식이 있다.

pension
[pénʃən]

명연금
•• money paid regularly by the government or company
Size of pension depends partly on the length of service with the company.
연금 규모는 부분적으로 회사에 근무한 시간에 달려 있다.

perceive
미[pərsíːv] 영[pəsíːv]
😊 perception 지각, 인식
😊 perceptive 감지하는

동지각하다, 감지하다
•• to see something or someone that is obvious
They perceived that there was no other way out of the crisis.
그들은 위기에서 빠져 나올 다른 방법이 없다는 것을 깨달았다.

periodic
미[pìəriádik]
영[pìəriódik]
😊 periodically 주기적으로

형주기적인, 정기적인
•• happening a number of times, usually at regular times
The board of audit and inspection shall conduct a periodic audit.
회계 감사부가 정기적인 감사를 실시한다.

🔍 출제 TIP
명사형 periodical(정기 간행물, 학술지)과 품사를 구별하여 기억한다.

perplex
미[pərpléks] 영[pəpléks]
😊 perplexity 당혹
😊 puzzle

동당혹하게 하다, 난처해하다
•• to feel confused and worried because something is difficult to understand
We were perplexed by his sudden appearance.
그가 갑자기 나타나서 우리는 당혹하였다.

persistent
미[pərsístənt] 영[pəsístənt]
😊 persist 고집하다
😊 persistence 끈덕짐
😊 stubborn

형집요한, 고집하는, 완고한
•• continuing to do something in a determined way
A very persistent insurance salesman was trying to persuade me to sell life insurance.
아주 끈질긴 보험 판매원이 생명 보험을 팔기 위해 나를 설득하고자 하였다.

perspective
미[pərspéktiv]
영[pəspéktiv]
🔄 viewpoint

📝 관점, 전망, 시각, 원근
•• a way of thinking about something
We need to see this case from a social perspective.
이 사건을 사회적인 관점에서 보아야 한다.

🔖 출제 TIP
prospective 가망성 있는, 고객으로 유망한 / perspective 관점, 전망, 원근법
• prospective buyers 유망한 고객들, 잠재 고객들
• written from a woman's perspective 여성의 관점에서 쓴
• economic perspective 경제전망
혼동하기 쉬운 어휘들의 의미 차이를 구별하는 문제로 출제된다.

pervade
미[pərvéid] 영[pəvéid]
🔄 pervasive 널리 미치는

📝 ~에 널리 퍼지다, 보급하다
•• to spread or extend in every part of something
A great deal of hope and optimism pervaded the company.
엄청난 희망과 낙관이 그 회사에 널리 퍼졌다.

pessimistic
[pèsəmístik]
🔄 pessimism 비관
🔄 optimistic 낙관적인

📝 비관적인
•• expecting that bad things will happen in the future
Forecasts for sales next year are pessimistic.
내년의 판매 전망은 비관적이다.

pest
[pest]

📝 골칫거리, 해충, 유해물
•• an annoying person, especially a child
Someone who is always complaining like a child is a pest.
아이처럼 항상 불평만 하는 사람은 골칫거리이다.

petty
[péti]
🔄 trivial

📝 사소한, 시시한
•• small and unimportant
He got fired for the most petty reasons.
그는 아주 사소한 이유로 해고되었다.

phase
[féiz]

📝 단계, 국면
•• one of the stages of a process of development or change
The first phase of the project will end in September.
그 프로젝트의 1단계가 9월에 끝날 것이다.

phenomenon
미[finámənàn]
영[finɔ́mənàn]

📝 현상
•• a happening perceived through the senses
Unemployment is an economic phenomenon during the recession.
불경기에 실업은 경제 현상이다.

🔖 출제 TIP
phenomena는 복수이므로 관사를 붙이지 않도록 주의한다.

pioneer
미[pàiəníər] 영[pàiəníə]

명명명 개척자, 선구자; 초기의; 개척하다
•• a person who is one of the first people to do something
He was one of the pioneers of modern science.
그는 현대 과학의 선구자 중의 하나였다.

pious
[páiəs]
⊕impious
신을 공경하지 않는

신앙심이 깊은, 경건한
•• strongly believing in religion, and living in a way which shows this belief
The fugitives had become a happy and pious people.
피난민들은 행복하고 독실한 사람들이 되었다.

piracy
[páiərəsi]
⊕pirate 해적, 표절자

명 표절, 저작권(특허권) 침해, 해적 행위
•• the crime of illegally copying and selling books etc
Software piracy is the illegal reproduction and distribution of software applications.
소프트웨어 표절은 소프트웨어 응용 프로그램을 불법적으로 재생해서 유포하는 것이다.

plain
[plein]
⊕plainly 명백히

명 명백한, 분명한
•• very clear, and easy to understand or recognize
It was plain that the whole system had utterly broken down.
전 시스템이 완전히 고장 났다는 것은 명백했다.

pledge
[pledʒ]

명명 서약하다; 맹세, 약속
•• to make a serious or formal promise to give or do something
The union pledged the company not to strike.
노동조합은 파업을 하지 않겠다고 회사에 서약했다.

plenty
[plénti]
⊕plentiful 많은

명 많음, 풍부
•• a situation in which there is a lot of food and goods
There is plenty of room for improvement.
개선의 여지가 많다.

출제 TIP
room의 '여지, 가능성'의 뜻도 기억한다.

poisonous
[pɔ́izənəs]
⊕poison 독

명 유독한, 악의적인, 불쾌한
•• containing poison or producing poison; full of bad and unfriendly feelings
We are all responsible for the poisonous atmosphere of the office.
우리 모두 사무실의 불쾌한 분위기에 책임이 있다.

pollute
[pəlú:t]
🔵 pollution 공해, 오염 물질

🔵 오염시키다
•• to make air, water, soil etc dangerously dirty
The factory pollutes the air and water.
공장이 공기와 물을 오염시킨다.

🔖 출제 TIP
pollute가 수동태 구문으로 쓰일 경우 heavily, severely, badly 등의 부사와 어울려 같이 쓰인다.

portfolio
미[pɔːrtfóuliòu]
영[pɔːtfóuliòu]

🔵 투자 자산 구성
•• a group of stocks owned by a person or company
Creating an investment portfolio early in your life will reap great rewards later on.
젊은 날에 투자 자산을 구성하면 후년에 굉장한 보답을 받을 것이다.

practice
[prǽktis]

🔵🔵 관행, 관례; ~을 늘 습관적으로 행하다
•• something that is usually or regularly done
It's common practice in western countries to tip the waiter.
웨이터에게 팁을 주는 일은 서구에서 흔한 관행이다.

🔖 출제 TIP
practice 관행, 관습 / practice 전문직 종사자의 업무
• common practice 일반적인 관행
• a successful medical practice 성공적인 병원 운영 • go into practice 개업하다
practice의 '의사나 변호사 등 전문직 종사자의 업무나 운영'의 의미도 기억한다.

precaution
[prikɔ́ːʃən]

🔵 예방책, 사전 대책
•• something you do in order to prevent something dangerous or unpleasant from happening
The problem is that fire safety precautions are neglected.
문제는 화재 안전 조치들을 등한시한다는 것이다.

precisely
[prisáisli]
🔵 precise 정확한

🔵 정확히
•• exactly and correctly
We can't predict precisely how much impact the change will have.
그 변화가 얼마나 많은 영향을 미칠지 정확하게 예측할 수 없다.

predecessor
미[prédəsèsər]
영[príːdəsèsə]
🔵 successor 후임자

🔵 전임자, 선배
•• someone who had a job or a position before someone else
I was told that my predecessor had worked in this position just for two months.
나의 전임자가 이 일을 고작 두 달 동안 했다는 얘기를 들었다.

pressure
미[préʃər] 영[préʃə]
🔵 press 누르다

🔵 압력, 압박
•• an attempt to persuade someone by using influence, arguments, or threats
Some executives were under external pressure to resign.
몇몇 간부들이 사임하라는 외압을 받고 있다.

principal
[prínsəpəl]
🔄 main

🔑 형 명 주요한; 우두머리, 장(長)
•• most important
They didn't figure out the principal cause of a sudden decrease in sales.
그들은 갑작스런 판매 감소의 주요 원인을 알아내지 못했다.

probable
미[prábəbl] 영[próbəbl]
🔄 probably 아마도
🔄 improbable
있을 것 같지 않은

🔑 형 있음직한, 가망성 있는
•• likely to exist, happen, or be true
It is probable that share prices will fall still further.
주가가 앞으로 훨씬 더 많이 떨어질 것 같다.

process
미[práses] 영[próuses]

🔑 동 명 가공 처리하다; 과정, 절차
•• to make food, materials, or goods ready to be used or sold
Most of the food we buy is processed in some way.
우리가 사는 식품은 대부분이 어떤 식으로든 가공처리가 된 것이다.

profession
[prəféʃən]
🔄 job

🔑 명 전문직, 직업
•• a job that needs a high level of education and training
Doctors or lawyers are people who work in the professions.
의사나 변호사는 전문직에 종사하는 사람들이다.

📌 출제 TIP
profession은 교육을 많이 받아 지적, 전문적 지식을 필요로 하는 직업을 의미하고, occupation은 격식적인 서식 등을 작성할 때의 직업을 의미하며, job은 늘 하는 일이나 일반적인 의미에서의 직업을 말한다.

proficiency
[prəfíʃənsi]

🔑 명 숙달, 능숙
•• a good standard of ability and skill
He wanted proficiency in at least two languages.
그는 최소한 두 개 언어에 능통하기를 원했다.

📌 출제 TIP
proficiency는 뒤에 전치사 in/at과 어울려 출제된다.

proceedings
[prəsíːdiŋz]

🔑 명 소송 절차
•• legal action taken against someone
He is taking legal proceedings against his ex-wife.
그는 전 아내를 상대로 법적 소송 절차를 밟고 있다.

📌 출제 TIP
• proceedings 소송, 법적 절차 / proceeds 수입, 수익, 매상고
• take proceedings against a person ~에게 소송을 제기하다
• the proceeds of the concert 콘서트 수익금
동일한 어근(proceed 진행하다)에서 파생된 혼동하기 쉬운 명사들의 의미 차이를 구별하여 기억한다.

precious
[préʃəs]

🔍 **귀중한, 가치 있는**
- valuable and important and should not be wasted or used without care

You spend some precious moments with your family before late.
늦기 전에 가족과 소중한 시간을 함께 해야 한다.

prolonged
[prəlɔ́ːŋd]
🔄 prolong 연장하다

🔍 **장기의, 오래 끄는**
- continuing for a long time

There was a prolonged negotiation between the parties.
당사자들 간의 질질 끄는 협상이 계속되었다.

prominently
미[prámənəntli]
영[prómənəntli]
🔄 prominent 현저한
🔄 noticeably

🔍 **두드러지게, 눈에 잘 띄게**
- in a way that something is easily seen

The house was prominently decorated with African works of art.
그 집은 아프리카의 작품들로 두드러지게 장식되어 있었다.

proportion
미[prəpóːrʃən]
영[prəpóːʃən]

🔍 **부분, 몫; 할당하다, 배당하다**
- a part of a number or amount, considered in relation to the whole

You have not done your proportion of the work.
너는 네가 일할 몫을 다 하지 않았다.

provided
[prəváidid]

🔍 **만약 ~라면**
- used to say that something will only be possible if something else happens or is done

I will accompany you provided that my expenses are paid.
내 경비가 지불된다면 당신과 동행하겠다.

📌 **출제 TIP**
provided that과 providing that은 '만약 ~ 라면'의 뜻으로 접속사 that은 생략이 가능하다.

protest
[próutest]

🔍 **~에 항의하다; 항의, 이의 신청**
- to come together to publicly express disapproval or opposition to something

People are protesting against a tax increase.
사람들이 세금 인상에 항의하고 있다.

purify
[pjúərəfài]
🔄 purification 정화

🔍 **정화시키다**
- to remove dirty or harmful substances from something

Chemicals are used to purify the water.
물을 정화시키기 위해 화학 약품들이 사용된다.

Words Review

A 다음 설명에 해당하는 단어를 고르시오.

prolonged pollute precious outweigh portfolio precisely prominently poisonous pattern passive

1 containing poison or producing poison; full of bad and unfriendly feelings
2 to be more important or valuable than something else
3 to make air, water, soil etc dangerously dirty
4 valuable and important and should not be wasted or used without care
5 not acting to influence or change a situation
6 a group of stocks owned by a particular person or company:
7 continuing for a long time
8 a thing, idea, or person that is an example to copy
9 exactly and correctly
10 in a way that something is easily seen

B 다음 예문의 빈칸에 해당하는 단어를 골라 쓰시오.

pest pervaded pessimistic protesting partial ownership processed professions purify pacific probable pause painful proficiency petty

1 A great deal of hope and optimism .... the company.
2 On the first day of the strike they achieved at least a .... success.
3 It is .... that share prices will fall still further.
4 People are .... against a tax increase.
5 You may need to transfer part or all of your .... of a business to somebody.
6 Forecasts for sales next year are ....
7 Most of the food we buy is .... in some way.
8 This work can be a long and .... process.
9 Doctors or lawyers are people who work in the ....
10 Someone who is always complaining like a child is a ....
11 Chemicals are used to .... the water.
12 They worked hard without a ....
13 He got fired for the most .... of reasons.
14 It said in the job ad that they wanted .... in at least two languages.
15 We are looking for a .... solution.

Answer

Ⓐ 1 poisonous 2 outweigh 3 pollute 4 precious 5 passive 6 portfolio 7 prolonged 8 pattern 9 precisely 10 prominently

Ⓑ 1 pervaded 2 partial 3 probable 4 protesting 5 ownership 6 pessimistic 7 processed 8 painful 9 professions 10 pest 11 purify 12 pause 13 petty 14 proficiency 15 pacific

오늘 외울 단어 중 자신이 아는 단어를 체크해 보세요.

- [ ] **reform** 개혁하다; 개선, 개정
- [ ] **regarding** ~에 관해서, ~라는 점에서
- [ ] **relieve** (고통, 부담을) 경감하다, 안도하게 하다
- [ ] **reluctant** 마지못해 하는, 꺼리는
- [ ] **remainder** 나머지
- [ ] **remembrance** 추억, 기억
- [ ] **remittance** 송금, 송금액
- [ ] **renovate** 보수하다, 수리하다
- [ ] **repent** 후회하다
- [ ] **reorganize** 재편성하다, 재조직하다
- [ ] **resolute** 단호한, 굳게 결심한
- [ ] **respectable** 존경할 만한, 훌륭한
- [ ] **request** 요청; 요청하다
- [ ] **resourceful** 기략이 풍부한, 자원이 풍부한

- [ ] **pursue** ~을 추구하다, 얻으려고 애쓰다, 수행하다
- [ ] **qualify** ~할 자격(권한)을 부여하다
- [ ] **quarter** 1/4, 분기, 15분, 25센트 동전
- [ ] **quality** 품질, 성질, 특성
- [ ] **query** 질문, 의문; 묻다
- [ ] **radical** 급진적인
- [ ] **randomly** 무작위로, 임의로
- [ ] **rational** 이성적인, 합리적인
- [ ] **raw** 원료 그대로의, 가공하지 않은
- [ ] **rebate** 할인, 환불; 환불하다, 감액하다
- [ ] **recession** 불황, 경기 침체
- [ ] **reckless** 분별없는, 무모한
- [ ] **reconcile** 화해시키다, 조화시키다
- [ ] **recovery** 회복

- [ ] **restrain** 제지하다, 억제하다
- [ ] **reverse** 반대의, 역의; 반대; 반대로 하다
- [ ] **revision** 개정(판), 수정
- [ ] **riot** 폭동, 소동; 폭동을 일으키다
- [ ] **robbery** 강도 행위, 약탈
- [ ] **rotten** 썩은, 부패한, 불쾌한
- [ ] **run** ~을 경영하다, 관리하다
- [ ] **rush** 서두르다; 쇄도, 급증
- [ ] **securely** 단단하게
- [ ] **segment** 부분, 조각; 나누다
- [ ] **shipment** 선적, 발송
- [ ] **shorten** 줄이다, 삭감하다
- [ ] **simultaneously** 동시에

- [ ] **skyrocket** 가격이 치솟다, 급상승하다
- [ ] **solely** 전적으로
- [ ] **solicit** 요청하다, 간청하다
- [ ] **somewhat** 다소, 얼마간
- [ ] **specific** 구체적인
- [ ] **speculation** 추측, 추론
- [ ] **stagnant** 침체된, 불경기의
- [ ] **statistical** 통계의, 통계상의
- [ ] **superb** 최고의, 최상의
- [ ] **superintend** 감독하다, 관리하다
- [ ] **supplement** 보충하다, 보완하다; 보충물, 부가물
- [ ] **surgery** 수술
- [ ] **suspend** 미루다, 보류하다
- [ ] **sustain** 지속하다, 유지하다

pursue
미|pərsúː] 영[pəsjúː]
명 pursuit 추구

🔑동 ~을 추구하다, 얻으려고 애쓰다, 수행하다
•• to continue trying to achieve something over
What marketing strategy should we pursue for new products?
신제품에 대해 우리는 어떤 마케팅 전략을 짜야 하나?

qualify
미|[kwɑ́ləfài] 영[kwɔ́ləfài]
명 qualification 자격
형 qualified 자격이 있는, 조건부의

🔑동 ~할 자격(권한)을 부여하다
•• to have the right to have or do something, or to give someone this right
You may qualify for unemployment benefit.
당신은 실업 수당을 받을 자격을 갖게 될 수 있다.

quarter
미|[kwɔ́ːrtər] 영[kwɔ́ːtə]

🔑명 1/4, 분기, 15분, 25센트 동전
•• one of four equal parts
Total revenue for the third quarter of 2005 was $10 million.
2005년 3/4분기 총 수입은 천만 달러였다.

quality
미|[kwɑ́ləti] 영[kwɔ́ləti]
유 characteristic

🔑명 성질, 특성
•• how good or bad something is
The company is famous for its goods of the highest quality.
그 회사는 최고 품질의 상품으로 유명하다.

출제 TIP
• be of good quality 질이 좋다 • in large quantities 대량으로
quantity는 전치사 in과 어울려 같이 쓰인다.

query
[kwíəri]
유 inquiry

🔑명동 질문, 의문; 묻다
•• a question that you ask to get information
We are always available to answer your queries.
저희는 항상 당신의 질문에 답해 드릴 수 있습니다.

radical
[rǽdikəl]
부 radically 과격하게

🔑형 급진적인, 근본적인
•• very new and different, and are against what most people think or believe
We strongly urge radical reform of the welfare budget.
복지 예산에 대한 급진적인 개혁을 강력하게 촉구하는 바이다.

randomly
[rǽndəmli]
형 random

🔑부 무작위로, 임의로
•• in a way that something is happening or chosen without any definite plan, aim, or pattern
The samples were randomly chosen for testing.
검사하기 위하여 샘플들을 무작위로 골랐다.

출제 TIP
• at random 무작위로, 마구잡이로 • a randomly selected sample 무작위로 선택된 샘플

rational
[ræʃənl]
⊕ irrational 비이성적인

📖 이성적인, 합리적인
•• able to think sensibly or logically
Don't get too excited to be rational in front of customers.
고객 앞에서 이성을 차릴 수 없을 정도로 지나치게 흥분하지 마시오.

raw
[rɔ:]

📖 원료 그대로의, 가공하지 않은
•• raw substances in a natural state
The company has provided us with raw materials.
그 회사가 우리에게 원자재를 공급해 주고 있다.

rebate
[rí:beit]

📖 할인, 환불; 환불하다, 감액하다
•• an amount of money that is paid back to you when you have paid too much tax, rent etc
Your company may qualify for a tax rebate.
당신 회사는 세금 환불 자격을 받을 수도 있다.

recession
[riséʃən]
⊕ slump, depression
⊕ boom 벼락 경기

📖 불황, 경기 침체
•• a difficult time when there is less trade, business activity
The whole country is in recession.
국가 전체가 불황 상태이다.

reckless
[réklis]
⊕ recklessly 분별없이

📖 분별없는, 무모한
•• not caring or worrying about the possible bad or dangerous results of your actions
There is just no justification for such a reckless decision.
그러한 무모한 결정에 대해서는 정당화될 수 없다.

reconcile
[rékənsàil]
⊕ reconciliation

📖 화해시키다, 조화시키다
•• to find a way in which two situations or beliefs that are opposed to each other can agree and exist together
They were finally reconciled and made plans to cooperate with each other.
그들은 마침내 화해하여 서로 돕기로 계획을 세웠다.

recovery
[rikΛvəri]
⊕ recover 회복하다

📖 회복
•• the process of returning to a normal condition after a period of trouble or difficulty
We all have hopes of economic recovery.
우리 모두 경제가 회복되리라는 희망을 가지고 있다.

reform
미[rifɔ́:rm] 영[rifɔ́:m]
⊕ reformative 개선의

📖 개혁하다; 개선, 개정
•• to improve a system, law, organization by making a lot of changes to it
The plans to reform the tax system were successful.
세금 제도를 개혁하고자 했던 계획이 성공했다.

1 2 3 4 5 6 7 8 9 10 11 12 13 14 15 16 17 18 19 20 21 22 23 24 25 26 27 28 29

regarding
미[rigά:rdiŋ] 영[rigά:diŋ]

🔄 concerning
🔄 regard 여기다, 간주하다

⑳ ~에 관해서, ~라는 점에서
•• used especially in letters or speeches to introduce the subject you are writing or talking about
Policies regarding youth unemployment don't seem to be effective.
청년 실업에 관한 정책들이 효과적인 것 같지 않다.

🔍 출제 TIP
• regard her as a friend 그녀를 친구로 간주하다, 여기다
• with regard to bonus 보너스와 관련하여
• with best regards 안부를 전하며
동사 regard는 전치사 as와 같이 쓰이고, 복수명사 regards는 '안부, 안부의 말'의 뜻이므로 수에 따른 의미 차이를 구별한다.

relieve
[rilí:v]

🔄 relief
🔄 relieved 안도한

⑳ (고통, 부담을) 경감하다, 안도하게 하다
•• to reduce someone's pain or unpleasant feelings
This medicine will relieve your pain.
이 약이 당신의 고통을 덜어줄 것이다.

reluctant
[rilΛktənt]

🔄 reluctantly 마지못해서
🔄 willing 기꺼이 하는

⑳ 마지못해 하는, 꺼리는
•• slow and unwilling
They were very reluctant to help us.
그들은 겨우 마지못해 우리를 도왔다.

remainder
미[riméindər] 영[riméində]

🔄 remain 여전히~이다
🔄 rest

⑳ 나머지
•• the part of something that is left
The remainder of the stock will be evenly split between them.
나머지 주식들은 그들 간에 균등하게 분배될 것이다.

🔍 출제 TIP
동사 remain의 다른 명사형 remains는 '유적, 유물'의 뜻이 있다.

remembrance
[rimémbrəns]

🔄 remember 기억하다

⑳ 추억, 기억
•• a memory of something that happened in the past
They had no remembrance of anything but the car.
그들은 차 이외에는 아무것도 기억하지 못했다.

remittance
[rimítəns]

🔄 remit 송금하다

⑳ 송금, 송금액
•• a sum of money which you send to someone
Remittance may be made by credit card or by check.
송금은 신용카드로 하거나 수표로 하실 수 있습니다.

renovate
[rénəvèit]
🟢 renovation

🔵 보수하다, 수리하다
•• to repair and improve something, especially a building
The hotel has been renovated and redecorated.
그 호텔은 보수를 하고 새로 꾸몄다.

repent
[ripént]
🟢 repentance 후회

🔵 후회하다
•• to be very sorry for something bad you have done in the past
I repent of not having taken your advice.
너의 충고를 따르지 않았던 것을 후회한다.

🔖 출제 TIP
• repent of ~을 후회하다
repent 다음에 전치사 of를 묻는 문제로 출제된다.

reorganize
미[ri:ɔ́:rgənàiz]
영[ri:ɔ́:gənàiz]
🟢 reorganization

🔵 재편성하다, 재조직하다
•• to arrange or organize something in a new way
Our office is being completely reorganized.
사무실을 완전히 재편성하고 있다.

resolute
[rézəlù:t]
🟢 resolutely 결연히
🟢 resolution 결심
🟢 irresolute 결단력 없는

🔵 단호한, 굳게 결심한
•• doing something in a very determined way
Resolute measures must be adopted to solve the problem.
문제를 해결하기 위해서는 단호한 조치를 채택해야 한다.

respectable
[rispéktəbl]
🟢🟢 respect 존경하다; 존경

🔵 존경할 만한, 훌륭한
•• worthy of deserving respect
It's not respectable to be drunk in the street.
길에서 술에 취해 있는 것은 그리 존경할 만한 행동은 아니다.

🔖 출제 TIP
respectable 훌륭한 / respectful 공손한, 정중한 / respective 각각의, 각자의 / respecting ~에 관한
• a respectable leader 존경할 만한 지도자   • a respectful attitude 정중한 태도
• the respective countries 각 나라들
• the law respecting drug abuse 마약 남용에 관한 법
어근(respect)이 같지만 서로 의미가 다른 파생어들의 의미 차이를 구별하는 문제로 출제된다.

request
[rikwést]

🔵🔵 요청; 요청하다
•• when you politely or officially ask for something
The boss refused our request to leave work early.
상사는 조퇴해 달라는 우리의 요청을 거절했다.

🔖 출제 TIP
• on/upon request 신청하는 대로 곧   • be in great request 수요가 많이 있다

1
2
3
4
5
6
7
8
9
10
11
12
13
14
15
16
17
18
19
20
21
22
23
24
25
26
27
28
29
30

resourceful
미[risɔ́ːrsfəl] 영[risɔ́ːsfəl]
명 resource 수완, 기략

🔍 기략이 풍부한, 자원이 풍부한
•• skilled at solving problems and making decisions on your own
A resourceful person can find the ways to solve the problems quickly.
기지가 풍부한 사람이라면 빠르게 문제를 해결할 수 있는 방법을 찾을 수 있다.

restrain
[ristréin]
명 restraint 금지, 억제

🔍 제지하다, 억제하다
•• to stop someone from doing something
Price raises should restrain consumer spending.
가격 상승으로 소비자는 소비를 자제해야 한다.

reverse
미[rivə́ːrs] 영[rivə́ːs]
유 opposition

🔍 반대의, 역의; 반대; 반대로 하다
•• the opposite order
Diets may have reverse effect in children.
다이어트는 아동에게 역효과를 가져올 수 있다.

revision
[rivíʒən]
동 revise 개정하다

🔍 개정(판), 수정
•• the process of changing something in order to improve it
These proposals will need a lot of revisions.
이 제안서들은 수정을 많이 해야 할 것이다.

riot
[ráiət]

🔍 폭동, 소동; 폭동을 일으키다
•• a noisy, violent, and uncontrolled public gathering
Striking labors were subdued by riot police.
파업 근로자들은 폭동 진압 경찰에 의해 진압되었다.

robbery
미[rάbəri] 영[rɔ́bəri]
유 theft
동 rob 빼앗다

🔍 강도 행위, 약탈
•• the crime of stealing money or thins from a bank, shop
This system would give us protection against robbery and shoplifting.
이 시스템은 강도 및 도난을 방지하는 보안을 해 준다.

📝 출제 TIP
• commit robbery 강도질하다
• daylight robbery 바가지 씌우기, 터무니없이 엄청난 값을 먹이는 수법
robbery와 어울려 짝을 이루는 동사를 기억한다.

rotten
미[rάtn] 영[rɔ́tn]
동 유 rot 썩다; 썩음, 부패

🔍 썩은, 부패한, 불쾌한
•• badly decayed and no longer good to use
The police force is rotten to the core.
경찰 병력은 속속들이 타락했다.

run
[rʌn]
🔄 manage 경영하다

🔵 ~을 경영하다, 운영하다
•• to organize or be in charge of an activity, business, organization, or country
Employees don't care who runs the company.
사원들은 누가 회사를 경영하는지 개의치 않는다.

rush
[rʌʃ]
🔄 hurry

🔵 서두르다; 쇄도, 급증
•• to do something very quickly and without delay
People rushed to buy the goods on sale.
사람들이 세일 중인 그 상품을 사려고 쇄도하였다.

securely
미[sikjúərli] 영[sikjúəli]
🔵 secure 안전한
🔵 security 안심

🔵 단단하게
•• tied tightly, especially in order to make something safe
Make sure doors should be securely locked.
반드시 문을 단단하게 잠그도록 하시오.

🔖 출제 TIP
securely은 주로 locked, bolted, fastened, packed, tied 등의 단어와 어울려 같이 쓰인다.

segment
[ségmənt]

🔵 부분, 조각; 나누다
•• a part of something that is different from the whole in some way
They have divided the sales contest into three segments.
그들은 판매 콘테스트를 3 부분으로 나누었다.

shipment
[ʃípmənt]
🔄 ship 배로 보내다

🔵 선적, 발송
•• a load of goods sent by sea, road, or air, or the act of sending them
The goods are ready for shipment.
상품은 선적 대기 중이다.

shorten
미[ʃɔ́ːrtn] 영[ʃɔ́ːtn]
🔵 shortly 곧
🔵 lengthen 늘이다

🔵 줄이다, 삭감하다
•• to become shorter or make something shorter
The name 'Elizabeth' is often shortened to 'Beth'.
이름 'Elizabeth'는 자주 'Beth'로 줄인다.

simultaneously
미[sàiməltéiniəsli]
영[sìməltéiniəsli]
🔵 simultaneous 동시의
🔄 at the same time

🔵 동시에
•• in a way that things happen at exactly the same time
The competent manager can handle several things simultaneously.
그 유능한 관리자는 동시에 몇 가지 일을 처리할 수 있다.

🔖 출제 TIP
simultaneously는 전치사 with와 어울려 같이 쓴다.

skyrocket
미[skáiràkit] 영[skáirɔ́kit]

⑤ 가격이 치솟다, 급상승하다
•• to increase very steeply or rapidly
A survey showed that prices would skyrocket next year.
어느 조사에 의하면 내년에 물가가 치솟을 것이라고 하였다.

solely
[sóulli]
⑱ sole 유일한
⑪ only

⑪ 전적으로
•• not involving anything or anyone else
The blame for the accident lies solely on the company.
그 사고에 대한 책임은 전적으로 회사에 있다.

solicit
[səlísit]
⑲ solicitation

⑤ 요청하다, 간청하다
•• to ask someone for money, help, or information
Young people are often asked to solicit donations for blood.
젊은 사람들은 곧잘 헌혈을 간청하는 요청을 받는다.

somewhat
미[sʌ́mhwàt]
영[sʌ́mhwɔ̀t]

⑪ 다소, 얼마간
•• more than a little but not very
The price in London is somewhat higher than I expected.
런던의 물가는 기대했던 것보다 다소 더 높았다.

specific
[spisífik]
⑪ specifically 구체적으로
⑤ specify 명시하다,
구체적으로 말하다

⑱ 구체적인
•• a particular thing, person, or group
Do you have a specific design in mind?
생각하고 있는 구체적인 디자인이 있나요?

speculation
[spèkjuléiʃən]
⑤ speculate 추측하다

🔍 추측, 추론
•• the forming of a theory without firm evidence
His speculation about the company's future was proved to be wrong.
회사의 미래에 대한 그의 추측은 틀린 것으로 드러났다.

📌 출제 TIP
• speculation about/over ～에 대한 추론 • speculation in ～의 투기
speculation과 어울려 같이 쓰이는 전치사를 기억한다.

stagnant
[stǽgnənt]
⑲ stagnation 경기 침체
⑤ stagnate 침체시키다

⑱ 침체된, 불경기의
•• not growing or developing
Small pay raises reflect stagnant economy.
적은 임금 인상은 침체된 경기를 반영한다.

statistical
[stətístikəl]
🟢 statistics 통계

🔍 통계의, 통계상의
•• relating to statistics
Statistical error is caused by unpredictable changes in the measurement.
통계상의 오류는 측정에 있어서 예측할 수 없는 변화 때문에 생긴다.

superb
미[supə́ːrb] 영[sjuːpə́ːb]
🟢 excellent

🔍 최고의, 최상의
•• extremely good
He is a superb computer programmer in his company.
그는 자신의 회사에서 아주 훌륭한 컴퓨터 프로그래머이다.

superintend
미[supəːrínténd]
영[sjuːpəːinténd]
🟢 superintendent
감독관, 관리자
🟢 supervise, oversee

🔍 감독하다, 관리하다
•• to be in charge of something, and control how it is done
You need to superintend the assembly line.
당신은 조립 라인을 감독해야 한다.

supplement
[sʌ́pləmənt]

🔍 보충하다, 보완하다; 보충물, 부가물
•• to add something to something to make it larger or better
I want to supplement my income by working in a shop.
가게에서 일하여 나의 수입을 보충하고 싶다.

> 🔖 출제 TIP
> • supplement with ~로 보충하다
> supplement는 전치사 with를 묻는 문제로 출제된다.

surgery
미[sə́ːrdʒəri] 영[sə́ːdʒəri]
🟢 operation

🔍 수술
•• medical treatment in which a surgeon cuts open your body to repair or remove something inside
I'm calling you to remind you of your surgery tomorrow.
내일 당신의 수술을 상기시키기 위해 전화 드렸는데요.

suspend
[səspénd]
🟢 suspension 연기

🔍 미루다, 보류하다
•• to officially stop something from continuing, especially for a short time
They will suspend their judgment of the new project.
그들은 새로운 프로젝트에 대한 판단을 미룰 것이다.

sustain
[səstéin]
🟢 sustainable 지속할 수 있는

🔍 지속하다, 유지하다
•• to cause or allow something to continue for a period of time
The company will sustain its investment in India.
그 회사는 인도에 투자를 계속할 것이다.

Words Review

A 다음 설명에 해당하는 단어를 고르시오.

reform quality resolute stagnant solicit rush reverse query specific somewhat

1 how good or bad something is
2 doing something in a very determined way
3 to ask someone for money, help, or information
4 not growing or developing
5 a question that you ask to get information
6 more than a little but not very
7 to do something very quickly and without delay
8 to improve a system, law, organization by making a lot of changes to it
9 the opposite order
10 a particular thing, person, or group

B 다음 예문의 빈칸에 해당하는 단어를 골라 쓰시오.

suspend reluctant segments respectable runs raw remainder surgery restrain
rebate shortened Remittance superb shipment remembrance

1 They were very .... to help us.
2 They have divided the sales contest into three ....
3 Employees don't care who .... the company.
4 They made a decision to .... their judgment of the new project.
5 The company has provided us with ....
6 The goods are ready for ....
7 The .... of the stock will be evenly split between two company employees.
8 I'm calling you to remind you of your .... tomorrow.
9 Price rises should .... consumer spending.
10 They had no .... of anything but the car.
11 Your company may qualify for a tax ....
12 It's not .... to be drunk in the street.
13 The name 'Elizabeth' is often .... to 'Beth'.
14 He is a .... computer programmer in his company.
15 .... may be made by credit card or by check.

Answer

Ⓐ 1 quality 2 resolute 3 solicit 4 stagnant 5 query 6 somewhat 7 rush 8 reform 9 reverse 10 specific

Ⓑ 1 reluctant 2 segments 3 runs 4 suspend 5 raw 6 shipment 7 remainder 8 surgery 9 restrain
   10 remembrance 11 rebate 12 respectable 13 shortened 14 superb 15 Remittance

오늘 외울 단어 중 자신이 아는 단어를 체크해 보세요.

- [ ] **tidy** 정돈하다; 정돈된
- [ ] **timid** 소심한, 겁 많은
- [ ] **token** 표시, 징후, 나타냄
- [ ] **tolerance** 관용
- [ ] **tone** 어조, 말씨
- [ ] **torment** 고통, 고문; 괴롭히다
- [ ] **touching** 감동시키는
- [ ] **trait** 특색, 특징
- [ ] **transform** 변형시키다
- [ ] **transition** 변천, 추이
- [ ] **transmit** 보내다, 발송하다
- [ ] **turn down** 거절하다
- [ ] **ultimate** 궁극의, 최종적인; 궁극적인 것, 최종 결과
- [ ] **unbiased** 편견이 없는, 공평한

- [ ] **swell** 부풀다, 증대하다; 팽창
- [ ] **swift** 빠른, 신속한
- [ ] **synchronize** 동시에 발생하다
- [ ] **syndicate** 기업 연합
- [ ] **synthetic** 합성의, 종합적인
- [ ] **systematic** 체계적인, 조직적인
- [ ] **tame** 길든, 유순한; 길들이다
- [ ] **temper** 기질, 기분, 화; 진정시키다
- [ ] **tempt** ~의 마음을 끌다, 유혹하다
- [ ] **tentative** 임시적인, 잠정적인
- [ ] **terminate** 끝내다, 종결되다
- [ ] **terrify** 겁나게 하다, 놀래다
- [ ] **testify** 증명하다, 입증하다
- [ ] **threaten** 협박하다

- [ ] **undertake** (일, 책임, 의무를) 떠맡다, 착수하다
- [ ] **undoubtedly** 틀림없이, 의심할 여지없이
- [ ] **unlimited** 무제한의, 끊임없는
- [ ] **unoccupied** 비어 있는
- [ ] **unprecedented** 전례 없는
- [ ] **unquestionable** 의문의 여지가 없는
- [ ] **unwavering** 확고한, 동요하지 않는
- [ ] **urban** 도시의
- [ ] **usher** 안내인, 접수원; 안내하다
- [ ] **utensil** (부엌용) 도구, 기구
- [ ] **utilize** 활용하다, 이용하다
- [ ] **utter** 전적인, 순전한
- [ ] **vague** 애매한, 모호한

- [ ] **valuable** 값비싼, 귀중한, 매우 쓸모 있는
- [ ] **various** 다양한, 여러 가지의
- [ ] **vast** 광대한, 거대한
- [ ] **verify** 확인하다, 증명하다, 입증하다
- [ ] **via** ~를 경유하여
- [ ] **vicinity** 가까움, 근접
- [ ] **vindicate** (~의 정당함을) 입증하다, 옹호하다
- [ ] **visible** 눈에 보이는, 명백한
- [ ] **vital** 생명의, 절대적으로 필요한
- [ ] **vivid** 생생한, 활기에 찬
- [ ] **voluntary** 자발적인, 임의의
- [ ] **vote** 투표하다; 투표, 표결
- [ ] **warranty** 품질 보증
- [ ] **welfare** 복지, 번영

swell
[swel]

⊜⊜ 부풀다, 증대하다; 팽창
•• to become larger and rounder than usual
A number of extra costs have swelled the total.
많은 추가 경비 때문에 총액이 불어났다.

swift
[swift]
⊕ swiftly 신속하게

⊜ 빠른, 신속한
•• happening or moving quickly or within a short time
We would be grateful if you give us a swift response.
조속한 답변을 주시면 고맙겠습니다.

synchronize
[síŋkrənàiz]
⊜ synchronization 동시성

⊜ 동시에 발생하다
•• to cause to happen at the same time
The lights must synchronize with the music.
조명은 음악과 동시에 진행되어야 한다.

　출제 TIP
• synchronize with ~와 동시에 발생하다
synchronize는 전치사 with와 어울려 같이 쓴다.

syndicate
[síndikət]

⊜ 기업 연합
•• a group of people or companies who join together in order to achieve a particular aim
The syndicate of banks will also play a key role in marketing.
은행 연합들 또한 마케팅에서 중요한 역할을 할 것이다.

synthetic
[sinθétik]
⊜ synthesize 종합하다
⊜ synthesis 종합
⊕ analytic 분석적인

⊜ 합성의, 종합적인
•• produced by combining different artificial substances
Thousands of modern synthetic chemicals may be causing health problems.
수천 가지의 현대의 합성 화학물이 건강 문제를 유발할 수 있다.

systematic
[sìstəmǽtik]
⊜ system

⊜ 체계적인, 조직적인
•• organized carefully and done thoroughly
We need to find out a systematic way to solve the problem.
문제를 해결할 체계적인 방법을 찾아야 한다.

tame
[teim]
⊕ wild

⊜⊜ 길든, 유순한; 길들이다
•• used to living or working with people
His job is taming wild animals.
그의 직업은 야생 동물을 길들이는 것이다.

temper
미[témpər] 영[témpə]

[명][동] **기질, 기분, 화; 진정시키다**
•• a characteristic state of mind
The manager has an explosive temper.
그 관리자는 격정적인 기질의 소유자다

출제 TIP
• have a temper 성미가 급하다 • lose one's temper 흥분하다, 화를 내다
• hot-tempered 다혈질의, 성미가 급한
tempered는 '성격이 ~한, 기질이 ~한'의 뜻이다.

tempt
[tempt]
[명] temptation

[동] **~의 마음을 끌다, 유혹하다**
•• to seek to attract someone to do something
This cell phone is designed to tempt young people.
이 휴대폰은 젊은이들의 마음을 끌도록 설계되었다.

tentative
[téntətiv]
[부] tentatively 임시로

[형] **임시적인, 잠정적인**
•• not definite or certain, and may be changed later
A tentative agreement was made between the two teams.
두 팀 간에 잠정적인 합의가 이루어졌다.

terminate
미[tə́:rmənèit] 영[tə́:mənèit]
[명] termination 종료
[형] terminal 끝의
[반] initiate 시작하다

[동] **끝내다, 종결되다**
•• if something terminates, or if you terminate it, it ends
They terminated the contract with the company.
그들은 그 회사와의 계약을 끝냈다.

terrify
[térəfài]
[형] terrific 무서운, 멋진

[동] **겁나게 하다, 놀래다**
•• to make someone extremely afraid
I used to be terrified of spiders.
나는 예전에 거미를 무서워했다.

testify
[téstəfài]

[동] **증명하다, 입증하다**
•• to speak seriously about something, especially in a court of law
An employer testified against you.
어떤 직원이 당신에게 불리한 증언을 했다.

출제 TIP
• testify to something ~을 증명하다, ~의 증거가 되다
• testify for someone ~에게 유리한 증언을 하다
• testify against someone ~에게 불리한 증언을 하다
testify 뒤에 오는 전치사별 의미 차이에 주의한다.

threaten
[θrétn]

휑 threatening 위협하는

동 협박하다
•• to give warning of something, usually unpleasant
He threatened that he would burn down the factory.
그가 공장에 불을 지르겠다고 협박했다.

출제 TIP
threatened가 형용사로 쓰이면 '야생 동식물이 멸종 위기에 직면한'의 뜻으로
endangered와 같은 뜻이다.

tidy
[táidi]

동 형 정돈하다; 정돈된
•• to make a place look tidy
He always keeps his table very tidy.
그는 항상 자신의 책상을 잘 정돈한다.

timid
[tímid]

명 timidity 겁, 소심
휑 timidly
유 shy, nervous

형 소심한, 겁 많은
•• not having courage or confidence
His response has been timid and inadequate to her
challenge.
그는 그녀의 도전에 시종일관 소심하고 무력했었다.

token
[tóukən]

명 표시, 징후, 나타남
•• a mark, sign or distinctive feature
Please accept this gift as a small token of our appreciation.
부디 이 선물을 감사의 작은 표시로 받아주시오.

tolerance
미[tálərəns] 영[tólərəns]

휑 tolerant 관대한
동 tolerate 참다

명 관용, 용인, 아량
•• willingness to accept behavior and beliefs which are
different from your own
We were surprised at his tolerance of their rude actions.
우리는 그들의 무례한 행동에 그가 관대한 것을 보고 놀랐다.

tone
[toun]

명 어조, 말씨
•• a quality or character of the voice expressing a
particular feeling
The letter had a friendly tone.
그 편지는 우호적인 어조로 씌어 있었다.

torment
미[tɔːrmént] 영[tɔːmént]

명 동 고통, 고문; 괴롭히다
•• severe mental or physical suffering
Waiting for the result of the interview was sheer torment.
면접 결과를 기다리는 일은 순전히 고문이었다.

출제 TIP
• in torment 고통을 당하는

touching
[tʌ́tʃiŋ]
🔄 touch 감동시키다

🔍 **감동시키는**
•• making you feel pity, sympathy, sadness etc
It was the most touching moment for me.
그것은 나에게 가장 감동적인 순간이었다.

📌 출제 TIP
touching 감동적인 / touchy 과민한, 민감한, 화를 잘 내는
• a touching story 감동적인 이야기
• be touchy about one's weight 체중에 대해 과민하다
어근(touch)이 같지만 의미가 다른 파생어들을 구별하는 문제로 출제된다.

trait
[treit]

🔍 **특색, 특징**
•• a particular quality in someone's character
A number of genetic traits make humans extremely variable.
많은 유전적 특징들로 인간은 매우 다양하다.

transform
미[trænsfɔ́ːrm]
영[transfɔ́ːm]
🔄 transformation

🔍 **변형시키다**
•• to completely change the appearance, form,
or character of something or someone
Current science and technology have transformed our lives.
현재의 과학 기술이 우리의 삶을 변형시켰다.

transition
미[trænzíʃən]
영[trænsíʒən]
🔄 transitional 과도적인

🔍 **변천, 추이**
•• the process or a period of changing from one state or
condition to another
This system is in transition at the moment.
이 시스템은 현재 진행 중이다.

📌 출제 TIP
• the period of transition 과도기
• the transition from book to movie 책에서 영화로의 변화
• a transition between two systems 두 제도 사이의 이행과정
transition과 짝을 이루어 자주 쓰이는 구절을 기억한다.

transmit
미[trænsmít] 영[trænzmít]
🔄 transmission 송달

🔍 **보내다, 발송하다**
•• to send or pass something from one person, place or
thing to another
Is it possible to transmit this kind of data underwater?
수중으로 이런 종류의 자료를 전송하는 것이 가능한가?

turn down
미[tə́ːrndàun] 영[tə́ːndàun]

🔍 **거절하다**
•• to refuse an offer, request, or invitation
They offered her the job but she turned it down.
그들이 그녀에게 그 일을 제안했으나 그녀는 거절했다.

ultimate
[Áltəmət]

ⓟ ultimately 궁극적으로
ⓢ final

🔑ⓐⓝ **궁극의, 최종적인; 궁극적인 것, 최종 결과**
•• last or final in a series or process
They must take ultimate responsibility for the late delivery.
배달 지연에 대해서는 그들이 궁극적인 책임을 져야 한다.

unbiased
[ənbáiəst]

ⓐ bias 편견
ⓢ impartial
ⓐ biased 편견이 있는

🔑ⓐ **편견이 없는, 공평한**
•• able to judge fairly because you are not influenced by your own opinions
You need to show all the staff an unbiased manner.
당신은 모든 직원에게 편견이 없는 태도를 보여야 한다.

💬 출제 TIP
• have a bias towards ~의 경향이 있다   • on the bias 비스듬히, 대각선으로

undertake
ⓜ[Ándərtéik] ⓔ[Ándətéik]

ⓝ undertaking 떠맡기

🔑ⓥ **(일, 책임, 의무를) 떠맡다, 착수하다**
•• to accept that you are responsible for a piece of work
I agreed to undertake the job.
나는 그 일을 맡기로 승낙했다.

undoubtedly
[ʌndáutidli]

ⓐ undoubted 확실한

🔑ⓐⓓ **틀림없이, 의심할 여지없이**
•• in a way that is accepted as the truth
She is undoubtedly an extremely diligent worker.
그녀는 확실히 대단히 부지런한 작업자이다.

unlimited
[ʌnlímitid]

ⓐ limited 유한한

🔑ⓐ **무제한의, 끊임없는**
•• without any limit
The growth potential of the organic food industry is unlimited.
유기농 식품업의 성장 잠재력은 무한하다.

unoccupied
[ʌnákjupàid]

ⓥ occupy 점유하다
ⓢ vacant, empty
ⓐ occupied 거주하는

🔑ⓐ **비어 있는**
•• not held or filled or in use
The building was unoccupied for five years.
그 건물은 5년 동안 비어 있었다.

unprecedented
[ʌnprésidəntid]

🔑ⓐ **전례 없는**
•• never having happened or existed in the past
It is a serious accident that is unprecedented in the factory.
그것은 그 공장에서 전례가 없는 심각한 사건이다.

💬 출제 TIP
• on a historically unprecedented scale 역사적으로 전례가 없는 규모로
unprecedented는 주로 entirely, quite, totally, truly, by no means, historically 등의 부사와 어울려 같이 쓰인다.

unquestionable
[ʌ̀nkwéstʃənəbl]

[유] obvious 확실한
[반] questionable 의심스러운

[형] 의문의 여지가 없는
•• used to emphasize that something is certainly true
The project was an unquestionable success.
그 프로젝트는 의심할 여지가 없는 성공적이었다.

unwavering
[ʌnwéivəriŋ]

[형] 확고한, 동요하지 않는
•• steady or resolute; not shakable
With his unwavering determination, he did it and finally his dream came true.
흔들림 없는 결단력으로 그는 해 냈고 마침내 꿈이 이루어졌다.

urban
미[ə́:rbən] 영[ə́:bən]

[반] rural 시골의

[형] 도시의
•• relating to towns and cities
Unemployment in urban areas reached 20%.
도시 지역의 실업이 20%에 달했다.

usher
미[ʌʃər] 영[ʌʃə]

[명][동] 안내인, 접수원; 안내하다
•• someone who shows people to their seats
The usher showed me into the seat.
안내인이 나를 자리로 안내해 주었다.

utensil
[ju:ténsəl]

[명] 도구, 기구
•• a thing that you use when you are cooking
Are you familiar with the kitchen cooking utensils you'll need in your kitchen?
주방에서 필요로 하는 주방 요리 기구에 익숙한가요?

utilize
[jú:təlàiz]

[명] utility 유용
[유] use

[동] 활용하다, 이용하다
•• to use something for a particular purpose
We must utilize all available communication technologies.
모든 가능한 통신 기술들을 활용해야 한다.

utter
미[ʌtər] 영[ʌtə]

[부] utterly 아주, 전혀

[형] 전적인, 순전한
•• complete or extreme
The meeting was a complete and utter waste of time.
회의는 완전히 시간의 낭비였다.

출제 TIP
• an utter stranger 생판 모르는 사람 • utter a sigh 한숨을 쉬다
utter가 동사로 쓰일 경우에는 '입으로 소리를 내다, 말을 하다'의 의미이다

vague
[veig]

[부] vaguely
[반] clear, explicit

[형] 애매한, 모호한
•• not clearly expressed, known, described or decided
The patient had a vague memory about the accident.
환자는 그 사고에 대해 기억이 희미했다.

valuable
[vǽljuəbl]

[반] valueless 무가치한

[형] 갑비싼, 귀중한, 매우 쓸모 있는

•• worth a lot of money; very useful

출제 TIP

valuable 귀중한 / valuables 귀중품 /
invaluable 값을 매길 수 없을 정도로 매우 귀중한
- valuable natural resource 가장 귀중한 천연 자원
- an invaluable asset 매우 귀중한 자산
- keep your valuables in the safe 귀중품을 금고에 보관하다

valuables은 명사로 '귀중품'이며, invaluable은 valuable의 반의어가 아니라 valuable을 보다 더 강조한 말로 이를 구별하는 문제로 출제된다.

various
[vέəriəs]

[형] 다양한, 여러 가지의

•• several different types of things

He quit the job for various reasons.
그는 여러 가지 이유로 직장을 그만 두었다.

출제 TIP

various 다양한 / variable 변동이 심한, 가변적인 / variables 변수
- a man of various talent 다재다능한 사람 • variable prices 수시로 변하는 물가
- with so many variables 변수가 굉장히 많아서

어근(vary)이 같지만 의미가 다른 파생어들을 구별하고, 명사형으로 쓰이는 variable(변수)도 기억한다.

vast
미[vǽst] 영[vɑːst]

[부] vastly 매우, 광대하게
[유] huge

[형] 광대한, 거대한

•• extremely large

There has been a vast improvement in the IT industry.
무선 통신에 있어서 굉장한 발전이 있었다.

verify
[vérəfài]

[명] verification 검증, 확인
[형] verifiable 확인할 수 있는

[동] 확인하다, 증명하다, 입증하다

•• to prove that something exists or is true

We need to contact him to verify the report.
보고서를 확인하려면 그와 연락해야 한다.

via
[váiə]

[전] ~를 경유하여

•• traveling through a place on the way to another place

The flight flies from Denver to London via Toronto.
그 비행기는 덴버에서 출발하여 토론토를 경유하여 런던으로 간다.

vicinity
[visínəti]

[형] vicinal 인근의

[명] 가까움, 근접

•• in the area around a particular place

There used to be a mall in the vicinity.
예전에 근처에 상가가 있었다.

vindicate
[víndəkèit]

[명] vindication

[동] (~의 정당함을) 입증하다, 옹호하다

•• to show to be right by providing justification

He tried to vindicate his statement but failed.
자기 진술의 정당함을 증명하고자 했으나 실패했다.

visible
[vízəbl]

🔁 visibility 눈에 보임, 가시성
🔄 invisible

눈에 보이는, 명백한
•• something that is visible can be seen
We could notice that there was a visible change in his attitude.
우리는 그의 태도가 눈에 띄게 변한 것을 알아챌 수 있었다.

🔖 출제 TIP
visible 눈에 보이는 / visual 시각의, 눈으로 보는
• visible to the naked eye 육안으로 보이는
• use visual aids 시각 교재를 이용하다
• show striking visuals 인상적인 시각자료들을 보여주다
명사로 쓰인 visual은 '시각 자료'의 의미이다.

vital
[váitl]

🔁 crucial 아주 중요한

생명의, 절대적으로 필요한
•• extremely important for something to exist
The meeting to be held next week is of vital importance.
다음 주에 개최되는 회의가 아주 중요하다.

vivid
[vívid]

🔁 vividly 생기 있게
🔄 vague 희미한

생생한, 활기에 찬
•• producing powerful feelings or images in the mind
I have a vivid memory of my happy childhood.
나는 행복한 어린 시절에 대해 생생하게 기억하고 있다.

voluntary
미[váləntèri] 영[vɔ́ləntəri]

🔁 voluntarily 자발적으로
🔁 volunteer 자진해서 하다
🔄 involuntary 내키지 않는

자발적인, 임의의
•• done willingly and without being forced
The staff have agreed to a voluntary wage freeze.
직원들은 자발적인 임금 동결에 합의했다.

vote
[vout]

투표하다; 투표, 표결
•• to express one's preference for a candidate
A majority of staff voted to accept the offer.
대다수의 직원이 그 제안을 투표해서 받아들이기로 결정했다.

warranty
미[wɔ́:rənti] 영[wɔ́rənti]

🔁 warrant 보증하다

품질 보증
•• a written agreement in which a company selling something promises to repair its product.
Warranties will be honored on recently purchased products.
최근에 구매한 제품에 대해서 품질 보증이 된다.

welfare
미[wélfɛər] 영[wélfɛə]

🔁 well-being

복지, 번영
•• one's health and happiness
Our concern is the employees' welfare.
우리의 관심은 사원들의 복지이다.

Words Review

A 다음 설명에 해당하는 단어를 고르시오.

valuable swell threaten systematic verify token undoubtedly urban vital ultimate

1 to become larger and rounder than usual
2 organized carefully and done thoroughly
3 to give warning of something, usually unpleasant or dangerous
4 a mark, sign or distinctive feature
5 last or final in a series or process
6 in a way that is accepted as the truth
7 relating to towns and cities
8 worth a lot of money; very useful
9 to prove that something exists or is true
10 extremely important for something to exist

B 다음 예문의 빈칸에 해당하는 단어를 골라 쓰시오.

usher synthetic traits tolerance transmit touching temper turned visible utensils voted unoccupied unprecedented vindicate vague

1 Thousands of modern .... chemicals may be causing health problems.
2 The manager has an explosive ....
3 We were surprised at his .... of their rude actions.
4 It was the most .... moment for me.
5 Is it possible to .... this kind of data underwater?
6 A number of genetic .... make humans extremely variable.
7 They offered her the job but she .... it down.
8 It is a serious accident that is .... in the factory.
9 Are you familiar with the basic kitchen cooking .... you'll need in your kitchen?
10 The building was .... for five years.
11 The .... showed me into the seat.
12 The patient had a .... memory about the accident.
13 He tried to .... his statement but failed.
14 A majority of staff .... to accept the offer.
15 We could notice that there was a .... change in his attitude.

Answer

Part 7 빈출 어휘
Reading Comprehension
독해

오늘 외울 단어 중 자신이 아는 단어를 체크해 보세요.

- [ ] **abate** 감소시키다, 완화하다
- [ ] **abbreviate** 요약하다, 단축하다
- [ ] **adjourn** 휴회하다
- [ ] **abolish** (제도, 법률 등을) 폐지하다
- [ ] **acclaim** 찬사, 호평; 격찬하다
- [ ] **accumulate** 축적하다
- [ ] **activate** 작동시키다, 활성화하다
- [ ] **acute** 극심한, 격렬한
- [ ] **adapt** 적응하다, 개조하다
- [ ] **adhere** 들러붙다, 고수하다
- [ ] **adversely** 거꾸로, 불리하게
- [ ] **adversity** 역경, 불운
- [ ] **adopt** 채용하다, 채택하다
- [ ] **advocate** 옹호하다; 옹호자

- [ ] **affiliate** 제휴시키다, 가입시키다; 계열사, 지부
- [ ] **affix** 붙이다, 첨부하다
- [ ] **afford** ~할 여유가 있다
- [ ] **aggravate** 악화시키다
- [ ] **ailing** 앓고 있는, 괴로워하는
- [ ] **alleviate** (고통을) 완화시키다, 경감하다
- [ ] **alliance** 동맹, 연합
- [ ] **altruism** 이타주의
- [ ] **ample** 충분한, 풍부한
- [ ] **annul** ~을 무효로 하다, 폐지하다
- [ ] **antitrust** 독점 금지의
- [ ] **apparel** 의복, 의상
- [ ] **appendix** 부록, 부가물, 부속물
- [ ] **applied** 적용된, 응용의

- [ ] **blunder** 큰 실수; 실책을 범하다
- [ ] **bind** 묶다, 구속하다
- [ ] **bewildering** 당혹하게 하는
- [ ] **bid** 입찰하다; 입찰
- [ ] **brisk** 호황의, 활발한
- [ ] **brittle** 부서지기 쉬운, 깨지기 쉬운
- [ ] **bulk** 크기, 부피
- [ ] **capitalize** ~을 이용하다, 자본화하다, 투자하다
- [ ] **capture** 획득하다, 점유하다
- [ ] **catering** 음식 공급, 출장 연회업
- [ ] **celebrity** 유명 인사, 명사
- [ ] **chef** 요리사, 주방장
- [ ] **circumscribe** ~을 제한하다
- [ ] **circumspect** 신중한, 주의 깊은

- [ ] **appraise** 평가하다, 감정하다
- [ ] **arbitration** 조정, 중재
- [ ] **arise** 일어나다, 발생하다
- [ ] **aspiration** 포부, 열망
- [ ] **attain** 달성하다
- [ ] **attire** 복장, 옷차림; 차려 입히다
- [ ] **attribute** ~을 …의 덕으로 돌리다
- [ ] **audible** 들리는, 청취할 수 있는
- [ ] **authenticate** 인증하다, 진품임을 인정하다
- [ ] **authorize** ~에 권한을 주다, 위임하다
- [ ] **barring** ~이 없다면
- [ ] **belated** 뒤늦은, 시대에 뒤진
- [ ] **blind** 맹목적인, 분별없는; 눈멀게 하다

Part 7 25th day

abate
[əbéit]

[동] 감소시키다, 완화하다
•• to become less strong or decrease
Special measures to abate harmful substances should be needed.
해로운 물질을 감소시키기 위한 특별 조치가 필요하다.

abbreviate
[əbríːvièit]
[명] abbreviation 생략, 단축
[유] shorten

[동] 요약하다, 단축하다
•• to make a word or expression shorter by not including letters
'Information technology' is usually abbreviated to 'IT'.
'정보 기술'은 주로 'IT'로 축약된다.

adjourn
미[ədʒə́ːrn] 영[ədʒə́ːn]
[명] adjournment

[동] 휴회하다
•• to have a pause or rest during a formal meeting or trial
The trial was adjourned until Tuesday.
공판은 화요일까지 휴회되었다.

abolish
미[əbάliʃ] 영[əbɔ́liʃ]
[명] abolition 폐지

[동] (제도, 법률 등을) 폐지하다
•• to officially end a law, system etc, especially one that has existed for a long time
Sweden was the first country to abolish censorship.
스웨덴이 검열 제도를 폐지한 최초의 나라였다.

acclaim
[əkléim]

[명][동] 찬사, 호평; 격찬하다
•• public approval and praise
Her performance won her much critical acclaim.
그 연기로 그녀는 평론가들의 찬사를 받았다.

출제 TIP
• be widely acclaimed as a masterpiece 걸작으로 널리 찬사를 받다
acclaim은 주로 수동태 구문으로 부사 critically, highly, internationally, widely와 어울려 같이 쓰인다.

accumulate
[əkjúːmjulèit]
[명] accumulation 축적

[동] 축적하다
•• to gradually increase in number or amount
We let you know the plans to help you accumulate money and wealth.
돈과 재산을 축적하도록 도와줄 계획들을 알려 드리겠습니다.

activate
[ǽktəvèit]
[형] activated 활성의

[동] 작동시키다, 활성화하다
•• to cause something to start
A fire alarm was activated by mistake.
화재경보기가 실수로 작동되었다.

acute
[əkjú:t]

[형] 극심한, 격렬한
•• experienced to a severe or intense degree
The problem of poverty is particularly acute in rural areas.
빈곤의 문제는 특히 농촌 지역에서 극심하다.

adapt
[ədǽpt]
[명] adaptation

[동] 적응하다, 개조하다
•• to gradually change your behavior and
You must adapt yourself to a new environment.
당신은 새로운 환경에 적응해야 한다.

출제 TIP
adopt 채택하다, 양자로 삼다 / adapt 적응시키다, 순응하다
• adopt a new method 새로운 방법을 채택하다
• adapt oneself to the new department 새로운 부서에 적응하다
헷갈리기 쉬운 어휘들의 의미를 구별하는 문제로 출제된다.

adhere
미[ædhíər] 영[ədhíə]
[명] adherence 고수
[유] stick

[동] 들러붙다, 고수하다
•• to stick firmly to something
We are supposed to adhere strictly to the company rules.
우리는 회사의 규칙을 철저하게 지켜야 한다.

출제 TIP
adhere 다음에 전치사 to를 수반한다는 점을 기억하고 stick to와 같은 뜻이다.

adversely
미[ædvə́:rsli] 영[ædvə́:sli]
[형] adverse 반대의, 불리한

[부] 거꾸로, 불리하게
•• in a way that something is not good or favorable
China's economy could be adversely affected to Korea.
중국의 경제가 한국에 불리하게 영향을 미칠 수 있다.

adversity
미[ædvə́:rsəti]
영[ədvə́:səti]
[형] adverse 불운의

[명] 역경, 불운
•• a difficult or unlucky situation or event
They didn't lose hope in the face of adversity.
역경에 직면해서도 그들은 희망을 잃지 않았다.

adopt
미[ədάpt] 영[ədɔ́pt]
[명] adoption

[동] 채용하다, 채택하다
•• to choose or claim as your own
You should adopt a more positive approach to negotiation.
협상에 보다 더 적극적인 접근법을 채택해야 한다.

출제 TIP
• adopt a custom 관습을 따르다 • adopt a child 입양하다

advocate
[ǽdvəkèit]
[반] opponent 반대자

[동][명] 옹호하다; 옹호자
•• to support or recommend an idea, proposal, etc.
It hasn't been easy to advocate for women's rights in a male-dominated culture.
남성이 지배하는 문화에서 여성의 권리를 옹호하는 일은 쉬운 일은 아니었다.

affiliate
[əfílièit]

제휴시키다, 가입시키다; 계열사, 지부
- to connect or associate a person or organization with a group

The big company is trying to affiliate small companies.
대 기업이 소규모 회사들을 합병하고자 한다.

affix
[əfíks]

붙이다, 첨부하다
- to fix one thing to another

She affixed a stamp to the envelope.
그녀는 우표를 봉투에 붙였다.

afford
미[əfɔ́:rd] 영[əfɔ́:d]

~할 여유가 있다.
- to be able to buy or do something because you have enough money or time

I don't know how he could afford a new car on his salary.
그의 임금으로 어떻게 그가 새 차를 살 수 있는지 모르겠다.

출제 TIP
- can afford to ~할 시간적, 경제적인 여유가 있다. 형편이 된다
afford 는 주로 부정문과 의문문에서 can, be able to와 함께 쓰인다.

aggravate
[ǽgrəvèit]
aggravation 악화, 격화

악화시키다
- to make a bad situation worse

Other methods have proved ineffective or have even aggravated the problem.
다른 방법들은 비효과적인 것으로 드러났으며, 또는 심지어 문제를 악화시켰다.

ailing
[éiliŋ]
ailment 병

앓고 있는, 괴로워하는
- ill and not likely to get better

The groups announced that they would support efforts to reduce pressure on the ailing economy.
기업 그룹들이 위태로운 경제에 대한 압박을 줄이는 노력을 지원하겠다고 발표했다.

alleviate
[əlí:vièit]
alleviation
ease
exacerbate 악화시키다

(고통을) 완화시키다, 경감하다
- to make something less painful or difficult to deal with

The doctor gave her an injection to alleviate the pain.
의사가 그녀에게 통증을 완화시키는 주사를 놓아주었다.

alliance
[əláiəns]
ally ~와 동맹을 맺다

동맹, 연합
- the state of being allied

The alliance is essential for the stability of Asia.
이 동맹은 아시아의 안정에 필수적이다.

출제 TIP
- in alliance with ~와 제휴하여

altruism
[ǽltruːizm]
⦿ selfishness 이기주의

⊛ **이타주의**
•• disinterested and selfless concern for the well-being of others
Altruism is based on the principle of living and acting to help others.
이타주의는 다른 사람들을 돕기 위한 생활과 행동이라는 원칙에 바탕을 둔다.

ample
[ǽmpl]
⊕ plentiful

⊛ **충분한, 풍부한**
•• more than enough
They had ample warning of the factory closure.
그들은 공장 폐쇄에 대하여 충분한 경고를 하였다.

annul
[ənʌ́l]
⊛ annulment 무효화

⊛ **~을 무효로 하다, 폐지하다**
•• to officially state that a marriage or legal agreement no longer exists
Their contract was annulled last year.
그들의 계약은 작년에 무효화되었다.

🔖 출제 TIP
annul 법적으로 취소하다, 무효하게 하다 / annual 매년의, 연례의
• annul a contract 계약을 파기하다   • an annual income 연간 소득
혼동하기 쉬운 어휘들의 의미 차이를 구별하여 기억한다.

antitrust
미[æntitrʌ́st] 영[antitrʌ́st]

⊛ **독점 금지의**
•• preventing other monopolies, and so promoting fair competition in business
Many states enacted antitrust laws of their own.
많은 주들이 그들 자신의 독점 금지법을 제정했다.

apparel
[əpǽrəl]

⊛ **의복, 의상**
•• clothes of a particular type when they are being sold in a shop
We sell a full range of sports apparel.
우리는 모든 범위를 망라하는 스포츠 의류를 판매한다.

appendix
[əpéndiks]

⊛ **부록, 부가물, 부속물**
•• part at the end of a book containing additional information
There's an appendix at the end of the book.
책 뒤에 부록이 있다.

🔖 출제 TIP
• an appendix to ~의 부록   • have his appendix out 맹장을 제거하다

1 2 3 4 5 6 7 8 9 10 11 12 13 14 15 16 17 18 19 20 21 22 23 24 25 26 27 28 29 30

applied
[əpláid]

[형] 적용된, 응용의
•• put to practical use as opposed to being theoretical
This journal is concerned with those mathematical methods in the applied science.
이 저널은 응용과학에서의 수학적 방법과 관련이 있다.

출제 TIP
applied 응용의, 적용된 / applicable ~에 해당되는, 적용되는
• applied science 응용과학 • applicable to all members 모든 회원에게 적용 가능한
applied는 특히 학문 분야에 있어서의 '응용의, 적용된'의 의미를 말한다.

appraise
[əpréiz]
[명] appraisal 감정, 견적
[유] evaluate

[동] 평가하다, 감정하다
•• to officially judge how successful, effective, or valuable something is
The ring was appraised at $40, 000.
그 반지는 4만 달러로 평가되었다.

arbitration
[ὰːrbətréiʃən]

[명] 조정, 중재
•• the process of judging officially how an argument should be settled
The union agreed to go to arbitration.
노조는 중재에 들어가기로 합의했다.

arise
[əráiz]

[동] 일어나다, 발생하다
•• to happen
Are there any matters arising from the last meeting?
지난 번 회의에서 발생한 문제라도 있나요?

출제 TIP
arise는 자동사로 다음에 목적어를 수반하지 않으며, 전치사 from, out of와 어울려 같이 쓰인다.

aspiration
[æspəréiʃən]
[동] aspire 열망하다
[유] ambition

[명] 포부, 열망
•• a strong desire to have or achieve something
People have hopes and aspirations for the future.
사람들은 미래에 대해 희망과 포부를 가지고 있다.

출제 TIP
• have an aspiration for ~을 열망하고 있다
• aspirations toward independence 독립에 대한 열망
aspiration은 전치사 for, after, to, toward(s)와 어울려 같이 쓰인다.

attain
[ətéin]
[명] attainment 달성
[형] attainable 도달할 수 있는
[유] achieve 성취하다

[동] 달성하다
•• to reach or succeed in getting something
Structural reforms can help attain growth goal.
구조적인 개혁을 하게 되면 성장 목표에 도달할 수 있다.

attire
미[ətáiər] 영[ətáiə]

명동 복장, 옷차림; 차려 입히다
•• clothes, especially formal or elegant ones
Business attire suggests a formal, conservative dress style.
비즈니스 복장은 격식을 갖춘 전통적인 정장 스타일을 시사한다.

attribute
[ətríbjuːt]

동 ~을 …의 덕으로 돌리다, ~의 탓으로 하다
•• to think that something is the result of something else
I attribute my success to hard work.
나는 나의 성공이 열심히 노력한 덕분이라고 생각한다.

출제 TIP
• attribute A to B A를 B의 결과로 보다
• important attributes in a teacher 교사의 중요한 자질들
attribute는 전치사 to를 수반하고, 명사형 attribute는 '자질, 특성, 속성'을 의미한다.

audible
[ɔ́ːdəbl]

😀 audience 청중
😀 audibly 들을 수 있도록

형 들리는, 청취할 수 있는
•• loud enough for you to hear it
She gave an audible sigh of relief.
그녀는 귀에 들릴 정도로 안도의 한숨을 내쉬었다.

authenticate
[ɔːθéntəkèit]

😀 authentication 확증, 인증

동 인증하다, 진품임을 인정하다
•• to prove that something is true or real
Your user name is used to authenticate your access to online services.
당신의 사용자 이름은 온라인 서비스에 대한 접속을 인증하는 데에 사용됩니다.

authorize
[ɔ́ːθəràiz]

😀 authorized 공인된, 허가된

동 ~에 권한을 주다, 위임하다
•• to give official permission for something to happen
Who authorized our extra equipment purchase?
누가 추가 장비 구입을 허가했는가?

barring
[báːriŋ]

😀 except for

전 ~이 없다면, ~을 제외하면
•• unless something happens
Barring a miracle, he won't walk again.
기적이 없다면 그는 다시는 걷지 못할 것이다.

belated
[biléitid]

😀 belatedly 뒤늦게

형 뒤늦은, 시대에 뒤진
•• happening or arriving late
They did make a belated response to the accident.
그들은 그 사고에 늦장 대응을 했다.

blind
[blaind]

🔵 blindly 맹목적으로

🔴 **맹목적인, 분별없는; 눈멀게 하다**
•• unable to see because of injury or disease
Blind faith might be dangerous.
맹목적인 신념은 위험할 수 있다.

blunder
미[blʌ́ndər] 영[blʌ́ndə]

🔴 **큰 실수; 실책을 범하다**
•• a big mistake, usually caused by lack of care or thought
The newcomer was very careful not to commit a blunder.
신입사원은 실수를 저지르지 않도록 매우 조심했다.

bind
[baind]

🔵 binding 속박하는
🔵 loosen 풀어주다

🔴 **묶다, 구속하다**
•• to tie tightly or to fasten
The agreement is binding on both parties.
그 합의는 양자 모두에게 법적 구속력이 있다.

🔊 출제 TIP
• be bound to a chair 의자에 묶여 있다 • be bound to succeed 반드시 성공하다
• a book bound in leather 가죽으로 제본한 책
bind가 수동형으로 쓰이는 용례들의 의미 차이를 구별하여 기억한다.

bewildering
[biwíldəriŋ]

🔵 bewilder 당황하게 하다
🔵 bewilderment

🔴 **당혹하게 하는**
•• very confusing and difficult to understand
The Internet now provides us with bewildering variety of information.
오늘날 인터넷은 우리에게 갈피를 못 잡게 하는 다양한 정보를 제공한다.

bid
[bid]

🔴 **입찰하다; 입찰**
•• to offer a certain money for goods
He has bid $500, 000 for the portrait against the other collectors.
그는 다른 수집가에 맞서 그 초상화에 50만 달러를 불렀다.

brisk
[brisk]

🔵 sluggish 불황의

🔴 **호황의, 활발한**
•• trade or business that is brisk is very busy, with a lot of products being sold
His business is quite brisk.
그의 사업은 상당히 호황이다.

brittle
[britl]

🔴 **부서지기 쉬운, 깨지기 쉬운**
•• hard but easily broken
Bones become brittle with age.
뼈들은 나이가 들면 부서지기 쉽다.

🔊 출제 TIP
• brittle nails 잘 부러지는 손톱 • a brittle temperament 불안정한 성격

bulk
[bʌlk]
🔊 bulky 부피가 큰

🔍 크기, 부피
•• large size or mass
It was a ship of surprising bulk. 그것은 놀라울 정도로 큰 배였다.

capitalize
[kǽpətəlàiz]
🔊 capitalization

🔍 ~을 이용하다, 자본화하다, 투자하다
•• to use a situation or something good that you have
The country has capitalized on its natural beauty to attract tourism. 그 나라는 관광을 유치하기 위하여 나라의 자연을 이용하였다.

capture
미[kǽptʃər] 영[kǽptʃə]

🔍 획득하다, 점유하다
•• to get something that belonged to one of your competitors
We aim to capture six percent of the rival's wine market.
우리는 경쟁사의 포도주 시장의 6%를 점유하는 것을 목표한다.

catering
[kéitəriŋ]

🔍 음식 공급, 출장 연회업
•• the activity of providing and serving food and drinks at parties, meetings etc for money
He is running a catering business.
그는 음식 공급업을 하고 있다.

celebrity
[səlébrəti]

🔍 유명 인사, 명사
•• famous living person
Many celebrities attended the presentation of awards.
시상식에 많은 저명인사가 참석했다.

🔊 출제 TIP
• celebrity autographs 유명 인사의 싸인 • attend a meeting 회의에 참석하다
attend는 타동사이므로 목적어 앞에 전치사를 쓰지 않도록 주의하고 이와 관련된 문제로 출제된다.

chef
[ʃef]

🔍 요리사, 주방장
•• a skilled cook in a hotel or restaurant
He is one of the top chefs in this city.
그는 이 도시에서 최고의 요리사 중 하나이다.

circumscribe
미[sə́ːrkəmskraib]
영[sə́ːkəmskraib]
🔊 restrict

🔍 ~을 제한하다, ~의 둘레에 선을 긋다
•• to limit power, rights, or abilities
The president's power is circumscribed by the committee.
사장의 권한은 위원회의 제한을 받는다.

circumspect
미[sə́ːrkəmspèkt]
영[sə́ːkəmspèkt]
🔊 circumspection
🔊 cautious

🔍 신중한, 주의 깊은
•• thinking carefully in order to avoid risk
The company was circumspect when dealing with the wage.
회사는 임금을 다룰 때에는 용의주도했다.

Words Review

A 다음 설명에 해당하는 단어를 고르시오.

applied aggravate ailing arise acclaim attire authenticate circumscribe affiliate belated

1 to make a bad situation worse
2 put to practical use as opposed to being theoretical
3 ill and not likely to get better
4 clothes, especially formal or elegant ones
5 public approval and praise
6 to limit power, rights, or abilities
7 happening or arriving late
8 to connect or associate a person or organization with a group
9 to happen
10 to prove that something is true or real

B 다음 예문의 빈칸에 해당하는 단어를 골라 쓰시오.

capitalized authorized catering alliance brisk adapt blunder adhere bewildering annulled brittle alleviate abolish antitrust chefs

1 Sweden was the first country to .... censorship.
2 Ecuador has .... on its natural beauty to attract tourism.
3 He is running a .... business.
4 Bones become .... with age.
5 You must .... yourself to a new environment.
6 The newcomer was very careful not to commit a ....
7 The Internet now provides us with .... variety of information.
8 His business is quite ....
9 Their contract was .... last year.
10 The doctor gave her an injection to .... the pain.
11 We are supposed to .... strictly to the company rules.
12 Many of the states have enacted .... laws of their own.
13 Who .... our extra equipment purchase?
14 He is one of the top .... in this city.
15 This .... is essential for the stability of Asia.

Answer

Ⓐ 1 aggravate 2 applied 3 ailing 4 attire 5 acclaim 6 circumscribe 7 belated 8 affiliate 9 arise 10 authenticate
Ⓑ 1 abolish 2 capitalized 3 catering 4 brittle 5 adapt 6 blunder 7 bewildering 8 brisk 9 annulled 10 alleviate 11 adhere 12 antitrust 13 authorized 14 chefs 15 alliance

Part 7 · 26th day · Words Preview

오늘 외울 단어 중 자신이 아는 단어를 체크해 보세요.

- [ ] **commensurate** 비례하는, 액수가 상응하는
- [ ] **conspire** 공모하다, 음모를 꾸미다
- [ ] **concede** (~을 마지못해) 인정하다, 시인하다
- [ ] **concrete** 구체적인; 구상화하다
- [ ] **concurrence** 의견의 일치, 동시 발생
- [ ] **confess** 고백하다, 인정하다
- [ ] **confiscate** 압수하다, 몰수하다
- [ ] **contempt** 경멸, 모욕
- [ ] **conjunction** 연합, 공동
- [ ] **connoisseur** 감식가, 감정가
- [ ] **conservative** 보수적인; 보수주의자
- [ ] **conscience** 양심, 도덕관념
- [ ] **conscious** 의식하고 있는, 알고 있는
- [ ] **consolidate** 합병하다, 정리 통합하다

- [ ] **clarify** 분명하게 하다, 명백히 하다
- [ ] **clause** (법률, 조항의) 조목, 조항, 약관
- [ ] **closure** 폐쇄, 폐점
- [ ] **coherent** 조리가 있는, 일관성 있는
- [ ] **collateral** 담보, 저당물
- [ ] **collide** 상충하다, 충돌하다
- [ ] **comment** 언급, 논평; 언급하다, 논평하다
- [ ] **commotion** 소용, 동요
- [ ] **compel** 억지로 시키다, ~하지 않을 수 없다
- [ ] **compartment** 칸막이, 구획
- [ ] **compliance** 응낙, 수락
- [ ] **complica te** 복잡하게 하다
- [ ] **complimentary** 무료의, 초대의, 칭찬의
- [ ] **commence** 시작하다, 개시하다

- [ ] **custody** 감금, 구류
- [ ] **customize** 주문에 따라 만들다
- [ ] **deadlock** (협상의) 교착 상태, 막다른 상태
- [ ] **deduct** 공제하다
- [ ] **deem** 생각하다, 판단하다
- [ ] **defer** 미루다, 연기하다
- [ ] **deficit** 적자, 부족액
- [ ] **delinquent** 연체된, 미불의
- [ ] **demoralize** 사기를 저하시키다, 풍기를 문란하게 하다
- [ ] **demote** 좌천시키다, 강등시키다
- [ ] **denial** 부인, 거절
- [ ] **deplete** 고갈시키다, 다 써버리다
- [ ] **deprivation** 결핍, 박탈, 상실
- [ ] **desperate** 절망적인, 자포자기의

- [ ] **consignment** 탁송, 위탁 판매
- [ ] **contend** 겨루다, 싸우다
- [ ] **contingency** 불의의 사태, 뜻밖의 일
- [ ] **contingent** ~에 따라 결정되는, ~여하에 달린
- [ ] **constraint** 제약, 제한, 속박
- [ ] **contrary** ~에 어긋나는, 반하는; 반대; 반대로
- [ ] **controversy** 논쟁, 논의
- [ ] **convert** 전환하다, 변환하다
- [ ] **corrosion** 부식, 침식
- [ ] **counterfeit** 위조의, 가짜의; 위조하다
- [ ] **courier** 급송 택배
- [ ] **cram** (장소, 용기에) 억지로 채워 놓다; 주입식 공부
- [ ] **curtail** (용, 예산을) 삭감하다, 줄이다

clarify
[klǽrəfài]
⑬ clarification 설명

🔎 분명하게 하다, 명백히 하다
•• to make something clear or easier to understand
He tried to clarify his intentions.
그는 자신의 의도를 분명히 밝히고자 하였다.

clause
[klɔːz]

🔎 (법률, 조항의) 조목, 조항, 약관
•• part of a written law or legal document
A penalty clause was written into the contract.
위약에 관한 조항이 계약서에 적혀 있었다.

closure
미[klóuʒər]
영[klóuʒə]

🔎 폐쇄, 폐점
•• when a business, organization, etc. stops operating
The closure of the factory will result in the loss of some 200 jobs.
그 공장의 폐쇄로 결국 200여 개의 일자리를 잃게 될 것이다.

🔋 출제 TIP
closure 영구적인 폐쇄 / shut down 일시적인 폐쇄
· the closure of the factory 공장의 폐쇄
· shut down temporarily 일시적으로 휴업하다
혼동하기 쉬운 어휘들의 의미를 정확하게 구별하는 문제로 출제된다.

coherent
[kouhíərənt]
⑬ coherence 일관성
⑤ consistent
⑪ incoherent 모순된

🔎 조리가 있는, 일관성 있는
•• If someone is coherent, you can understand what they say
The main requirement of an essay is that it should convey a coherent argument.
에세이의 주 요건은 조리가 있는 주장을 전달해야 한다는 것이다.

collateral
미[kəlǽtərəl] 영[kɔlǽtərəl]
⑤ security 보증, 저당

🔎 담보, 저당물
•• property that you promise to give someone if you cannot pay back the money they lend you
The bank will ask for a collateral or security for the loan.
은행이 대출에 대한 담보나 보증을 요구할 것이다.

🔋 출제 TIP
collateral 담보, 저당물 / collate 대조 확인하다
· as collateral to get a loan 대출을 받기 위한 담보로
· used to collate data 자료를 대조하는 데에 이용되는
헷갈리기 쉬운 어휘들의 의미를 구별하는 문제로 출제된다.

collide
[kəláid]
⑬ collision

🔎 상충하다, 충돌하다
•• to disagree strongly with a person or group
The management has collided with the board over the budget plans.
경영진은 예산안에 대해 이사회와 충돌했다.

comment
미[kάment] 영[kɔ́ment]
🔄 remark 의견, 소견

명⑤ 언급, 논평; 언급하다, 논평하다
•• to express an opinion about someone or something
Do you have any comments on the cost reduction?
경비 절감에 대해서 언급할 말이 있나요?

commotion
[kəmóuʃən]
🔄 commotional 소동의

명 소동, 동요
•• sudden noisy activity
A few customers were making a lot of commotion about the coupon.
몇몇 고객들이 쿠폰 때문에 소동을 일으키고 있었다.

compel
[kəmpél]
🔄 force 강제하다

⑤ 억지로 시키다, ~하지 않을 수 없다
•• to force someone to do something
He was compelled to call his parents.
그는 부모에게 전화하지 않을 수가 없었다.

compartment
미[kəmpάːrtmənt]
영[kəmpάːtmənt]

명 칸막이, 구획
•• a smaller enclosed shape inside something larger
The train is divided into 10 compartments.
기차는 10개의 칸으로 나누어져 있다.

compliance
[kəmpláiəns]
🔄 comply 따르다

명 응낙, 수락
•• when someone obeys a rule, agreement, or demand
They should be in compliance with the agreement made between the two companies.
그들은 두 회사 간에 체결된 협의에 따라야 한다.

🔍 출제 TIP
• in compliance with ~에 따라, ~에 응하여

complicate
[kάmpləkèit]
🔄 complication 복잡한 문제
🔄 complicated 복잡한

⑤ 복잡하게 하다
•• to make something more difficult to deal with
These new rules have complicated the system even further.
새로운 규칙들로 시스템이 훨씬 더 복잡해졌다.

complimentary
미[kὰmpləméntəri]
영[kὸmpləméntəri]

형 무료의, 초대의, 칭찬의
•• given free to people
We will offer you some complimentary tickets for the performance.
우리는 당신에게 공연 무료 티켓을 줄 것이다.

🔍 출제 TIP
complimentary 무료의 / complementary 상호 보완적인
• complimentary tickets for the concert 콘서트 무료 티켓
• complementary to each other 서로 보충하여
헷갈리기 쉬운 어휘들의 의미 차이를 묻는 문제로 출제된다.

commence
[kəméns]

🔊 시작하다, 개시하다
•• to begin something
We will commence the flight test next week.
다음 주에 비행 시험을 시작할 것이다.

commensurate
미[kəménsərət]
영[kəménʃərət]

🔊 비례하는, 액수가 상응하는
•• in a suitable amount compared to something else
China aims to build a social security system commensurate with its reality.
중국은 중국의 현실에 상응하는 사회 보장 제도를 세우는 것을 목표로 한다.

conspire
미[kənspáiər] 영[kənspáiə]
🔄 conspiracy 음모, 모의

🔊 공모하다, 음모를 꾸미다
•• to secretly plan with someone else to do something illegal
He had been conspiring against the company.
그가 회사에 대해 음모를 꾸미고 있었다.

💬 출제 TIP
conspire 다음에 전치사 against나 with와 어울려 쓰인다.

concede
[kənsíːd]

🔊 (~을 마지못해) 인정하다, 시인하다
•• to admit, often unwillingly, that something is true
I was forced to concede that she might be right.
나는 그녀가 옳을 지도 모른다고 인정하지 않을 수가 없었다.

concrete
미[kánkriːt] 영[kónkriːt]
🔄 abstract 추상적인

🔊 구체적인; 구상화하다
•• definite and specific
The police had no concrete evidence.
경찰은 구체적인 증거가 없었다.

concurrence
미[kənkə́ːrəns]
영[kənkʌ́rəns]
🔄 concur 일치하다
🔄 agreement 일치

🔊 의견의 일치, 동시 발생
•• an example of events, actions etc happening at the same time
He expressed his concurrence with my opinion.
그는 나의 의견에 일치한다고 표명했다.

confess
[kənfés]
🔄 confession

🔊 고백하다, 인정하다
•• to admit that you have done something wrong or illegal
I have to confess that I am disappointed at your report.
당신의 보고서가 실망스럽다고 고백하지 않을 수가 없다.

confiscate
미[kánfəskèit]
영[kónfiskèit]
🔄 confiscation 몰수, 압수

🔊 압수하다, 몰수하다
•• to take away something from someone as a penalty
All the cars were confiscated because they were creating problems with the engine.
자동차들이 엔진에 문제를 일으키는 바람에 모두 압수되었다.

contempt
[kəntémpt]
@ contemptible 비열한

경멸, 모욕
•• a strong feeling of combined dislike and lack of respect
She was arrested for contempt of court.
그녀는 법정 모독죄로 체포되었다.

🔍 출제 TIP
contemptible 비열한, 경멸할 만한 / contemptuous 남을 경멸하는, 얕보는
· contemptible behaviour 비열할 행위
· a contemptuous look 경멸의 눈초리
어근(contempt)이 같아 혼동하기 쉬운 파생어들의 의미 차이를 묻는 문제로 출제된다.

conjunction
[kəndʒʌ́ŋkʃən]

연합, 공동
•• working, happening, or being used with someone
Two teams are working in conjunction on the project.
두 팀이 그 프로젝트에 대해 공동으로 작업하고 있다.

connoisseur
미[kɑ̀nəsə́ːr] 영[kɔ̀nəsə́ː]

감식가, 감정가
•• someone who knows a lot about something such as art, food, or music
He used to be a connoisseur of antiques.
그는 예전에 골동품 감식가였다.

conservative
미[kənsə́ːrvətiv]
영[kənsə́ːvətiv]
@ liberal 진보적인

보수적인; 보수주의자
•• not liking changes or new ideas
Judges are usually people of conservative views.
판사들은 대개 보수적인 견해를 지닌 사람들이다.

conscience
미[kɑ́nʃəns] 영[kɔ́nʃəns]

양심, 도덕관념
•• part of your mind that tells you what is right or wrong
People usually live by the social conscience.
사람들은 대개 사회적 양심에 준해서 산다.

🔍 출제 TIP
conscious(~을 의식하는), consciousness(의식)와 혼동하기 쉬우니 구별하여 기억한다.

conscious
미[kɑ́nʃəs] 영[kɔ́nʃəs]
@ consciousness 자각
@ consciously 의식적으로
@ aware

의식하고 있는, 알고 있는
•• noticing or realizing something
He was conscious of the seriousness of the problem.
그는 문제의 심각성을 알고 있었다.

consolidate
미[kənsɑ́lədèit]
영[kənsɔ́lədèit]
@ consolidation 합병

합병하다, 정리 통합하다
•• to combine several things, especially businesses, so that they become more effective
The two companies consolidated for greater efficiency.
보다 나은 효율성을 위해 그 두 회사가 통합되었다.

consignment
[kənsáinmənt]

파 consign 위탁하다

🔍 탁송, 위탁 판매
•• an amount of goods that is sent somewhere
They will ship goods on consignment.
그들이 위탁 상품을 선적할 것이다.

contend
[kənténd]

파 contention 다툼, 경쟁

🔍 겨루다, 싸우다
•• to compete in order to win something
Several companies are contending to make a contract with the foreign company.
몇몇 회사들이 그 외국인 회사와 계약을 맺으려고 경합을 벌이고 있다.

contingency
[kəntíndʒənsi]

🔍 불의의 사태, 뜻밖의 일
•• something that might possibly happen in the future
We must be able to deal with all possible contingencies.
일어날 수 있는 모든 사태에 대처할 수 있어야 한다.

🔎 출제 TIP
• provide for every contingency 만일에 대비하다
• make contingency plans 만일의 사태에 대비한 계획을 세우다

contingent
[kəntíndʒənt]

🔍 ~에 따라 결정되는, ~여하에 달린
•• depending on something that may happen in the future
Our business is contingent upon the company's investment.
우리의 사업은 그 회사의 투자 여부에 달려있다.

🔎 출제 TIP
• be contingent on ~에 따라 결정되다
• contingent from China 중국의 대표단
contingent 뒤에 전치사 on, upon을 쓰고, 명사형으로 쓰이면 '대표단, 파견대'의 의미이다.

constraint
[kənstréint]

🔍 제약, 제한, 속박
•• something which controls what you do by keeping you within particular limits
The high cost is one of the growth constraints.
경비가 많이 들어가는 것이 성장 제약 요인의 하나이다.

contrary
미[kántreri] 영[kántrəri]

🔍 ~에 어긋나는, 반하는; 반대; 반대로
•• completely different and opposed to each other
Such practices are contrary to the customs.
그러한 관행은 관습에 반하는 것이다.

🔎 출제 TIP
• contrary to ~에 반하는, ~와 다른   • on the contrary 그렇기는커녕
• to the contrary 그 반대를 보여주는

controversy
미[kɑ́ntrəvə̀:rsi]
영[kɔ́ntrəvə̀:si]

[동] controvert 논쟁하다
[유] argument

[명] 논쟁, 논의
•• a lot of disagreement or argument about something
There was a big controversy over the use of the method.
그 방법 사용 여부에 대한 엄청난 논쟁이 있었다.

출제 TIP
controversial 논란이 많은 / controvertible 논쟁할 만한
• a highly controversial topic 논란의 소지가 많은 주제
• a controvertible fact 논쟁의 여지가 있는 사실
어근(controvert)이 같지만 의미가 다른 혼동하기 쉬운 파생어를 구별한다.

convert
미[kənvə́:rt] 영[kənvə́:t]

[명] conversion

[동] 전환하다, 변환하다
•• to change something into a different form of thing
We specialize in converting large rooms into several small rooms.
우리는 큰 방을 여러 개의 작은 방으로 바꾸는 일을 전문으로 한다.

corrosion
[kəróuʒən]

[동] corrode 부식하다

[명] 부식, 침식
•• the gradual wearing away and eventual destruction of a metal
Clean off any corrosion before applying the paint.
페인트칠을 하기 전에 부식된 것은 완전히 벗겨 내시오.

counterfeit
미[káuntərfit] 영[káuntəfit]

[명] counterfeiter 지폐 위조자
[유] fake

[형][동] 위조의, 가짜의; 위조하다
•• made to look exactly like something else, in order to deceive people
I didn't know that it was counterfeit money.
그것이 위조지폐라는 것을 몰랐다.

courier
미[kə́:riər] 영[kúriə]

[명] 급송 택배
•• a company that is paid to take packages somewhere
The courier company for the last decade has focused on freight forwarding.
그 택배 회사는 지난 10년 동안 화물 운송을 중점적으로 취급하였다.

cram
[kræm]

[동][명] (장소, 용기에) 억지로 채워 놓다; 주입식 공부
•• to force a lot of things into a small space, or to do many things in a short period of time
The poor boy was cramming food into his mouth.
그 가엾은 아이는 입에 음식을 밀어 넣고 있었다.

curtail
미[kə:rtéil] 영[kə:téil]

[명] curtailment 삭감
[유] reduce

[동] (예산을) 삭감하다, 줄이다.
•• to reduce or limit something
We need to curtail our spending.
우리는 지출을 줄여야 한다.

custody
[kʌ́stədi]
ⓐdetention 구치

ⓝ 감금, 구류, 양육권
•• the state of being kept in prison
They took him in custody for two weeks.
그들이 그를 2주 동안 감금했다.

customize
[kʌ́stəmàiz]

ⓥ 주문에 따라 만들다
•• to change something to make it more suitable for you
We offer customized personal computers for business and home.
우리는 사무실과 가정용의 주문 제작 개인 컴퓨터를 제공한다.

deadlock
미[dédlak] 영[dédlɔk]

ⓝ (협상의) 교착 상태, 막다른 상태
•• a situation, typically one involving opposing parties, in which no progress can be made
The nuclear negotiations have remained deadlock since North Korea began its boycott.
북한이 보이코트를 시작한 이후 핵 협상이 교착 상태에 빠졌다.

deduct
[didʌ́kt]
ⓐdeduction 공제

ⓥ 공제하다
•• to take away an amount or part from a total
Your credit card payment is automatically deducted from your account.
신용 카드 지불은 당신의 계좌에서 자동적으로 공제된다.

deem
[di:m]

ⓥ 생각하다, 판단하다
•• to consider or judge something in a particular way
It is deemed advisable to retain the stocks at the current moment.
현재는 주식을 보유하는 것이 타당하다고 생각된다.

출제 TIP
deem highly/lightly of ~를 존경/경시하다

defer
미[difə́:r] 영[difə́:]
ⓐdelay, postpone

ⓥ 미루다, 연기하다
•• to delay something until a later time
Can we defer making a decision until next week?
다음 주까지 결정을 미룰 수 있나요?

deficit
[défəsit]
ⓐsurplus 흑자, 잉여금

ⓝ 적자, 부족액
•• the amount of money less than what is required
The point is that we need to reduce the budget deficit.
요점은 예산 적자를 줄여야 한다는 것이다.

delinquent
[dilíŋkwənt]

ⓔ delinquency 체납
ⓢ overdue

ⓐ **연체된, 미불의**
•• a delinquent debt has not been paid
They have been delinquent in paying their rent for 3 months.
그들은 3개월 동안 집세를 체납했다.

demoralize
[dimɔ́:rəlàiz]

ⓔ demoralization

ⓥ **사기를 저하시키다, 풍기를 문란하게 하다**
•• to reduce or destroy someone's courage or confidence
The team was not demoralized by their defeat.
그 팀은 패배에도 사기가 저하되지 않았다.

📌 출제 TIP
moral 도덕적인; 교훈 / morale 집단의 사기, 근로 의욕
• the moral of the novel 그 소설의 교훈
• improve the employees' morale 사원들의 사기를 올리다

demote
[dimóut]

ⓔ demotion
ⓐ promote 승진시키다

ⓥ **좌천시키다, 강등시키다**
•• to make someone's rank or position lower
The manager was demoted to a non-supervisory position.
그 관리자는 비 관리(감독)직으로 좌천되었다.

denial
[dináiəl]

ⓢ deny 부정하다

ⓝ **부인, 거절**
•• statement saying that something is not true
Despite his denials, the rumor continued to spread.
그가 부인했음에도 불구하고 소문은 계속 퍼졌다.

deplete
[diplí:t]

ⓔ depletion

ⓥ **고갈시키다, 다 써버리다**
•• to reduce the amount of something that is present or available
We shouldn't deplete the natural resources any more.
더 이상 천연 자원을 고갈해서는 안 된다.

deprivation
[dèprəvéiʃən]

ⓢ deprive 빼앗다
ⓐ deprived 빼앗긴

ⓝ **결핍, 박탈, 상실**
•• a state of extreme poverty or lack
Sleep deprivation can adversely affect brain function.
수면 부족은 두뇌 기능에 불리하게 작용할 수 있다.

📌 출제 TIP
deprive 빼앗다, 박탈하다 / derive 이끌어 내다, 얻다
• be deprived of one's rights 권리를 박탈당하다
• derive the most rational conclusion 가장 합리적인 결론을 도출하다
deprive는 뒤에 전치사 of를 쓰고, derive는 from을 쓰며, 이들의 의미를 구별하는 문제로 출제된다.

desperate
[déspərət]

ⓔ desperation
ⓓ desperately

ⓐ **절망적인, 자포자기의**
•• very serious or bad
His business is in a desperate situation.
그의 사업이 절망적인 상황에 처해 있다.

Words Review

A 다음 설명에 해당하는 단어를 고르시오.

concrete coherent commensurate curtail compliance deficit cconservative controversy desperate corrosion

1 if someone is coherent, you can understand what they say
2 to reduce or limit something
3 definite and specific
4 the gradual wearing away and eventual destruction of a metal
5 when someone obeys a rule, agreement, or demand
6 the amount of money less than what is required
7 a lot of disagreement or argument about something
8 in a correct and suitable amount compared to something else
9 not liking changes or new ideas
10 very serious or bad

B 다음 예문의 빈칸에 해당하는 단어를 골라 쓰시오.

demoted cramming custody concurrence deemed defer contingencies compelled compartments conscious customized confess confiscated conscience denials

1 The poor boy was .... food into his mouth.
2 People usually live by the social ....
3 The manager was .... to a non–supervisory position
4 Despite his .... , the rumor continued to spread.
5 Bad weather .... us to stay another day.
6 They took him in .... for two weeks.
7 He expressed his .... with my opinion.
8 Can we .... making a decision until next week?
9 We must be able to deal with all possible ....
10 I have to .... that I am disappointed at your report.
11 The train is divided into 10 ....
12 He was .... of the seriousness of the problem.
13 We offer .... personal computers for business and home.
14 It is .... advisable to retain the stocks at the current moment.
15 All the cars were .... because they were creating problems with the engine.

Answer

A 1 coherent 2 curtail 3 concrete 4 corrosion 5 compliance 6 deficit 7 controversy 8 commensurate 9 conservative 10 desperate

B 1 cramming 2 conscience 3 demoted 4 denials 5 compelled 6 custody 7 concurrence 8 defer 9 contingencies 10 confess 11 compartments 12 conscious 13 customized 14 deemed 15 confiscated

오늘 외울 단어 중 자신이 아는 단어를 체크해 보세요.

- [ ] **embargo** 통상 정지, 무역 금지; 통상을 금지하다
- [ ] **embassy** 대사관
- [ ] **emerge** 나타나다, 드러나다
- [ ] **enact** 법제화하다, 법률로 만들다
- [ ] **endorse** 배서하다, 이서하다
- [ ] **engrave** ~에 새기다
- [ ] **envisage** (장래의 일을) 상상하다, 계획하다
- [ ] **eradicate** 근절하다, 뿌리째 뽑다
- [ ] **evacuation** 대피, 철수
- [ ] **evaluate** ~을 평가하다, 가치를 검토하다
- [ ] **exaggerate** 과장하다, 허풍 떨다
- [ ] **execute** 수행하다, 실행하다
- [ ] **exempt** 면제된, ~이 없는; 면제하다, 덜어주다
- [ ] **exotic** 이국적인, 이색적인

- [ ] **deteriorate** 악화시키다, 나쁘게 하다
- [ ] **deterrent** 단념하게 하는, 방해하는; 방해물, 저지력
- [ ] **dilute** 묽게 하다, 희석하다
- [ ] **discharge** 배출시키다, 방출하다, 면직시키다
- [ ] **discrepancy** 불일치, 차이
- [ ] **dismissal** 해고, 면직, 추방
- [ ] **disperse** (군중 등이) 흩어지다, 분산시키다
- [ ] **disrupt** 두절시키다, 중단시키다
- [ ] **divert** 다른 곳으로 돌리다
- [ ] **drastic** 강렬한, 맹렬한
- [ ] **duty** 관세, 세금
- [ ] **dwindle** 줄어들다, 감소하다
- [ ] **eliminate** 제거하다, 무시하다
- [ ] **elusive** 알기 어려운, 파악하기 어려운

- [ ] **expedite** 더 신속히 처리하다, 진척시키다
- [ ] **expertise** 전문 기술(지식)
- [ ] **exploit** 착취하다, 부당하게 이용하다
- [ ] **extinction** 멸종, 소멸, 폐지
- [ ] **extinguish** 불을 끄다
- [ ] **fabricate** 지어내다, 위조하다
- [ ] **facilitate** 용이하게 하다, 촉진하다
- [ ] **fatal** 치명적인, 파멸적인
- [ ] **forbid** 금지하다
- [ ] **forfeit** (벌로써) ~을 잃다, 몰수당하다; 상실, 박탈
- [ ] **fortify** 강화하다, 장려하다
- [ ] **fundamental** 기초의, 근본적인
- [ ] **generalize** 일반화하다, 종합하다

- [ ] **immune** 면역성이 있는, 면역이 된
- [ ] **impair** 악화시키다, 손상시키다
- [ ] **impede** 방해하다, 저해하다
- [ ] **impending** 다가오는, 임박한
- [ ] **implement** 실행하다; 이행
- [ ] **impose** (세금, 의무 등을) 지우다, 강요하다
- [ ] **improper** 부적절한
- [ ] **improvise** 즉흥 연주를 하다, 즉석에서 만들다
- [ ] **inactive** 활동하지 않는, 활발하지 않은
- [ ] **inaugurate** 개시하다, 발족시키다
- [ ] **inclement** (날씨가) 궂은, 혹독한
- [ ] **inconsistency** 모순, 불일치
- [ ] **increment** 증가, 인상
- [ ] **incur** 손실을 입다, 초래하다

deteriorate
[ditíəriərèit]
😊 deterioration 악화
🔄 ameliorate 좋아지다

ⓥ 악화시키다, 나쁘게 하다
•• to become worse in some way
It is said that the eyesight of children is deteriorating at an unprecedented rate.
아동들의 시력이 전례가 없는 빠른 속도로 나빠지고 있다고 한다.

🔍 출제 TIP
• deteriorate into ~로 악화되다
deteriorate는 전치사 into와 같이 어울려 쓰인다.

deterrent
미[ditə́:rənt] 영[ditérənt]
😊 deter ~을 단념시키다

ⓐⓝ 단념하게 하는, 방해하는; 방해물, 제지하는 것
•• something that makes someone less likely to do something
This could have a deterrent effect on committing crime.
이것으로 범죄를 저지르는 것을 단념하게 하는 효과를 볼 수 있다.

dilute
미[dilú:t] 영[dailú:t]
😊 dilution 희석

ⓥ 묽게 하다, 희석하다
•• to make a liquid weaker by adding water or another liquid
You need to dilute the paint with a little oil.
오일을 조금 넣어 페인트를 희석해야 한다.

discharge
미[distʃɑ́:rdʒ] 영[distʃɑ́:dʒ]

ⓥ 배출시키다, 방출하다, 면직시키다
•• to send out gas, liquid, smoke etc, or to allow it to escape
Sewage is discharged directly into the sea.
하수구가 곧장 바다로 배출된다.

discrepancy
[diskrépənsi]
😊 discrepant 일치하지 않는
🔄 disagreement

ⓝ 불일치, 차이
•• a difference between two things that should be the same
The committee found a discrepancy in the annual report's figures.
위원회는 연례 보고서의 수치가 불일치 한다는 것을 발견했다.

🔍 출제 TIP
• discrepancies in prices 가격에 있어서의 차이
• the discrepancy between the two figures 두 수치 간의 불일치
discrepancy는 다음에 전치사 in과 어울려 같이 쓰인다.

dismissal
[dismísəl]
😊 dismiss

ⓝ 해고, 면직, 추방
•• when someone is removed from their job
The workers accused the company of unfair dismissal.
근로자들은 회사를 부당한 해고로 고발했다.

🔍 출제 TIP
dismiss⟨discharge⟨fire: '해고하다'의 표현 중 dismiss가 가장 온건한 표현이고, fire는 자신의 의사에 반하여 강제로 해고당하는 경우에 쓰인다.

disperse
미[dispə́:rs] 영[dispə́:s]
🔄 assemble 모이다

🔵 (군중 등이) 흩어지다, 분산시키다
•• to spread out over a wide area
When the rain came down, the crowds started to disperse.
비가 내리자 군중은 흩어지기 시작했다.

disrupt
[disrʌ́pt]
disruption 중단, 혼란
disruptive
🔄 interrupt 중단시키다

🔵 두절시키다, 중단시키다
•• to prevent something from continuing in its usual way by causing problems
The transport system was disrupted by the heavy snow.
교통 체계가 폭설로 두절되었다.

divert
미[divə́:rt] 영[daivə́:t]
diversion 전환

🔵 다른 곳으로 돌리다
•• to cause something or someone to change direction
The flight had to be diverted because of the storm.
비행기는 폭풍우 때문에 다른 곳으로 돌려야 했다.

drastic
[drǽstik]
drastically 철저하게

🔵 강렬한, 맹렬한
•• severe and sudden or having very noticeable effects
They made a decision to take drastic cuts in the budget.
그들은 예산을 대폭 삭감하기로 결정을 내렸다.

🔍 출제 TIP
• take drastic measures 극단적인 조치를 취하다
• make a drastic change 과감한 변화를 하다

duty
[djú:ti]
🔄 tariff 관세

🔵 관세, 세금
•• a tax you pay on something you buy
A customs duty is tax on the import of or export of goods.
관세란 수입품이나 수출품에 대한 세금이다.

dwindle
[dwíndl]
🔄 diminish

🔵 줄어들다, 감소하다
•• to gradually become less and less or smaller and smaller
His hopes of success in the business started to dwindle as the economy became worse.
사업에서 성공하고자 했던 그의 희망은 경제가 점점 더 악화되면서 줄어들기 시작했다.

eliminate
[ilímənèit]
elimination

🔵 제거하다, 무시하다
•• to remove or take away
They eliminated the possibility of a gas leak.
가스 유출이 있을 수 있는 가능성을 무시했다.

1
2
3
4
5
6
7
8
9
10
11
12
13
14
15
16
17
18
19
20
21
22
23
24
25
26
27
28
29
30

elusive

[ilúːsiv]

🔵 elude 교묘히 빠져나가다

🔵 알기 어려운, 파악하기 어려운

•• difficult to describe or understand

His explanations to my questions remained elusive.
나의 질문에 대한 그의 설명은 여전히 이해하기 어려웠다.

---

embargo

미[imbáːrgou]
영[imbáːgou]

🔵 통상 정지, 무역 금지; 통상을 금지하다

•• an official order to stop trade with another country

Japan finally lifted its embargo on imported beef products.
일본은 마침내 수입산 쇠고기에 대한 통상 정지를 해제했다.

🔵 출제 TIP
• the international embargo against India 인도에 대한 국제 통상 금지
• a strict embargo on oil imports 석유 수입에 대한 강력한 금지
embargo는 다음에 전치사 on, against와 어울려 같이 쓰인다.

---

embassy

[émbəsi]

🔵 ambassador 대사

🔵 대사관

•• a diplomatic building where ambassadors live or work

Three US embassy officials have been attacked by terrorists.
세 명의 미국 대사관 직원이 테러리스트들에게 공격당했다.

---

emerge

미[iméːrdʒ] 영[iméːdʒ]

🔵 emergence 출현, 발생

🔵 나타나다, 드러나다

•• to appear by coming out of something

He emerged as the leading competitor.
그가 유력한 경쟁자로 부각했다.

---

enact

[inækt]

🔵 법제화하다, 법률로 만들다

•• to make a proposal into a law

It is said that Congress refused to enact the bill.
국회가 그 법안을 법률화기를 거부했다고 한다.

---

endorse

미[indóːrs] 영[indóːs]

🔵 endorsement

🔵 배서하다, 이서하다

•• to sign your name on the back of a check to show that it is correct

He endorsed his own name on the back of the check.
그가 유력한 경쟁자로 부각했다.

---

engrave

[ingréiv]

🔵 ~에 새기다

•• to cut words or designs on metal, wood, glass etc

The briefcases were engraved with the company logo.
서류 가방에는 회사 로고가 새겨져 있었다.

🔵 출제 TIP
• be engraved with ~을 새겨 넣다   • engrave on ~에 새기다
• engrave one`s seal 도장을 파다
engrave는 전치사 on, with와 어울려 같이 쓰인다.

envisage
[invízidʒ]

통 (장래의 일을) 상상하다, 계획하다
•• to think that something is likely to happen in the future
The project cost a lot more than we had originally envisaged.
그 프로젝트는 원래 우리가 상상했던 것보다 훨씬 더 많은 경비가 들었다.

출제 TIP
envisage는 주로 미래의 일을 상상하여 말할 때 사용하고, 미국에서는 주로
envision 을 사용한다.

eradicate
[irǽdəkèit]
📖 eradication 박멸
📕 root out

통 근절하다, 뿌리째 뽑다
•• to completely get rid of something such as a disease or
a social problem
The virus has now been completely eradicated.
그 바이러스는 이제 완벽하게 근절되었다.

evacuation
[ivækjuéiʃən]
📖 evacuate 피난시키다

명 대피, 철수
•• the act of removing people from a dangerous place to
somewhere safe
We will conduct the fire evacuation drill tomorrow.
내일 화재 대피 연습을 시행할 것이다.

evaluate
[ivǽljuèit]
📖 evaluation
📕 assess

통 ~을 평가하다, 가치를 검토하다
•• to judge how good, useful, or successful something is
Your workplace supervisor will evaluate your performance.
작업 감독관이 당신의 업무성과를 평가할 것이다.

출제 TIP
evaluate가 능력, 유용성을 판단하는 것이라면, estimate는 수량, 가치, 경비를 산출
하여 평가하는 것을 말하고, assess는 재산, 수입을 평가하는 것을 의미한다.

exaggerate
[igzǽdʒərèit]
📖 exaggeration

통 과장하다, 허풍 떨다
•• to make something seem better, larger, worse etc than it
really is
The sales manager always exaggerates the importance
of the sales.
판매 부장은 항상 매상의 중요성을 과장해서 말한다.

execute
[éksikjùːt]
📖 execution 실행, 집행
📕 perform, implement

통 수행하다, 실행하다
•• to do something that has been carefully planned
Your job involves executing a plan.
당신의 일은 계획을 실행하는 일과 관련이 있다.

exempt
[igzémpt]
📖 exemption

형 통 면제된, ~이 없는; 면제하다, 덜어주다
•• not affected by something, or not having to pay it
Dividends are normally exempt from income tax.
배당금은 대개 소득세가 면제된다.

출제 TIP
exempt는 뒤에 전치사 from와 어울려 같이 쓰인다.

exotic
미[igzátik] 영[igzɔ́tik]
ⓟ exoticism 이국풍

ⓝ 이국적인, 이색적인
•• unusual and often exciting because of coming from a distant country
The island has been attracted by its exotic features.
그 섬의 이국적인 특징 때문에 사람들이 많이 끌렸다.

expedite
[ékspədàit]
ⓐ expeditious 신속한
ⓢ speed up

ⓥ 더 신속히 처리하다, 진척시키다
•• to make a process or action happen more quickly
We must take quick steps to expedite the increased supply.
증가한 공급을 진척시키기 위한 더 신속한 조처를 취해야 한다.

expertise
미[èkspərtí:z]
영[èkspətí:z]

ⓝ 전문 기술(지식)
•• special skills or knowledge in a particular subject
You need to learn expertise in the management of the factory.
당신은 공장을 관리하는 일에 있어서 전문 지식을 배워야 한다.

ⓞ 출제 TIP
expertise 전문 지식 / expert 전문가
• have the technical expertise in ~의 기술적인 전문 지식이 있다
• an expert in finance 재정 전문가
expertise는 사물, expert는 사람을 뜻하고, 뒤에 전치사 in과 어울려 같이 쓰인다.

exploit
[eksplɔ́it]
ⓟ exploitation

ⓥ 착취하다, 부당하게 이용하다
•• to treat someone unfairly
Women were exploited and paid ridiculously low wages.
여성들은 착취당했으며 터무니없는 저임금을 받았다.

extinction
[ekstíŋkʃən]
ⓐ extinct 절멸한

ⓝ 멸종, 소멸, 폐지
•• when a particular type of animal or plant stops existing
The whales are in great danger of extinction.
고래가 멸종 취기에 처해 있다.

extinguish
[ikstíŋgwiʃ]
ⓢ put out

ⓥ 불을 끄다
•• to make a fire or light stop burning or shining
The fire had already been extinguished.
화재는 이미 진화되었다.

fabricate
[fǽbrikèit]
ⓟ fabrication

ⓥ 지어내다, 위조하다
•• to invent or produce something false in order to deceive
He fabricated an excuse to avoid trouble.
그는 말썽을 피하려고 변명을 지어냈다.

facilitate
[fəsílətèit]
圈 facilitation

🔍 용이하게 하다, 촉진하다
•• to make it easier
Computers can be used to facilitate language learning.
컴퓨터는 언어 학습을 용이하게 하는 데 사용될 수 있다.

fatal
[féitl]

🔍 치명적인, 파멸적인
•• having a very bad effect; deadly
Telling your employees they were not important was a fatal mistake.
당신의 사원들에게 그들이 중요하지 않다고 말한 것은 돌이킬 수 없는 실수였다.

forbid
回[fərbíd] 영[fəbíd]
圈 forbidden 금지된
凰 permit 허가하다

🔍 금지하다
•• an tell someone that they are not allowed to do something
The law strictly forbids us to carry guns.
법은 총기 소지를 강력하게 금한다.

🔍 출제 TIP
• forbid somebody from ~ing 사람이 ~하는 것을 금하다
동사 forbid 대신 쓸 수 있는 ban, prohibit은 모두 법이나 규정에 의해 어떤 일을 강하게 금지하는 것을 의미한다.

forfeit
回[fɔ́ːrfit] 영[fɔ́ːfit]

🔍 (벌로써) ~을 잃다, 몰수당하다; 상실, 박탈
•• to lose the right by some error, or crime
The company has forfeited the right to use the logo.
그 회사는 로고를 사용할 권리를 잃었다.

fortify
回[fɔ́ːrtəfài] 영[fɔ́ːtəfài]
圈 fortification 요새화
凰 strengthen

🔍 강화하다, 장려하다
•• to encourage an attitude or feeling and make it stronger
The country was fortified by economic recovery.
그 나라는 경제 회복으로 강화되었다.

fundamental
[fʌ̀ndəméntl]

🔍 기초의, 근본적인
•• relating to basic and important parts of something
We have to solve the fundamental problem.
근본적인 문제를 해결해야 한다.

🔍 출제 TIP
• a the fundamental difference 근본적인 차이점
• the fundamentals of road safety 도로 안전의 기본 원칙
-s가 붙은 fundamentals는 명사형으로 '근본, 기본 원칙, 핵심'의 뜻이다.

generalize
[dʒénərəlàiz]
圈 generalization 일반화

🔍 일반화하다, 종합하다
•• to say that an idea, result etc is related to a larger group
We cannot generalize this principle.
이 원칙을 일반화할 수 없다.

immune
[imjúːn]
🔊 immunize
면역력을 갖게 하다

🔊 면역성이 있는, 면역이 된
•• not affected by something that happens or is done
I don't think that anybody can be immune to criticism.
그 누구도 비판에 면역이 될 수 있다고는 생각하지 않는다.

impair
미[impέər] 영[impέə]
🔊 impaired 손상된

🔊 악화시키다, 손상시키다
•• to spoil or weaken something so that it is less effective
Sleep deprivation and fatigue are liable to impair efficiency.
수면 부족과 피로는 능률을 떨어뜨리기가 쉽다.

impede
[impíːd]
🔊 impediment 방해

🔊 방해하다, 저해하다
•• to obstacle someone or something; hinder
The project was impeded by the sudden budget reduction.
갑작스런 예산 삭감으로 그 프로젝트가 방해를 받았다.

impending
[impéndiŋ]
🔊 impend 임박하다

🔊 다가오는, 임박한
•• an impending event is going to happen very soon
There was a rumor of an impending merger.
곧 합병이 있을 것이라는 소문이 있었다.

🔍 출제 TIP
• impending danger 임박한 위험
• impending disaster 곧 닥칠 재앙
impending은 명사 앞에서만 쓰고, 보통 좋지 않은 일이 곧 일어날 것을 암시한다.

implement
[ímpləmənt]

🔊 실행하다; 이행
•• to put a plan or system into operation
The security system will be implemented next month.
보안 시스템이 다음 달에 실행될 것이다.

🔍 출제 TIP
implement 이행하다, 수행하다 / complement 보완하다, 보충하다
• implement the policy 정책을 실행하다
• complemented each other well 서로 잘 보완하다
혼동하기 쉬운 어휘들의 의미 차이를 구별하여 기억한다.

impose
[impóuz]

🔊 (세금, 의무 등을) 지우다, 강요하다
•• to officially force a rule, tax to be obeyed
Very high taxes have recently been imposed on cigarettes.
최근에 담배에 아주 높은 세금을 부과하였다.

🔍 출제 TIP
impose는 뒤에 전치사 on, upon과 쓰이고 이와 관련된 문제로 출제된다.

improper
미[imprápər] 영[imprópə]
🔊 inappropriate
🔊 proper 적절한

🔊 부적절한
•• not sensible, right, or fair in a particular situation
It is improper for the management to accept gifts.
경영진이 선물을 받는 것은 부적절하다.

improvise
[ímprəvàiz]
⑤ improvisation

⑤ 즉흥 연주를 하다, 즉석에서 만들다
•• to do something without any preparation
He improvised a speech at the opening ceremony.
그는 개회식에서 즉석연설을 했다.

inactive
[inǽktiv]
⑪ active 활동적인

⑱ 활동하지 않는, 활발하지 않은
•• not doing anything, not working, or not moving
The property market remains largely inactive.
부동산 시장이 여전히 활발하지 않다.

inaugurate
[inɔ́:gjurèit]
⑤ inauguration 개시
⑱ inaugural 개시의

⑤ 개시하다, 발족시키다
•• to start an organization, event etc for the first time
The institute was inaugurated in 1990.
그 연구소는 1990년에 발족되었다.

inclement
[inklémənt]

⑱ (날씨가) 궂은, 혹독한
•• unpleasantly cold or wet
Inclement weather forced the game to be cancelled.
악천후로 경기가 취소되었다.

inconsistency
[ìnkənsístənsi]
⑱ inconsistent
~와 일치하지 않는
⑩ contradiction 모순

⑲ 모순, 불일치
•• a situation in which two statements are different
There were several inconsistencies in the article.
그 기사에는 몇 가지 모순이 있었다.

🔍 출제 TIP
inconsistency 모순, 불일치 / discrepancy 차이, 불일치
• a philosophical inconsistency 철학적인 모순
• a discrepancy between the numbers 숫자들 사이의 차이
inconsistency는 언어나 행위에 있어서의 모순을 의미하고,
discrepancy는 주로 같아야 하는 수치나 사물 간의 차이를 의미한다.

increment
[ínkrəmənt]

⑲ 증가, 인상
•• regular increase in the amount of money someone is paid
You will receive your salary with annual increments of 3%.
당신은 연간 3%의 임금 인상을 받을 것이다.

incur
미[inkə́:r] 영[inkə́:]

⑤ 손실을 입다, 초래하다
•• to experience something unpleasant
Please detail any expenses incurred by you.
당신 때문에 초래된 경비를 자세히 말하시오.

Words Review

A 다음 설명에 해당하는 단어를 고르시오.

extinguish discharge dismissal facilitate exploit impair embargo execute expedite emerge

1 to send out gas, liquid, smoke etc, or to allow it to escape
2 to appear by coming out of something
3 to make a fire or light stop burning or shining
4 to make it easier
5 when someone is removed from their job
6 to spoil or weaken something so that it is less effective
7 to make a process or action happen more quickly
8 an official order to stop trade with another country
9 to do something that has been carefully planned
10 to treat someone unfairly by asking them to do things for you

B 다음 예문의 빈칸에 해당하는 단어를 골라 쓰시오.

exaggerates improvised inactive incurred diverted embassy fortified forfeited fundamental engraved endorsed drastic expertise fatal envisaged

1 Three US .... officials have been attacked by terrorists .
2 The company has .... the right to use the logo.
3 He .... a speech at the opening ceremony.
4 Please detail any expenses .... by you.
5 The flight had to be .... because of the storm.
6 The country was .... by economic recovery.
7 He .... his own name on the back of the check.
8 The property market remains largely ....
9 The sales manager always .... the importance of the sales.
10 The briefcases were .... with the company logo.
11 They made a decision to take .... cuts in the budget.
12 You need to learn .... in the management of the factory.
13 We have to solve the .... problem.
14 Telling your employees they were not important was a .... mistake.
15 The project cost a lot more than we had originally ....

Answer

A 1 discharge 2 emerge 3 extinguish 4 facilitate 5 dismissal 6 impair 7 expedite 8 embargo 9 execute 10 exploit

B 1 embassy 2 forfeited 3 improvised 4 incurred 5 diverted 6 fortified 7 endorsed 8 inactive 9 exaggerates 10 engraved 11 drastic 12 expertise 13 fundamental 14 fatal 15 envisaged

오늘 외울 단어 중 자신이 아는 단어를 체크해 보세요.

- [ ] **intricate** 얽힌, 복잡한
- [ ] **inventory** 재고품, 재고 목록
- [ ] **invoice** 송장, 인보이스
- [ ] **irrational** 불합리한
- [ ] **isolation** 고립, 격리
- [ ] **itemize** 항목별로 나누다, 세목별로 쓰다
- [ ] **ledger** 회계 장부, 원장
- [ ] **jurisdiction** 관할권, 사법권, 재판권
- [ ] **keen** 예민한, 날카로운
- [ ] **lapse** (시간의) 경과, 추이
- [ ] **lean** 야윈, 마른
- [ ] **jeopardize** (생명, 재산을) 위태롭게 하다
- [ ] **lingering** 질질 끄는, 사라지지 않는
- [ ] **listed** (증권이) 상장된, ~에 실려 있는

- [ ] **induce** 유발하다, 야기 시키다
- [ ] **indulge** 빠지다, 탐닉하다
- [ ] **ineptitude** 미숙함, 기술 부족
- [ ] **inevitable** 피할 수 없는, 부득이한
- [ ] **infamous** 평판이 나쁜, 수치스러운
- [ ] **inflict** (고통, 피해를) 입히다
- [ ] **infringe** (권리를) 침해하다, 어기다
- [ ] **infuriate** 격분시키다
- [ ] **infusion** 주입, 혼합
- [ ] **install** 설치하다
- [ ] **internal** 내부의, 내면적인, 국내의
- [ ] **institution** 기관, 협회
- [ ] **introvert** 내향적인 사람; 내향적인, 내성적인
- [ ] **intervention** 중재, 간섭

- [ ] **litigation** 소송, 기소
- [ ] **liver** 간, 간장
- [ ] **lofty** 높은, 당당한, 고상한
- [ ] **malign** 헐뜯다, 중상하다; 악의 있는
- [ ] **mandatory** 강제적인, 의무적인, 필수적인
- [ ] **manipulate** 조종하다, 조작하다
- [ ] **marketable** 시장성이 높은, 팔리는
- [ ] **maturity** 만기일, 지불기일
- [ ] **meager** 보잘것없는, 불충분한
- [ ] **measurement** 측량, 계측
- [ ] **medicate** ~를 약으로 치료하다, ~에게 투약하다
- [ ] **mediocre** 평범한, 그저 그런, 이류의
- [ ] **metabolism** 신진대사

- [ ] **migrate** 이주하다
- [ ] **mischievous** 짓궂은, 해를 끼치는
- [ ] **mock** 조롱하다, 놀리다; 가짜의
- [ ] **moderator** 중재자, 조절자
- [ ] **naive** 천진난만한, 순진한
- [ ] **navigate** 항해하다, 비행하다, 조종하다
- [ ] **nimble** 민첩한, 재빠른
- [ ] **nominal** 유명무실한, 보잘것없는
- [ ] **non-profit** 비영리적인
- [ ] **nourish** ~에 자양분을 주다, 육성하다
- [ ] **obedient** 순종하는, 유순한
- [ ] **obituary** 부고 기사; 사망의
- [ ] **oblique** 간접의, 완곡한, 비스듬한
- [ ] **oblivious** ~을 깨닫지 못하는, 잘 잊어버리는

induce
[indjúːs]
🌀 inducement
🔄 cause

🅰 **유발하다, 야기 시키다**
•• to cause a particular physical condition
You can get compensation from your employers for illness induced by working under stress.
스트레스를 받으며 일을 해서 생긴 질병에 대해서 고용주로부터 보상을 받을 수 있다.

indulge
[indʌ́ldʒ]
🌀 indulgence 탐닉

🅰 **빠지다, 탐닉하다**
•• to let yourself do or have something that you enjoy even if it is bad for you
Teenagers are subject to indulge in violence.
십대들은 자칫 폭력에 빠지기 쉽다.

🔖 출제 TIP
indulge는 뒤에 전치사 in과 어울려 같이 쓰인다.

ineptitude
[inéptətjùːd]
🌀 inept 부적절한

🅰 **미숙함, 기술 부족**
•• lack of skill
Sometimes social ineptitude may reflect a lack of social education.
때때로 사회적으로 미숙하다는 것은 사회적인 교육이 부족하다는 것을 나타낼 수 있다.

inevitable
[inévətəbl]
🌀 inevitably 불가피하게

🅰 **피할 수 없는, 부득이한**
•• certain to happen and impossible to avoid
It is inevitable that some people are going to suffer damage during the current crisis.
일부 사람들이 현재의 위기 동안에 손해를 보리라는 것은 부득이한 일이다.

infamous
[ínfəməs]
🌀 infamously 악명 높게
🔄 notorious

🅰 **평판이 나쁜, 수치스러운**
•• well known for being bad or evil
This company is infamous for its poor maintenance.
그 회사는 형편없는 경영으로 평판이 나쁘다.

inflict
[inflíkt]
🌀 infliction

🅰 **(고통, 피해를) 입히다**
•• to make someone suffer something unpleasant
The accident inflicted serious damage on the company.
그 사고로 회사에 심각한 손해를 입혔다.

infringe
[infríndʒ]
🌀 infringement 침해

🅰 **(권리를) 침해하다, 어기다**
•• to do something that is against a law or someone's legal rights
It doesn't infringe construction regulations.
그것은 건축 규정을 침해하지 않는다.

infuriate
[infjúərièit]
🔊 infuriating 격분하게 하는

🔍 ⑤ 격분시키다
•• to make someone extremely angry
I infuriated her with a decision I made to leave the building.
건물을 나가겠다는 결정을 내린 것으로 나는 그녀를 격분시켰다.

infusion
[infjú:ʒən]
🔊 infuse 주입하다

🔍 ⑲ 주입, 혼합
•• the act of putting a new feeling or quality into something
The soccer team needs infusion of new blood.
그 축구팀은 새로운 멤버의 투입을 필요로 한다.

🗨 출제 TIP
• new blood 새로운 피, 새로운 인물
• give someone new blood 새로운 활력을 주다

install
[instɔ́:l]
🔊 installation 설치

🔍 ⑤ 설치하다
•• to put a piece of equipment somewhere
CCTV system has been installed in the offices.
사무실에 CCTV시스템이 설치되었다.

internal
🇺🇸[inté:rnl] 🇬🇧[inté:nl]
🔊 internally 내부에
🔊 external 외부의

🔍 ⑲ 내부의, 내면적인, 국내의
•• inside something rather than outside
There will be an internal inquiry into corruption scandals.
부정부패에 대한 내부 조사가 있을 것이다.

🗨 출제 TIP
• the internal structure of a building 건물 내부의 구조
• machine's internals 기계의 내부장치
−s가 붙은 internals는 명사형으로 '(사물의) 본질, 내장 구조물'을 의미한다.

institution
[ìnstətjú:ʃən]
🔊 institute 제정하다

🔍 ⑲ 기관, 협회
•• a large organization that has a particular kind or work or process
The organization is a charitable institution.
그 조직은 자선 기관이다.

introvert
🇺🇸[íntrəvə̀:rt] 🇬🇧[íntrəvə̀:t]
🔊 extrovert 외향적인 사람

🔍 ⑲⑲ 내향적인 사람; 내향적인, 내성적인
•• someone who does not enjoy being with other people
An introvert is not suitable for this kind of job.
내향적인 사람은 이런 종류의 일에 적절하지 않다.

intervention
[ìntərvénʃən]
🔊 intervene 개입하다

🔍 ⑲ 중재, 간섭
•• the act of becoming involved in something
The strike was settled by the intervention of the committee.
파업은 위원회의 중재로 수습되었다.

1
2
3
4
5
6
7
8
9
10
11
12
13
14
15
16
17
18
19
20
21
22
23
24
25
26
27
28
29
30

intricate
[íntrikət]

🔍 얽힌, 복잡한
•• containing many small parts or details
The patterns are extremely intricate but executed with incredible precision.
패턴들이 지극히 복잡하지만 믿을 수 없을 정도로 정확하게 만들어졌다.

inventory
미[ínvəntɔ̀:ri] 영[ínvəntəri]
🔄 stock

🔍 재고품, 재고 목록
•• all the goods in a shop
The inventory of vehicles didn't include used cars.
차량에 대한 목록에는 중고차가 포함되지 않았다.

invoice
[ínvɔis]
🔄 bill 청구서

🔍 송장, 인보이스
•• a list of goods that have been supplied, showing how much you owe for them
They haven't yet sent us the invoice for the goods we purchased.
그들은 우리가 구매한 물건에 대한 송장을 아직 발송하지 않았다.

irrational
[iræʃənl]
🔄 rational 합리적인

🔍 불합리한
•• not based on clear thought or reason
It is irrational to believe in superstition.
미신을 믿는 일은 불합리한 것이다.

isolation
[àisəléiʃən]
🔄 isolate 고립시키다

🔍 고립, 격리
•• when one group, person, or thing is separate from others
North Korea is under complete isolation from international society.
북한은 국제 사회와 완전히 고립된 상황 하에 있다.

itemize
[áitəmàiz]
🔄 item 항목, 조목

🔍 항목별로 나누다, 세목별로 쓰다
•• to make a list and give details about each thing on the list
You can itemize the bill in the following ways.
다음과 같은 방식으로 청구서를 항목별로 작성할 수 있다.

jeopardize
[dʒépərdàiz]
🔄 jeopardy 위험

🔍 (생명, 재산을) 위태롭게 하다
•• to risk losing or spoiling something important
We will take no risks that may jeopardize our own safety or the safety of others.
우리는 우리 자신의 안전이나 다른 사람의 안전을 위태롭게 하는 위험을 무릅쓰지 않을 것이다.

jurisdiction
[dʒùərisdíkʃən]

ⓝ **관할권, 사법권, 재판권**
  •• the right to use an official power to make legal decisions
  The committee has jurisdiction over all tax measures.
  위원회가 모든 세금 대책을 관할한다.

  🔍 출제 TIP
  • have jurisdiction over ~을 관할하다   • exercise jurisdiction 사법권을 행사하다

keen
[kiːn]
ⓔ keenly 날카롭게
ⓢ sharp

ⓐ **예민한, 날카로운**
  •• a keen sense of smell or keen sight or hearing is an
     extremely good ability to smell
  Dogs have a very keen sense of smell.
  개는 냄새에 감각이 매우 예민하다.

lapse
[læps]

ⓝ **(시간의) 경과, 추이**
  •• a period of time passing between two things happening
  There was a lapse of several years between the two
  accidents.
  두 사고 간에는 몇 년의 세월의 경과가 있었다.

  🔍 출제 TIP
  • with the lapse of time 시간이 지남에 따라
  • lapse into a coma 혼수상태에 빠지다   • a momentary lapse 순간적인 실수
  lapse는 동사(~상태가 되다), 명사(실수)의 뜻으로 품사별 의미 차이에 주의한다.

lean
[liːn]
ⓢ thin

ⓐ **야윈, 마른**
  •• thin but look strong and healthy
  Like most athletes, she was lean and muscular.
  대부분의 운동선수처럼, 그녀도 마르고 근육질이었다.

ledger
미[lédʒər] 영[lédʒə]

ⓝ **회계 장부, 원장**
  •• a book of accounts of an office or shop, in which details
     of all transactions are recorded
  All sales must be entered in the ledger.
  모든 판매를 원장에 기입해야 한다.

lingering
[língəriŋ]
ⓔ linger 오래 끌다

ⓐ **질질 끄는, 사라지지 않는**
  •• continuing to exist for longer than usual or desirable
  I want your explanations for the lingering doubts that I have
  mentioned.
  방금 언급한 의문점들이 좀처럼 사라지지 않는데 이에 대한 당신의 설명을
  듣고 싶다.

listed
[lístid]

ⓐ **(증권이) 상장된, ~에 실려 있는**
  •• a listed company is one which offers its shares for sale
     on the stock exchange
  The companies are listed on the stock exchange.
  회사들의 주식이 증권 거래소에 상장되었다.

  🔍 출제 TIP
  • a listed company 상장 회사   • listed in the telephone 전화번호부에 실려 있는

litigation
[lìtəɡéiʃən]

🔊 litigate 소송을 제기하다
🔁 lawsuit

몡 소송, 기소
•• the process of taking claims to a court of law
He agreed to the settlement to avoid the expense of litigation.
그는 소송에 대한 비용을 면하기 위해 조정하기로 동의했다.

liver
미[lívər] 영[lívə]

몡 간, 간장
•• a large dark red organ in your body
The liver serves to clean the blood.
간은 혈액을 맑게 하는 기능을 한다.

🔍 출제 TIP
동음이의어 liver(생활자, 거주자)와 혼동할 우려가 있으므로 문맥에서 정확한 의미를 파악한다.

lofty
[lɔ́fti]

🔊 loftily 당당하게
🔁 high

혱 높은, 당당한, 고상한
•• showing high standards or high moral qualities
Isn't it important for us to have a lofty aim?
우리가 원대한 목표를 갖는 것이 중요하지 않은가?

malign
[məláin]

동 혱 헐뜯다, 중상하다; 악의 있는
•• to say unpleasant things about someone that are untrue
There has been an attempt to malign the innocent employees.
무고한 사원들을 중상하고자 하는 시도가 있었다.

mandatory
미[mǽndətɔ̀:ri]
영[mǽndətəri]

🔁 compulsory, obligatory

혱 강제적인, 의무적인, 필수적인
•• describing something which must be done
Punctuality is mandatory for all the staff.
시간을 철저하게 지키는 것은 모든 사원들에게 필수다.

manipulate
[mənípjulèit]

🔊 manipulation 조작
🔁 control

동 조종하다, 조작하다
•• to make someone think and behave exactly as you want them to
He was one of those men who manipulated people.
그는 사람들을 조종하는 그런 류의 사람이었다.

marketable
미[má:rkitəbl] 영[má:kitəbl]

🔊 marketability 시장성

혱 시장성이 높은, 팔리는
•• able to be sold easily because people want them
People had settled on gold as the most marketable commodity.
사람들은 가장 시장성이 높은 상품으로 금을 결정했다.

🔍 출제 TIP
• settle on ~으로 결정하다, ~에 동의하다
• settle into a new school 새 학교에 적응하다
• let the dust settle 사태가 분명해질 때까지 기다리다
settle과 같이 어울리는 전치사와 구절을 기억한다.

maturity
[mətjúərəti]

📖 만기일, 지불기일
•• the time when a bond or an insurance become ready to be paid
The insurance policy will reach maturity in 20 years.
그 보험 증권은 20년 후에 만기가 된다.

🔍 출제 TIP
• reach maturity 만기가 되다   • maturity of age 성년
maturity(성숙함)의 부정어 immaturity(미숙함)의 의미도 기억한다.

---

meager
미[mí:gər] 영[mí:gə]
🔄 meagerly 빈약하게

📖 보잘것없는, 불충분한
•• very small or not enough
With the meager money he earned, he had to support his family.
자신이 벌어들이는 보잘것없는 돈으로 그는 가족을 부양해야 했다.

---

measurement
미[méʒərmənt]
영[méʒəmənt]
🔄 measure 재다

📖 측량, 계측
•• the act of measuring something
The machine makes the measurement of dust in the city.
이 기계는 도심의 먼지를 측정한다.

---

medicate
[médəkèit]

📖 ~를 약으로 치료하다, ~에게 투약하다
•• to treat someone with medicine
A patient may medicate himself or herself by taking the recommended dose of a drug.
환자가 권장양의 약을 복용하여 스스로 치료할 수 있다.

---

mediocre
미[mì:dióukər] 영[mì:dióukə]
🔄 mediocrity
🔄 second rate

📖 평범한, 그저 그런, 이류의
•• not very good
The mediocre performance of his business was caused by the recession.
그의 사업이 그저 그런 성과를 낸 것은 불황으로 비롯되었다.

---

metabolism
미[mətǽbəlizm]
영[mitábəlizm]

📖 신진대사
•• the organic processes that are necessary for life
As we get older, our metabolism will slow down.
나이가 들어감에 따라 신진 대사도 느려지게 된다.

---

migrate
[máigreit]
🔄 migration 이민, 이주

📖 이주하다
•• to move from one part to another
Workers tend to migrate regularly from one place to another.
노동자들은 이런 저런 장소로 규칙적으로 이동하는 경향이 있다.

🔍 출제 TIP
immigrate 다른 나라에서 이주해 오다 / emigrate 다른 나라로 이주하다
• immigrate into Korea 한국으로 이주해 오다
• emigrate to Canada 캐나다로 이민을 가다
어근(migrate)이 같지만 의미가 다른 파생어들을 구별하여 기억한다.

mischievous
[místʃəvəs]

명 mischief 해악

🔊 짓궂은, 해를 끼치는
•• causing or showing a fondness for causing trouble in a playful way
Younger siblings are usually mischievous and outgoing.
동생들은 대개 장난이 심하고 외향적이다.

mock
미[mak] 영[mɔk]

형 mocking 조롱하는 듯한
숙 make fun of 놀리다

🔊 조롱하다, 놀리다; 가짜의
•• to laugh at someone or something
He seemed to mock my attempts to lift the heavy box.
그는 무거운 상자를 들어 올리려는 나의 시도를 조롱하는 것 같았다.

moderator
미[mádərèitər]
영[mɔ́dərèitə]

동 moderate 조정하다
명 moderation
명 mediator

🔊 중재자, 조절자
•• someone whose job is to control a discussion or an argument between people
A moderator should be appointed to control the negotiations.
협상을 조정하기 위해서는 중재자를 임명해야 한다.

naive
[naːíːv]

🔊 천진난만한, 순진한
•• not having much experience of how complicated life is
It would be naive to think that all the problems could be solved straight away.
모든 문제들이 당장 해결되리라고 생각한다면 순진한 일일 것이다.

navigate
[nǽvəgèit]

명 navigation

🔊 항해하다, 비행하다, 조종하다
•• to find which way you need to go when you are traveling from one place to another
He had a great ambition to navigate the ocean.
그는 바다를 항해하고자 하는 대단한 포부를 지녔다.

nimble
[nímbl]

🔊 민첩한, 재빠른
•• able to move quickly and easily with light neat movements
She was amazingly nimble to string little beads.
자잘한 구슬들을 꿰는 일에 그녀는 놀라울 정도로 민첩했다.

nominal
미[námənl] 영[nɔ́mənl]

부 nominally 명목상, 표면상

🔊 유명무실한, 보잘것없는
•• in name only; so called, but actually not something specified
His position as chairman is purely nominal.
의장으로서 그의 지위는 순전히 명목뿐이다.

non-profit
미[nɑnpráfit] 영[nɔnprɔ́fit]

🏷 **비영리적인**
•• not making or involving profit
A non-profit organization is a group organized for purposes other than generating profit.
비영리단체는 이익을 만들어내는 일 이외의 목적을 위해서 조직된 단체이다.

🔍 출제 TIP
• other than=except ~외에, ~을 제외하고는

nourish
미[nə́:riʃ] 영[nʌ́riʃ]
🟢 nourishment
🔵 nurture

🏷 **~에 자양분을 주다, 육성하다**
•• to give a person or other living thing the food and other substances they need in order to live
The children were nourished with home-cooked meals.
그 아이들은 집에서 요리한 음식을 먹고 자랐다.

obedient
미[oubí:diənt]
영[əbí:diənt]
🟢 obey 복종하다
🟢 obedience 순종
🔴 disobedient

🏷 **순종하는, 유순한**
•• always doing what you are told to do
Obedient people to the rules are almost always preferred.
규칙에 순종하는 사람들을 거의 언제나 선호한다.

🔍 출제 TIP
obedient는 뒤에 전치사 to와 어울려 같이 쓰인다.

obituary
미[oubíʧuèri] 영[əbítjuəri]

🏷 **부고 기사; 사망의**
•• an article in a newspaper about the life of someone who has just died
He used to write obituaries for the newspaper.
그는 예전에 신문에 사망 기사를 썼다.

oblique
[əblí:k]
🟢 obliquely 비스듬히

🏷 **완곡한, 비스듬한**
•• not expressed in a direct way
It seemed an oblique comment on his early retirement.
그것은 그의 조기 퇴직에 관한 완곡한 언급인 것 같았다.

oblivious
[əblíviəs]
🟢 oblivion 망각, 잊기 쉬움
🔵 unaware 눈치 못 채는

🏷 **~을 깨닫지 못하는, 잘 잊어버리는**
•• not aware of something
You are just oblivious to the fact that he doesn't want to discuss it.
그가 그것을 논의하고 싶어 하지 않는다는 사실을 당신은 깨닫지 못하고 있다.

Words Review

A 다음 설명에 해당하는 단어를 고르시오.

mock maturity nimble medicate ineptitude inevitable jeopardize intervention malign itemize

1 the time when a bond or an insurance become ready to be paid
2 to treat someone with medicine
3 to laugh at someone or something
4 able to move quickly and easily with light neat movements
5 certain to happen and impossible to avoid
6 lack of skill
7 the act of becoming involved in something
8 to make a list and give details about each thing on the list
9 to risk losing or spoiling something important
10 to say unpleasant things about someone that are untrue

B 다음 예문의 빈칸에 해당하는 단어를 골라 쓰시오.

infuriated metabolism nominal meager obituaries ledger oblique infamous introvert mediocre lean listed manipulated invoice infusion

1 With the .... money he earned, he had to support his family.
2 As we get older, our .... will slow down.
3 His position as chairman is purely ....
4 The soccer team needs .... of new blood.
5 It seemed an .... comment on his early retirement.
6 He used to write .... for the newspaper.
7 An .... is not suitable for this kind of job.
8 They haven't yet sent us the .... for the goods we purchased.
9 Like most athletes, she was .... and muscular.
10 The companies are .... on the stock exchange.
11 He was one of those men who .... people.
12 The .... performance of his business was caused by the recession.
13 All sales must be entered in the ....
14 This company is .... for its poor maintenance.
15 I .... her with a decision I made to leave the building.

Answer

Ⓐ 1 maturity 2 medicate 3 mock 4 nimble 5 inevitable 6 ineptitude 7 intervention 8 itemize 9 jeopardize 10 malign

Ⓑ 1 meager 2 metabolism 3 nominal 4 infusion 5 oblique 6 obituaries 7 introvert 8 invoice 9 lean 10 listed 11 manipulated 12 mediocre 13 ledger 14 infamous 15 infuriated

오늘 외울 단어 중 자신이 아는 단어를 체크해 보세요.

- ☐ **pending** 현안 중의, 미결정의
- ☐ **penetrate** 꿰뚫다, 침투하다
- ☐ **peremptory** 위압적인, 단호한, 독단적인
- ☐ **perennial** 지속되는, 연속되는; 다년생 식물
- ☐ **perilous** 위험한, 위험이 많은
- ☐ **perpetual** 영구의, 끊임없는
- ☐ **pharmaceutical** 제약의, 약학의
- ☐ **pitfall** 장애, 함정, 위험
- ☐ **plummet** 폭락하다; 급락
- ☐ **pollutant** 오염물질
- ☐ **precipitation** 강수량, 강설량
- ☐ **premier** 첫째의, 으뜸의
- ☐ **prescribe** 처방하다, 조제하다
- ☐ **preside** 의장을 맡다, 사회를 보다

- ☐ **obsess** 강박관념을 갖다, ~에 사로잡히다
- ☐ **obstacle** 장애물, 방해물
- ☐ **officiate** 사회를 보다, 식을 거행하다
- ☐ **opaque** 분명치 않은, 불투명한
- ☐ **outlay** 지출, 경비; 소비하다
- ☐ **override** (반대, 충고를) 무시하다, 거절하다
- ☐ **overtake** 따라잡다, 추월하다
- ☐ **pacify** 달래다, 진정시키다
- ☐ **painkilling** 진통의, 통증을 가라앉히는
- ☐ **palpable** 쉽게 감지할 수 있는, 명백한
- ☐ **parameter** 한계, 지침, 제한 범위
- ☐ **paramount** 최고의, 탁월한; 최상
- ☐ **partake** 참가하다, 함께 하다
- ☐ **patron** 고객, 단골손님

- ☐ **prestigious** 명성이 있는, 권위 있는
- ☐ **presumptuous** 주제 넘는, 건방진
- ☐ **procure** 조달하다, 손에 넣다
- ☐ **profusion** 풍부, 굉장히 많음
- ☐ **projection** 예상, 예상치
- ☐ **prosecute** 기소하다, 고소하다
- ☐ **proprietor** 소유자, 경영자
- ☐ **provision** 규정, 조항
- ☐ **proximity** 근접, 가까움
- ☐ **queer** 이상한, 기묘한
- ☐ **quench** 불을 끄다, 갈증을 풀다
- ☐ **querulous** 불평을 하는, 투덜거리는
- ☐ **quota** 몫, 할당, 분담액; 할당하다

- ☐ **quote** 시세를 매기다, 가격을 매기다; 거래 가격
- ☐ **rating** 등급, 견적, 신용도
- ☐ **ratio** 비율
- ☐ **receptacle** 용기
- ☐ **rectify** 개정하다, 교정하다
- ☐ **redeemable** 상환할 수 있는, 되찾을 수 있는
- ☐ **redundancy** 감원, 잉여 인원의 해고
- ☐ **refrain** 자제하다, 삼가다
- ☐ **refute** 반박하다, 논박하다
- ☐ **reimburse** 갚다, 상환하다, 변상하다
- ☐ **reinforce** 강화하다, 보강하다
- ☐ **release** 발표하다, 공개하다; 발표
- ☐ **reprehend** 나무라다, 비난하다
- ☐ **respondent** 응답자; 반응하는, 응하는

Part 7 29th day

obsess
[əbsés]
[명] obsession 사로잡힘

[동] 강박관념을 갖다, ~에 사로잡히다
•• to think someone or something all the time and you cannot think about anything else
He's been completely obsessed with his success.
그는 자신의 성공에 완전히 사로잡혀 있다.

obstacle
미[ɑ́bstəkl] 영[ɔ́bstəkl]

[명] 장애물, 방해물
•• something that makes it difficult to achieve something
Fear of change is an obstacle to progress.
변화에 대한 두려움은 발전의 장애물이다.

출제 TIP
• an obstacle to success 성공의 장애물
• a major obstacle to improving situations 상황 개선에 주요 장애 요인
obstacle 뒤에 전치사 to가 오고 동사의 형태를 묻는 문제로 출제된다.

officiate
[əfíʃièit]

[동] 사회를 보다, 식을 거행하다
•• to perform official duties, especially at a ceremony
The organization was officially launched at a ceremony officiated by the chairman.
그 조직은 의장이 사회를 본 식에서 공식적으로 출범했다.

opaque
[oupéik]
[부] opaquely
[반] transparent 투명한

[형] 분명치 않은, 불투명한
•• difficult to see through or to understand
I found that your writing is quite opaque to understand.
당신의 글이 상당히 분명하지 않아서 이해할 수 없었다.

outlay
[áutlei]
[유] cost

[명][동] 지출, 경비; 소비하다
•• money spent on something; expenditure
This kind of product requires little initial financial outlay.
이런 종류의 제품은 초기 재정비용이 적게 든다.

override
[òuvəráid]

[동] (반대, 충고를) 무시하다, 거절하다
•• to refuse to accept or to decide against a previous decision, an order, a person, etc
He always overrides my suggestion.
그는 항상 나의 제안을 무시한다.

overtake
미[òuvərtéik] 영[òuvətéik]

[동] 따라잡다, 추월하다
•• to develop more quickly than someone else
Our US sales have now overtaken our sales in Europe.
미국에서의 판매량이 이제 유럽에서의 판매량을 따라 잡았다.

pacify
[pǽsəfài]

[동] 달래다, 진정시키다
•• to cause someone who is angry or upset to be calm and satisfied
It was difficult for them to pacify the angry employees.
그들은 화난 사원들을 진정시키기가 어려웠다.

painkilling
[péinkiliŋ]

[형] 진통의, 통증을 가라앉히는
•• able to reduce or remove pain
Heroin is a painkilling drug made from the opium poppy.
헤로인은 양귀비에서 만들어지는 진통제이다.

palpable
[pǽlpəbl]

[동] palpate 손으로 만져 보다
[유] clear 분명한
[반] impalpable

[형] 쉽게 감지할 수 있는, 명백한
•• a feeling that is palpable is so strong that other people notice it and can feel it around them
Popular opinions which are not palpable to sense are often true.
지각할 수 없는 여론들이 사실인 경우가 잦다.

출제 TIP
• palpable to ~에 명백한
palpable은 전치사 to와 어울려 같이 쓰인다.

parameter
미[pərǽmətər]
영[pərǽmətə]

[명] 한계, 지침, 제한 범위
•• a set of fixed limits that control the way that something should be done
The project has to be completed within parameters of time and money.
시간과 돈의 한계 내에서 프로젝트를 완성해야 한다.

paramount
[pǽrəmàunt]

[형][명] 최고의, 탁월한; 최상
•• more important than anything else
Women's role as mothers is of paramount importance to society.
어머니로서의 여성의 역할이 사회에 가장 중요하다.

partake
[pa:rtéik]

[유] participate

[동] 참가하다, 함께하다
•• to take part in an activity or event
They are partaking in the wildlife photography workshop.
그들은 야생 사진 강습회에 참여하고 있다.

patron
[péitrən]

[동] patronize 단골로 삼다, 후원하다

[명] 고객, 단골손님
•• someone who uses a particular shop, restaurant
This service is available to patrons with a card in good credit standing.
신용 상태가 좋은 카드를 소지한 고객들에게 이 서비스 업무를 실시한다.

pending
[péndiŋ]

图 pend 미결인 채로 있다

🔖 **현안 중의, 미결정의**
•• not ye decided or settled
We need to know for exactly which problems are pending at the meeting.
회의에서 어떤 문제들이 현안 중인지 정확하게 알아야 한다.

penetrate
[pénətrèit]

图 penetration 침투
图 penetrating 관통하는

🔖 **꿰뚫다, 침투하다**
•• to pass through something
They found out that some hackers had tried to attempt to penetrate security systems.
그들은 일부 해커들이 보안 시스템을 침투하고자 했다는 것을 알아냈다.

peremptory
[pərémptəri]

🔖 **위압적인, 단호한, 독단적인**
•• not polite or friendly and shows that the person speaking expects to be obeyed immediately
The supervisor spoke in a rather peremptory tone.
감독관은 상당히 위압적인 어조로 말했다.

perennial
[pəréniəl]

🔖 **지속되는, 연속되는; 다년생 식물**
•• continuing or existing for a long time, or happening again and again
Lack of skilled manpower has been a perennial problem.
그 동안 숙련된 인력 부족이 지속적인 문제였다.

perilous
[pérələs]

图 peril
图 perilously 위험하게

🔖 **위험한, 위험이 많은**
•• very dangerous
It would be quite perilous to dismantle any parts of the machine.
그 기계의 부품을 분해하는 일은 상당히 위험할 것이다.

📌 출제 TIP
• at one's peril 위험을 각오하고
dismantle 기계, 구조물을 해체하다, 분해하다

perpetual
미[pərpétʃuəl] 영[pəpétʃuəl]

图 perpetually 영구히
图 permanent, continuous

🔖 **영구의, 끊임없는**
•• continuing all the time without changing or stopping
He ignored their perpetual complaints about unsafe working conditions.
그는 불안한 작업 상황에 대한 그들의 끊임없는 불평을 무시했다.

pharmaceutical
[fɑ̀:rməsjú:tikəl]

🔖 **제약의, 약학의**
•• relating to the production of drugs and medicines
The discussion will focus on investing in pharmaceutical technologies.
토론은 제약 기술에 대한 투자에 초점이 맞추어질 것이다.

📌 출제 TIP
–s가 붙은 pharmaceuticals는 주로 복수로 쓰이는 전문용어로 '약, 제약'의 뜻이다.

pitfall
[pítfɔːl]

🔟 장애, 함정, 위험
- a problem or difficulty that is likely to happen

A critical pitfall to avoid is focusing too much on technology, and not enough on the people.
피해야 할 결정적인 문제는 사람들에게 충분히 초점을 맞추지 않고 기술에 지나치게 초점을 맞추는 것이다.

plummet
[plʌ́mit]
🔄 soar 폭등하다

🔟 폭락하다; 급락
- to fall very quickly and suddenly

House prices have plummeted in recent months.
주택 값이 최근 몇 달 동안 폭락했다.

pollutant
[pəlúːtənt]
🔄 pollute 오염시키다
🔄 pollution 오염, 공해

🔟 오염물질
- a substance that makes air, water, soil etc dangerously dirty

New bills should be enacted to reduce perilous air pollutants.
위험한 대기 오염 물질을 줄이기 위해서는 새로운 법안을 제정해야 한다.

precipitation
[prisìpətéiʃən]
🔄 rainfall

🔟 강수량, 강설량
- the amount of rain, snow etc that falls

This year's precipitation was below the average.
올해의 강수량은 평년보다 낮았다.

premier
미[primjíər] 영[prémiə]

🔟 첫째의, 으뜸의
- best or most important

He's the company's premier financial analyst.
그는 그 회사의 최고 뛰어난 재무 분석가이다.

🔟 출제 TIP
premier 제일의, 최초의 / premium 할증금, 수수료, 보험료
• the nation's premier scientists 나라의 최고의 과학자
• health insurance premiums 건강 보험료
혼동하기 쉬운 어휘들의 의미를 구별하는 문제로 출제된다.

prescribe
[priskráib]
🔄 prescription

🔟 처방하다, 조제하다
- to say what medicine a sick person should have

I was prescribed insulin for my diabetes but my blood sugar levels were never lowered.
나는 당뇨 치료를 위해 인슐린 처방을 받았으나 혈당 수치가 떨어지지 않았다.

🔟 출제 TIP
prescription 처방, 처방전 / description 설명, 설명서
• make out a prescription for someone ~에게 처방전을 작성해 주다
• refer to the description 설명서를 참고하다
헷갈리기 쉬운 어휘들의 의미 차이를 묻는 문제로 출제된다.

preside
[prizáid]

[명] president 의장
[명] presidency 의장직
[유] officiate

[동] 의장을 맡다, 사회를 보다
•• to be in charge of a formal meeting or ceremony
The chairman will preside over the meeting.
의장의 회의의 사회를 볼 것이다.

prestigious
[prestídʒəs]

[명] prestige 명성, 신망

[형] 명성이 있는, 권위 있는
•• admired as one of the best and most important
You will have an opportunity to work in a prestigious dynamic international company.
당신은 명성이 있고 역동적인 국제 회사에서 일할 기회를 갖게 된다.

presumptuous
[prizʌmptʃuəs]

[형] 주제 넘는, 건방진
•• doing something that you have no right to do and that seems rude
It would be presumptuous of me to give advice.
내가 충고를 한다는 것은 주제 넘는 일일 것이다.

procure
미[proukjúər] 영[prəkjúə]

[명] procurement 조달

[동] 조달하다, 손에 넣다
•• to obtain something that is difficult to get
The manager is responsible for procuring, installing, operating and maintaining the infrastructure.
그 관리자는 하부 구조의 조달, 설치, 운영 및 관리의 책임을 맡고 있다.

profusion
[prəfjúːʒən]

[형] profuse 풍부한
[유] plenty

[명] 풍부, 굉장히 많음
•• a very large amount of something
There are a profusion of books prescribing remedies for the environment.
변화에 대한 두려움은 발전의 장애물이다.

출제 TIP
• a profusion of flowers 많은 꽃들 • spend money in profusion 돈을 흥청흥청 쓰다
profusion은 전치사 in과 어울려 같이 쓰인다.

projection
[prədʒékʃən]

[동] project 추정하다
[유] estimate 견적

[명] 예상, 예상치
•• a calculation or guess about the future based on information that you have
The company has failed to achieve this year's sales projections.
그 회사는 올해의 판매 예상치를 도달하지 못했다.

prosecute
미[prάsikjùːt]
영[prɔ́sikjùːt]

[명] prosecution
[유] accuse

[동] 기소하다, 고소하다
•• to bring a criminal action against someone
He was prosecuted for a fraud.
그는 사기 행위로 기소되었다.

출제 TIP
• be prosecuted for=be accused of ~의 혐의로 기소되다

proprietor
미[prəpráiətər]
영[prəpráiətə]

[명] 소유자, 경영자
•• an owner of a business
The policy may provide that the term "employees" shall include the individual proprietor or partners.
보험 증권에서 규정하기를 용어 '고용주'라는 말에 자영업자나 동업자도 포함하고 있다.

provision
[prəvíʒən]

[명] 규정, 조항
•• a condition in an agreement or law
According to the provisions, employers must supply safety equipment.
규정에 따라 사용자는 안전 장비를 공급해야 한다.

proximity
미[praksíməti]
영[prɔksíməti]

[명] 근접, 가까움
•• nearness in distance or time
My office is in close proximity to my house.
사무실이 우리 집에서 아주 가깝다.

출제 TIP
proximity ~에 가까움 / proxy 대리인, 대리 자격
• be in close proximity to the office 사무실에서 아주 가깝다
• vote by proxy 대리로 투표하다
혼동하기 쉬운 어휘들의 의미 차이를 묻는 문제로 출제된다.

queer
미[kwiər] 영[kwiə]
[부] queerly 기이하게
[유] odd

[형] 이상한, 기묘한
•• strange or difficult to explain
There's something awfully queer about her.
그녀에게는 정말로 뭔가 기이한 데가 있다.

quench
[kwentʃ]
[유] extinguish

[동] 불을 끄다, 갈증을 풀다
•• to stop a fire from burning
The flames were finally quenched by heavy rain.
불길은 마침내 폭우에 의해서 꺼졌다.

querulous
미[kwérjuləs]
영[kwéruləs]
[유] complaining

[형] 불평을 하는, 투덜거리는
•• complaining about things in an annoying way
It is difficult to welcome him as he speaks always in a rather querulous voice.
그는 항상 투덜거리는 목소리로 말을 하므로 환영하기가 어렵다.

quota
[kwóutə]

[명][동] 몫, 할당, 분담액; 할당하다
•• a fixed amount or number that is officially allowed
Have you done your quota of work for the day?
오늘 당신의 할당량을 다 했나요?

quote
[kwout]
- quotation 시세, 시가

시세를 매기다, 가격을 매기다, 견적하다; 거래 가격
•• to give the price of a share or currency
She wants us to quote prices in pound.
그녀는 파운드로 가격을 매겨 달라고 한다.

rating
[réitiŋ]

등급, 견적, 신용도
•• a level on a scale that shows how good, important, popular etc someone or something is
We held the highest rating from the major rating services.
우리는 주요 평가 기관으로부터 최고 등급을 판정받았다.

ratio
미[réiʃou] 영[réiʃiòu]

비율
•• a relationship between two amounts, represented by a pair of numbers
The ratio of women to men in the factory is three to one.
그 공장의 여자 대 남자 비율은 3대 1이다.

receptacle
[riséptəkl]

용기
•• a container used for storing or putting objects in
To reduce the amount of trash being sent to the parks, additional recycling receptacles were placed.
공원에 버려지는 쓰레기양을 줄이기 위해 재활용 용기를 추가로 설치했다.

rectify
[réktəfài]

개정하다, 교정하다
•• to correct something that is wrong
It is the duty of the manager to rectify errors of the report.
보고서의 오류를 바로 잡는 것이 관리자의 임무이다.

redeemable
[ridí:məbl]
- redeem 되찾다
- redemption 상환, 이행

상환할 수 있는, 되찾을 수 있는
•• able to be exchanged for money or goods
Goods which are already used are not redeemable for cash.
이미 사용한 상품은 현금으로 상환할 수 없다.

redundancy
[ridʌ́ndənsi]
- layoff 일시 해고

감원, 잉여 인원의 해고
•• a situation in which someone has to leave their job, because they are no longer needed
The factory closure will result in 200 redundancies.
그 공장폐쇄는 200의 감원을 낳을 것이다.

refrain
[rifréin]

자제하다, 삼가다
•• to not do something that you want to do
Please refrain from smoking in the building.
건물 안에서 담배를 삼가 주시오.

출제 TIP
• refrain from ~ing ~을 삼가다

refute
[rifjúːt]
⑱ refutation

⑤ 반박하다, 논박하다
•• to prove that a statement or idea is not correct
It's not possible to refute an argument based on evidence.
증거에 근거한 주장을 반박하는 것은 불가능하다.

reimburse
미[riːimbə́ːrs] 영[riːimbə́ːs]
⑱ reimbursement

⑤ 갚다, 상환하다, 변상하다
•• to pay money back to someone
The company will reimburse you for travel expenses.
회사가 여행 경비를 지급할 것이다.

reinforce
미[riːinfɔ́ːrs] 영[riːinfɔ́ːs]
⑱ reinforcement

⑤ 강화하다, 보강하다
•• to give support to an opinion, idea, or feeling, and make it stronger
The government claimed that employment and security have been reinforced.
정부는 취업과 안정이 강화되었다고 주장하였다.

release
[rilíːs]
⑨ publish 공표하다

⑤⑱ 발표하다, 공개하다; 발표
•• to let news or official information be known and printed
They will release their financial results next week.
그들은 다음 주에 재무 결과를 발표할 것이다.

reprehend
[règrihénd]
⑱ reprehensible
비난 받을만한
⑨ blame

⑤ 나무라다, 비난하다
•• to express strong disapproval of
Actually I was about to reprehend your breach of the rules.
사실 나는 당신의 규칙 위반을 비난하려던 참이었다.

respondent
미[rispándənt]
영[rispɔ́ndənt]
⑨ respond 응답하다

⑱⑱ 응답자; 반응하는, 응하는
•• someone who answers questions, esp. in a survey
In a recent opinion poll, a majority of respondents were against nuclear weapons.
최근의 여론 조사에서 대다수의 응답자들이 핵무기에 반대했다.

Words Review

A 다음 설명에 해당하는 단어를 고르시오.

obstacle proprietor pacify outlay parameter refrain queer prestigious premier reimburse

1 something that makes it difficult to achieve something
2 money spent on something; expenditure
3 to cause someone who is angry or upset to be calm and satisfied
4 a set of fixed limits that control the way that something should be done
5 admired as one of the best and most important
6 best or most important
7 an owner of a business
8 strange or difficult to explain
9 to pay money back to someone
10 to not do something that you want to do

B 다음 예문의 빈칸에 해당하는 단어를 골라 쓰시오.

preside perilous pharmaceutical paramount ratio pitfall redeemable redundancies pending reinforced reprehend quote overrides release peremptory

1 The .... of women to men in the factory is three to one.
2 My boss always .... my suggestion.
3 Women's role as mothers is of .... importance to society.
4 A critical .... to avoid is focusing too much on technology, and not enough on the people who will be using the system.
5 The discussion will focus on investing in .... technologies.
6 Goods which are already used are not .... for cash.
7 The factory closure will result in 200 ....
8 We need to know for exactly which problems are .... at the meeting.
9 Actually I was about to .... your breach of the rules.
10 The supervisor spoke in a rather .... tone.
11 The chairman will .... over the meeting.
12 She wants us to .... prices in pound.
13 They will .... their financial results next week.
14 The government claimed that employment and security have been
....
15 It would be quite .... to dismantle any parts of the machine.

Answer

Ⓐ 1 obstacle 2 outlay 3 pacify 4 parameter 5 prestigious 6 premier 7 proprietor 8 queer 9 reimburse 10 refrain
Ⓑ 1 ratio 2 overrides 3 paramount 4 pitfall 5 pharmaceutical 6 redeemable 7 redundancies 8 pending 9 reprehend 10 peremptory 11 preside 12 quote 13 release 14 reinforced 15 perilous

오늘 외울 단어 중 자신이 아는 단어를 체크해 보세요.

- ☐ **sewage** 하수, 오수
- ☐ **shield** 보호하다, 감추다; 보호물, 방어물
- ☐ **slack** 불경기의, 활발하지 않은, 침체의
- ☐ **sleek** 세련된, 미끈한
- ☐ **soar** 물가가 폭등하다
- ☐ **sober** 술에 취하지 않은, 맑은 정신의
- ☐ **solemn** 엄숙한, 장엄한
- ☐ **sovereign** 최고의 권력을 가진; 주권자
- ☐ **speculation** 투기
- ☐ **stance** 태도, 입장
- ☐ **stipulation** 계약 조건, 약정
- ☐ **stout** 단호한, 완강한
- ☐ **stringent** (규칙 등이) 엄중한, 엄격한
- ☐ **sturdy** 튼튼한

- ☐ **retail** 소매; 소매의; 소매하다
- ☐ **retaliation** 보복, 앙갚음
- ☐ **retreat** 휴양지, 피서지; 물러나다, 은퇴하다
- ☐ **revenue** (기업의) 수익, 수입, 매상
- ☐ **revised** 수정된, 개정된
- ☐ **rigid** 엄격한, 완고한
- ☐ **robust** 강건한
- ☐ **rotate** 교대하다, 순환하다
- ☐ **ruin** 손상시키다, 파괴하다; 붕괴, 파멸
- ☐ **scarcity** 부족, 희소성
- ☐ **scrutinize** 면밀히 조사하다
- ☐ **scheme** 계획, 안; 설계하다, 계획하다
- ☐ **sect** 분파, 당파
- ☐ **sentence** 형을 선고하다; 판결, 선고

- ☐ **subside** 가라앉다, 진정되다
- ☐ **subsidiary** 자회사, 종속회사; 보조의, 종속적인
- ☐ **subsidize** ~에 보조금을 지급하다
- ☐ **substitute** 대리, 대리인; 대신 쓰다
- ☐ **subtract** 공제하다, 감하다
- ☐ **surcharge** 할증료, 추징금; 부가 요금을 청구(부과)하다
- ☐ **surplus** 잉여분, 부가 자본
- ☐ **surmise** 추측하다; 짐작
- ☐ **tacit** 무언의, 잠잠한
- ☐ **tangle** 엉키다, 연루되다; 얽힘
- ☐ **tenant** 세입자, 부동산 보유자, 거주자
- ☐ **testimony** 증언
- ☐ **toll-free** 무료의

- ☐ **traitor** 배반자, 반역자
- ☐ **trespass** (남의 토지에) 침입하다, 침해하다; 불법 침입
- ☐ **trigger** 야기하다, 유발하다; 계기, 동기
- ☐ **undergo** 경험하다
- ☐ **utilities** (가스, 수도 전기, 전화 따위의) 공공 설비, 요금
- ☐ **uphold** 지지하다, 떠받들다
- ☐ **vegan** 엄격한 채식주의자
- ☐ **videoconference** 화상 회의; 화상 회의를 하다
- ☐ **volatile** 심하게 변동하는
- ☐ **vouch** 보증하다
- ☐ **vulnerable** 취약한, 피해를 입기 쉬운
- ☐ **waive** (권리, 청구 등을) 포기하다
- ☐ **wane** 감소하다; 감소, 쇠퇴
- ☐ **withdrawal** 인출

Part 7 30th day

retail
[rí:teil]

[명][형][동] 소매; 소매의; 소매하다
•• the sale of goods in shops to customers
The manufacturer's recommended retail price is $50.
제조업자들이 제시하는 소매가격은 50달러이다.

retaliation
[ritæliéiʃən]
[동] retaliate 보복하다
[유] revenge

[명] 보복, 앙갚음
•• action against someone who has done something bad to you
You should resist any harassment without fear of retaliation.
보복에 대한 두려움을 갖지 말고 어떤 괴롭힘에 대해서든 거부해야 한다.

retreat
[ritrí:t]

[명][동] 휴양지, 피서지; 물러나다, 은퇴하다
•• a place you can go to that is quiet or safe
The company retreat is scheduled for next month.
회사 야유회가 다음 달로 예정되었다.

revenue
[révənjù:]
[유] income

[명] (기업의) 수익, 수입, 매상
•• money that a business receives from selling goods
Product sales are still their main source of revenue.
제품 판매가 여전히 그들의 주 수입원이다.

revised
[riváizd]
[명] revision 개정

[형] 수정된, 개정된
•• changed in some ways
They didn't accept the revised plan.
그들은 수정된 계획안도 수락하지 않았다.

rigid
[rídʒid]
[반] flexible 유통성 있는

[형] 엄격한, 완고한
•• strictly adhering to one's ideas, opinions, rules
I was disappointed his rigid adherence to the rules.
나는 그가 엄격하게 규칙을 고수하는 것에 실망했다.

robust
[roubʌst]

[형] 강건한
•• strong and unlikely to break or fail
Those policies have encouraged robust economy.
그러한 정책으로 경제가 활기를 띠게 되었다.

출제 TIP
• a robust economy 활황을 보이는 경제

rotate
[róuteit]
❷ rotation 교대

🔵 교대하다, 순환하다
•• if people rotate jobs, they each do a particular job for a particular period of time
Employers may rotate duties to give staff wider experience.
고용주들은 직원들이 보다 폭 넓은 경험을 하도록 임무를 교대시킬 수 있다.

ruin
[rúːin]

🔵 손상시키다, 파괴하다; 붕괴, 파멸
•• to spoil or destroy something completely
The island has been ruined by tourism.
관광산업이 그 섬을 망쳤다.

🔴 출제 TIP
• fall into ruin 몰락하다   • financial ruin 재정적인 파산
• excavate ancient ruins 고대 유적을 발굴하다
복수형 ruins는 '폐허, 유적, 잔해'의 뜻이므로 단, 복수에 따른 의미 차이를 묻는 문제로 출제된다.

scarcity
미[skέərsəti] 영[skέəsəti]
❸ scarce 부족한

🔵 부족, 희소성
•• a situation in which there is not enough of something
Scarcities of raw materials forced prices up.
원자재 부족으로 인해서 가격이 올랐다.

scrutinize
[skrúːtənàiz]
❸ scrutinization 면밀한 조사

🔵 면밀히 조사하다
•• to examine someone or something very carefully
All the goods were scrutinized thoroughly.
모든 상품들을 철저하게 조사하였다.

scheme
[skiːm]

🔵 계획, 안; 설계하다, 계획하다
•• an officially organized plan or system
The commission declared against the proposed scheme.
위원회는 제기된 계획에 반대한다는 입장을 표명했다.

sect
[sekt]

🔵 분파, 당파
•• a religious or other group whose views differ from those of an established body
He joined an influential religious sect 2 years ago.
그는 2년 전에 어느 영향력 있는 종교 교파에 가입했다.

sentence
[séntəns]

🔵 형을 선고하다; 판결, 선고
•• a punishment that a judge gives to a criminal
The murderer was sentenced to life imprisonment.
그 살인범은 무기 징역을 선고 받았다.

🔴 출제 TIP
• serve the sentence 복역하다   • be sentenced to death 사형을 선고받다
동사 sentence는 주로 수동태 구문으로 쓰인다.

sewage
미[súːidʒ] 영[sjúːidʒ]

명 하수, 오수
•• any liquid-borne waste matter
The mechanical methods of purification of industrial sewage generated in the factories are considered.
공장에서 생성되는 공업 폐수에 대한 기계적인 정화 방법들이 고려중에 있다.

shield
[ʃiːld]

동 명 보호하다, 감추다; 보호물, 방어물
•• to protect from danger or harm
The ozone layer shields the earth against harmful radiation.
오존층은 유해 방사선으로부터 지구를 보호한다.

slack
[slæk]
유 sluggish

형 불경기의, 활발하지 않은, 침체의
•• with less business activity than usual
There has been plenty of slack economy.
계속 경제 불황이 심했다.

sleek
[sliːk]

형 세련된, 미끈한
•• a vehicle or other object that is sleek has a smooth attractive shape
Who owns that sleek car parked outside?
밖에 세워져 있는 저 미끈한 차의 주인이 누구인가?

soar
미[sɔːr] 영[sɔː]
유 skyrocket
반 plummet 폭락하다

동 물가가 폭등하다
•• to increase quickly to a high level
The price of oil has soared lately.
최근 휘발유 가격이 폭등했다.

sober
미[sóubər] 영[sóubə]
유 soberness
술에 취하지 않음

형 술에 취하지 않은, 맑은 정신의
•• not at all drunk
Some black coffee will help to sober you up.
블랙커피를 좀 마시면 술 깨는데 도움이 된다.

출제 TIP
• sober up 술이 깨다 • as sober as a judge 술이 조금도 취하지 않은
• a sober face 진지한 얼굴
sober와 어울려 같이 짝을 이루는 구절들을 기억한다.

solemn
미[sáləm] 영[sóləm]
유 solemnly 엄숙하게

형 엄숙한, 장엄한
•• very serious and not happy
Their faces suddenly grew solemn when they heard the news.
그 소식을 들었을 때 그들의 표정이 갑자기 엄숙해졌다.

sovereign
미[sάvərin] 영[sɔ́vərin]
명 sovereignty

형 명 **최고의 권력을 가진; 주권자, 독립국**
•• having the highest power in a country
Democracy asserts that sovereign power exists in people.
민주주의는 최고의 권력은 국민에게 있다고 주장한다.

speculation
[spèkjuléiʃən]
형 speculative 투기의

명 **투기**
•• a risky investment of money for the sake of large profit
There has been dishonest speculation in property development.
부동산 개발에 대한 부정한 투기가 있었다.

stance
미[stæns] 영[stɑːns]

명 **태도, 입장, 자세**
•• an opinion that is stated publicly
What is your stance on environmental issues?
환경 문제에 대한 당신은 입장은 무엇인가요?

📌 출제 TIP
• stance on ~에 대한 태도
stance는 뒤에 전치사 on과 주로 어울려 쓰인다.

stipulation
[stìpjuléiʃən]
동 stipulate 규정하다

명 **계약 조건, 약정**
•• something that must be done as an agreement
The only stipulation is that applicants must be under the age of 33.
지원자들이 33세 미만이어야 한다는 것이 유일한 조건이다.

📌 출제 TIP
• make a stipulation 명문화하다
• on/under the stipulation that ~라는 조건으로

stout
[staut]

형 **단호한, 완강한**
•• brave and determined
He put up a stout defense in court.
그는 법정에서 단호한 변호를 하였다.

stringent
[stríndʒənt]
부 stringently 엄격히

형 **(규칙 등이) 엄중한, 엄격한**
•• having a very severe effect, or being extremely limiting
Some of the conditions in the contract are too stringent.
계약상의 어떤 조건들은 너무 가혹하다.

📌 출제 TIP
stringent는 주로 뒤에 law, rule, standard 등의 단어들과 어울려 같이 쓰인다.

sturdy

미[stə́ːrdi] 영[stə́ːdi]

유 solid 견고한

📚 **튼튼한**
- •• physically strong and solid or thick, and therefore unlikely to break or be hurt

A camera has to be light and sturdy.
카메라는 가볍고 튼튼해야 한다.

subside

[səbsáid]

📚 **가라앉다, 진정되다**
- •• to become less strong or extreme

The house price boom is gradually subsiding.
주택 가격 상승이 점차로 가라앉고 있다.

subsidiary

미[səbsídièri]
영[səbsídiəri]

📚 **자회사, 종속회사; 보조의, 종속적인**
- •• a company that is owned or controlled by another larger company

He is working at a subsidiary of a German company.
그는 독일 회사의 자회사에서 일한다.

subsidize

[sʌ́bsədàiz]

유 subsidy 보조금

📚 **~에 보조금을 지급하다**
- •• to pay part of the cost of something

The government would subsidize the costs to small businesses.
정부는 소기업들에게 경비를 보조할 것이다.

substitute

[sʌ́bstətjùːt]

📚 **대리, 대리인; 대신 쓰다**
- •• someone who does someone else's job

The company has to find a substitute for the consultant.
회사는 그 컨설턴트의 대리인을 찾아야 한다.

🔍 출제 TIP
- a substitute for ~의 대신, 대체물
substitute는 뒤에 전치사 for를 수반하여 같이 쓰인다.

subtract

[səbtrǽkt]

유 deduct

📚 **공제하다, 감하다**
- •• to take a number or an amount from a larger number

Your tax will be subtracted directly from your salary.
세금이 당신의 급여에서 바로 공제될 것이다.

surcharge

미[sə́ːrtʃàːrdʒ]
영[sə́ːtʃàːdʒ]

📚 **할증료, 추징금; 부가 요금을 청구(부과)하다**
- •• money that you have to pay in addition to the basic price of something

Is there any way to avoid a surcharge on the local tax?
지방세에 대한 추징금 부과를 피할 수 있는 방법이 있을까?

surplus
미[sə́ːrplʌs] 영[sə́ːpləs]
🔄 excess

🔧 잉여분, 부가 자본
•• an amount that exceeds the amount needed
A country has a trade surplus if it exports more than it imports.
나라가 수입보다 수출을 더 많이 하면 무역 흑자를 낸다.

surmise
미[sərmáiz] 영[səːmáiz]

🔧 추측하다; 짐작
•• to guess that something is true
I surmised from his looks that he was very nervous.
나는 그의 모습으로 보아 그가 매우 긴장했다고 추측했다.

tacit
[tǽsit]
🔄 tacitly 암암리에

🔧 무언의, 잠잠한
•• understood without being expressed directly
Doing so will imply your tacit agreement to the above terms.
그렇게 하게 되면 당신은 상기의 조건에 암묵적인 승인을 내포하는 것이다.

tangle
[tǽŋgl]

🔧 엉키다, 연루되다; 얽힘
•• to become twisted together in an untidy mass
His financial affairs are in a complete tangle.
그의 재정 사정이 완전히 얽혀 있다.

tenant
[ténənt]

🔧 세입자, 부동산 보유자, 거주자
•• someone who lives in a house, room etc and pays rent to the person who owns it
The table was left by the previous tenant.
이전 세입자가 그 테이블을 두고 갔다.

testimony
미[téstəmòuni]
영[téstəməni]

🔧 증언
•• formal statement saying in a court of law
Additional testimony should be presented at the next hearing.
다음 청문회에 추가 증언을 제시해야 한다.

📝 출제 TIP
• testimony to the successes 성공을 보여주는 증거
• call someone in testimony ~를 증인으로 세우다
• give testimony in court 법정에서 증언하다

toll-free
미[tóulfriː] 영[tóulfriː]

🔧 무료의
•• not having to pay for the call
Call this number toll-free for further information.
정보가 더 필요하시면 무료 전화인 이 번호로 전화를 하세요.

traitor
미[tréitər] 영[tréitə]

명 배반자, 반역자
•• someone who is not loyal to their country, friends, or beliefs
He eventually became a traitor by helping the enemy.
그는 종국에는 적을 도와주어 배신자가 되었다.

trespass
미[tréspæs] 영[tréspas]

동 (남의 토지에) 침입하다, 침해하다; 불법 침입
•• to go onto someone's private land without permission
This is a sidewalk and we're not trespassing on someone's land.
이곳은 인도이니까 우리가 남의 땅을 침입하는 것은 아니다.

🔎 출제 TIP
• trespass on someone's privacy 남의 사생활을 간섭하다
trespass는 뒤에 전치사 on과 어울려 같이 쓰인다.

trigger
미[trígər] 영[trígə]

동 야기하다, 유발하다; 계기, 동기
•• to make something happen very quickly
The strike was triggered by the company's sudden lay-off.
회사의 갑작스런 구조 조정으로 파업이 촉발되었다.

undergo
미[əndərgóu]
영[əndəgóu]

동 경험하다
•• to experience something which is unpleasant
The company has undergone massive changes recently.
그 회사는 최근에 굉장한 변화를 겪었다.

🔎 출제 TIP
• fundergo surgery 수술을 받다   • undergo personal training 개인 훈련을 받다
undergo는 '당하다, 겪다'의 뜻으로 수동의 의미를 지니고 있으므로 수동태로 쓰이지 않는다는 점을 기억한다.

utilities
[ju:tílətiz]

명 (가스, 수도 전기, 전화의) 공공 설비, 요금
•• a service such as gas or electricity provided for people to use
People are trying to restore utilities after a storm.
사람들이 폭풍 후 공공설비 복구에 애쓰고 있다.

uphold
[ʌphóuld]
명 upholder 지지자
유 support

동 지지하다, 떠받들다
•• to support a law, system, or principle so that it continues to exist
The committee has promised to uphold the principles.
위원회는 원칙을 지지하겠다는 약속을 하였다.

vegan
[ví:gən]
유 vegetarian

명 엄격한 채식주의자
•• someone who does not eat any animal products at all, such as meat, fish, eggs, cheese, or milk
There are many organizations that promote a strict vegan diet for health.
건강을 위해 엄격한 채식주의 식단을 권장하는 기관들이 많이 있다.

videoconference
미[vídioukὰnfərəns]
영[vídioukɔ̀nfərəns]

명동 화상 회의; 화상 회의를 하다
•• a teleconference using video technology
All major shareholders will participate in videoconference provided through the website.
대주주들은 모두 웹사이트를 통해 제공되는 화상 회의에 참석할 것이다.

volatile
미[vάlətil] 영[vɔ́lətàil]
⊜ unstable

형 심하게 변동하는
•• likely to change suddenly and without warning
Stock and bond markets are highly volatile.
주식과 채권 시장은 대단히 변동이 심하다.

vouch
[vautʃ]

동 보증하다
•• to give a firm assurance or guarantee
The references vouch for your honesty.
신원 증명서가 당신의 정직을 보증한다.

출제 TIP
• vouch for ~을 보증하다
vouch는 전치사 for와 어울려 같이 쓰인다

vulnerable
[vΛlnərəbl]
⊜ vulnerability 취약함

형 취약한, 피해를 입기 쉬운
•• someone who is vulnerable can be easily harmed or hurt
Young children are often the most vulnerable to these attacks.
어린 아이들이 흔히 이러한 공격에 가장 취약하다.

출제 TIP
• vulnerable to ~에 취약한
vulnerable은 전치사 to와 어울려 같이 쓰인다.

waive
[weiv]

동 (권리, 청구 등을) 포기하다
•• to state officially that a right, rule etc can be ignored
I had to waive my right to receive prior notice.
나는 사전 통지를 받을 권리를 포기해야 했다.

wane
[wein]
⊕ wax 차츰 커지다

동명 감소하다; 감소, 쇠퇴
•• to become gradually less strong or less important
The chairman's power had begun to wane by that time.
의장의 권한이 그 때쯤 감소하기 시작했다.

withdrawal
[wiðdrɔ́ːəl]
⊜ withdraw 인출하다

명 인출
•• the act of taking money from a bank account
Customers can use the machine to make withdrawals of up to $1,000 a day.
고객은 기계를 사용하여 하루에 1,000달러까지 인출할 수 있다.

1
2
3
4
5
6
7
8
9
10
11
12
13
14
15
16
17
18
19
20
21
22
23
24
25
26
27
28
29
30

Words Review

다음 설명에 해당하는 단어를 고르시오.

stout stance sovereign robust sober subtract retail undergo tangle utilities

1 having the highest power in a country
2 strong and unlikely to break or fail
3 brave and determined
4 to take a number or an amount from a larger number
5 an opinion that is stated publicly
6 to experience something which is unpleasant
7 the sale of goods in shops to customers
8 a service such as gas or electricity provided for people to use
9 to become twisted together in an untidy mass
10 not at all drunk

B **다음 예문의 빈칸에 해당하는 단어를 골라 쓰시오.**

sturdy scarcities withdrawals scheme solemn volatile tacit shields retreat slack
waive surplus tenant vouch subsiding

1 .... of raw materials forced prices up.
2 The commission declared against the proposed ....
3 The camera has to be light and ....
4 The ozone layer .... the earth against harmful radiation.
5 Customers can use the machine to make .... of up to $1,000 a day.
6 Stock and bond markets are highly ....
7 Doing so will imply your .... agreement to the above terms.
8 The company .... is scheduled for next month.
9 There has been plenty of .... economy.
10 The house price boom is gradually ....
11 A country has a trade .... if it exports more than it imports.
12 I had to .... my right to receive prior notice.
13 The references .... for your honesty.
14 Their faces suddenly grew .... when they heard the news.
15 The table was left by the previous ....

Answer

A 1 sovereign 2 robust 3 stout 4 subtract 5 stance 6 undergo 7 retail 8 utilities 9 tangle 10 sober
B 1 Scarcities 2 scheme 3 sturdy 4 shields 5 withdrawals 6 volatile 7 tacit 8 retreat 9 slack 10 subsiding
11 surplus 12 waive 13 vouch 14 solemn 15 tenant

파트별로 끝내는 **YES 토익 보카**

파트별로 끝내는 **YES 토익 보카**